Guérir les traces du passé

Illustrations en couleurs 1 à 5 : Jeannette Meijvogel ;
6 à 11 : Sylvie van Lanschot

Catalogage avant publication de Bibliothèque et Archives Canada

Bosch Bonomo, Ingeborg

Guérir les traces du passé :
en quête de l'harmonie émotionnelle au présent

Traduction de : Rediscovering the true self.

1. Psychothérapie. 2. Traumatisme - Aspect psychologique. 3. Émotions 4. Thérapie de comportement. 5. Thérapie cognitive. I. Titre.

RC480.B6714 2005 616.89'14 C2005-941410-3

DISTRIBUTEURS EXCLUSIFS :

- Pour le Canada et les États-Unis :
MESSAGERIES ADP*
955, rue Amherst
Montréal, Québec H2L 3K4
Tél. : (514) 523-1182
Télécopieur : (450) 674-6237
* Filiale de Sogides ltée

- Pour la France et les autres pays :
INTERFORUM
Immeuble Paryseine, 3, Allée de la Seine
94854 Ivry Cedex
Tél. : 01 49 59 11 89/91
Nouveau Télécopieur : 01 49 59 11 96
Commandes : Tél. : 02 38 32 71 00
Télécopieur : 02 38 32 71 28

- Pour la Suisse :
INTERFORUM SUISSE
Case postale 69 - 1701 Fribourg - Suisse
Tél. : (41-26) 460-80-60
Télécopieur : (41-26) 460-80-68
Internet : www.havas.ch
Email : office@havas.ch
DISTRIBUTION : OLF SA
Z.I. 3, Corminbœuf
Case postale 1061
CH-1701 FRIBOURG
Commandes : Tél. : (41-26) 467-53-33
Télécopieur : (41-26) 467-54-66
Email : commande@ofl.ch

- Pour la Belgique et le Luxembourg :
INTERFORUM BENELUX
Boulevard de l'Europe 117
B-1301 Wavre
Tél. : (010) 42-03-20
Télécopieur : (010) 41-20-24
http://www.vups.be
Email : info@vups.be

07-05

L'ouvrage original a été publié
par Ingeborg Bosch, PRI b.v.,
sous le titre *Rediscovering The True Self*

Dépôt légal : 3e trimestre 2005
Bibliothèque nationale du Québec

ISBN 2-7619-2008-2

Gouvernement du Québec – Programme de crédit d'impôt pour l'édition de livres – Gestion SODEC – www.sodec.gouv.qc.ca

L'Éditeur bénéficie du soutien de la Société de développement des entreprises culturelles du Québec pour son programme d'édition.

Le Conseil des Arts du Canada
The Canada Council for the Arts

Nous remercions le Conseil des Arts du Canada de l'aide accordée à notre programme de publication.

Nous reconnaissons l'aide financière du gouvernement du Canada par l'entremise du Programme d'aide au développement de l'industrie de l'édition (PADIÉ) pour nos activités d'édition.

Ingeborg Bosch Bonomo

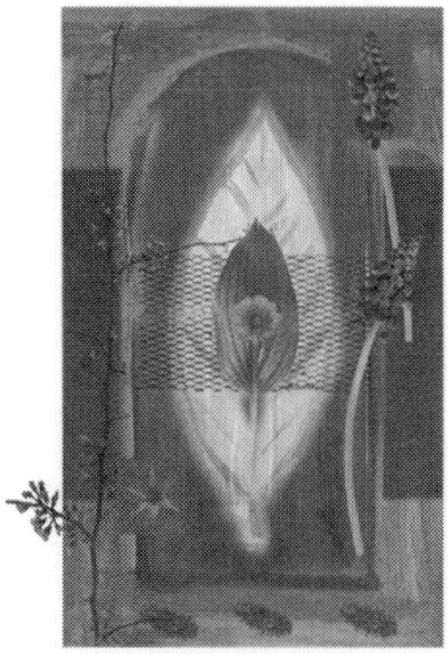

Guérir les traces du passé

En quête de l'harmonie émotionnelle au présent

Traduit de l'anglais par Louise Chrétien
et Marie-Josée Chrétien

LES ÉDITIONS DE L'HOMME

À Lara et à Carsten, mes enfants,
dont les yeux me montrent,
jour après jour,
la signification de l'amour,
de la joie et du soi.

À Jim, mon mari,
pour son amour
et son soutien indéfectible
et inconditionnel,
qu'il m'offre de tout son cœur
et sans restriction.

À Jean, ma formatrice,
amie précieuse
et brillante thérapeute
à qui je dois tant.

Vos enfants ne sont pas vos enfants.
Ils sont les fils et les filles
De la vie qui appelle à la vie.
Vous êtes ceux qui leur ont donné la vie,
Mais vous n'êtes pas la source dont ils ont jailli
Et bien qu'ils soient avec vous,
Ils ne vous appartiennent pas.

Vous pouvez leur donner votre amour,
Mais non vos pensées
Vous pouvez connaître leur corps,
Mais pas leur âme,
Car leur âme habite la demeure des demains,
Dont l'entrée vous est interdite,
Même dans vos rêves.
Vous pouvez vous efforcer d'être comme eux,
Mais vous ne pouvez les forcer à être comme vous,
Car la vie ne marche pas reculons,
Elle ne s'attarde pas aux portes du passé.
Vous êtes les arcs avec lesquels
Vous projetez vos enfants dans l'avenir.
L'Archer voit le but sur le chemin de l'infini
Et Il se penche pour vous communiquer sa puissance
Afin que vos flèches volent vite et loin.
Que votre tension dans la main de l'Archer
Soit joyeuse,
Car, tout comme Il aime la flèche qui vole,
Il aime l'arc qui ne tremble pas.

Khalil Gibran
Le prophète

Khalil Gibran est né en 1883 au Liban. Il était à la fois poète, philosophe et peintre. Ses poèmes ont été publiés en plus de vingt langues. Il est mort en 1931.

REMERCIEMENTS

Merci infiniment à mes clients qui m'ont témoigné leur confiance en me racontant leur histoire ; ils m'ont permis de me perfectionner et, en fin de compte, m'ont encouragée à écrire ce livre.

Ma gratitude à tous ceux – clients, ex-clients et autres personnes – qui ont accepté de collaborer à cet ouvrage en me fournissant un compte rendu honnête et détaillé de leur processus de guérison.

Toute ma reconnaissance à Jeannette Meijvogel, qui a bien voulu contribuer à ce livre par ses tableaux et ses poèmes émouvants.

Merci à Ina Veldman pour son merveilleux poème ; à Sylvie van Lanschot, pour avoir permis que les tableaux créés pendant son processus de guérison soient reproduits dans ce livre ; à Frank Noe qui, le premier, a eu l'idée d'une suite à *Reclaiming Your Life* ; à Alice Miller, qui a été la première à m'éclairer sur la psychologie, et sur le sens véritable sens de ce mot ; à Odile van Embden, qui m'a fait connaître les livres d'Alice Miller à un moment de ma vie où j'étais prête à en assimiler la sagesse ; à Colleen Daly, qui a édité cet ouvrage avec un enthousiasme débordant et une détermination à toute épreuve – c'est grâce à elle si le manuscrit est devenu un « vrai livre » ; à Jean Jenson, mon amie et professeur, pour sa patience et ses critiques constructives lorsqu'elle a relu et révisé mon manuscrit. Sa confiance et ses encouragements m'ont été précieux.

Enfin, ma gratitude à Jim Bonomo, mon mari bien-aimé, pour la foi qu'il a toujours eue en moi. Jim croyait fermement que je pouvais écrire cet ouvrage. Merci pour tout ce temps qu'il a passé à lire, à discuter et à corriger le texte. Jamais je n'aurais pu écrire ce livre sans sa collaboration aimante et sa foi indéfectible.

AVANT-PROPOS

Chers lecteurs,

Si vous avez choisi de lire ce livre, vous tentez indéniablement de comprendre d'où viennent vos problèmes. Eh bien, j'aimerais vous dire que vous y trouverez ce que vous cherchez.

L'auteur, Ingeborg Bosch, a élaboré une nouvelle thérapie qui pourra non seulement répondre à vos questions, mais vous indiquer comment vous y prendre pour opérer dans votre vie les changements qui vous tiennent tant à cœur.

Ce livre traite en détail de préoccupations qui affligent la plupart des gens. Voici les commentaires de diverses personnes qui l'ont déjà lu :

> « *Guérir les traces du passé* est le premier livre de psychologie qui m'ait jamais vraiment expliqué ce que j'ai vécu et qui m'ait procuré de véritables outils pour m'aider. Qu'il est merveilleux que ce livre existe ! »

«Je suggère aux gens de se débarrasser de tous leurs livres de psychologie et de croissance personnelle. Après avoir lu *Guérir les traces du passé*, ils les trouveront complètement dépassés !»

«J'ai toujours cherché un livre de ce genre, mais tous les ouvrages que j'avais trouvés jusqu'ici proposaient des solutions trop simplistes ou n'offraient aucune solution valable à des problèmes pourtant très clairement décrits. C'est la première fois que je trouve un livre dans lequel je me reconnais, un livre qui m'explique le «pourquoi» des choses tout en m'offrant des solutions réalistes !»

«Jamais je n'avais écrit à un auteur auparavant, mais je ne peux résister à l'envie de vous laisser savoir que je mets vos suggestions en pratique depuis quelques mois et qu'elles donnent vraiment des résultats ! J'ajouterai que je suis très heureuse de savoir que des thérapeutes professionnels suivent une formation en PRI, car de telles personnes peuvent rendre le processus encore plus efficace. Merci !»

De nombreuses personnes sont attirées par la thérapie élaborée par Mme Bosch parce qu'elles se rendent compte que cette thérapie les aide à véritablement comprendre, souvent pour la première fois de leur vie, *pourquoi* elles souffrent autant. En outre, cette thérapie leur fournit un moyen concret et pratique d'amorcer un travail sur elles-mêmes. Madame Bosch explique que la façon dont la plupart des enfants sont élevés ne permet pas de combler certains de leurs besoins importants, malgré tous les efforts et les bonnes intentions de leurs parents. Les autres thérapies se fondent généralement sur le principe voulant que les gens qui recherchent une aide psychologique pour résoudre leur mal de vivre soient affligés de problèmes auxquels il faut remédier à l'aide de méthodes psychothérapeutiques ou de médicaments psychotropes. Or, ce principe repose sur la croyance que la plupart des gens sont psychologiquement sains, mais que d'autres ne le sont pas. Vous découvrirez que la PRI se fonde sur un concept différent. Ce n'est pas l'individu qui est psychologiquement malsain, mais plutôt la société dans laquelle nous vivons, ainsi que les méthodes couramment utilisées de nos jours pour élever les enfants.

Naturellement, les enfants ne sont pas tous élevés exactement de la même façon, mais il y a toujours dans l'expérience qu'ils vivent l'indéniable réalité que certains de leurs besoins fondamentaux (physiques, mentaux et émotionnels) ne sont pas entièrement comblés. Notre société ne reconnaît généralement pas ce fait, si bien que les méthodes psychologiques couramment utilisées pour aider les gens n'en tiennent pas compte. Ainsi, les gens pensent qu'ils ont besoin d'aide parce qu'il y a quelque chose qui cloche chez eux personnellement, au lieu de se rendre compte qu'ils souffrent des traces que leur éducation a laissées dans leur vie.

La forme de thérapie proposée par Mme Bosch aide les lecteurs à se faire une idée des besoins particuliers que leur éducation n'a pas comblés et à voir comment ces besoins insatisfaits ont engendré les problèmes qui les font souffrir dans leur vie présente. Mais surtout, cette thérapie leur propose des concepts et des méthodes de guérison que toute personne peut utiliser pour contrer les traces de son passé, c'est-à-dire de son enfance, qui lui ont toujours été inconnues, dont elle n'a jamais fait l'expérience consciente et qu'elle n'a donc jamais pu intégrer dans sa vie adulte.

Les lecteurs trouveront dans les pages du présent ouvrage beaucoup plus que ce que je décris ci-dessus. Compte tenu de ce que j'ai moi-même retiré personnellement et professionnellement de la théorie de Mme Bosch sur l'intégration de la réalité passée, mon souhait le plus cher est que tout le monde lise ce livre. J'espère que vous le lirez.

Jean Jenson
Auteur de *Reclaiming Your Life*

INTRODUCTION

Nous ne sommes pas prisonniers de l'étau du passé,
Nous le sommes des illusions dont nous nous servons
pour nous en protéger.
Lorsque nous faisons l'expérience du présent
dans ce qu'il est véritablement,
Nous découvrons qu'il est, la plupart du temps,
étonnamment léger.

Quand j'ai vraiment découvert les idées d'Alice Miller, au début des années 90, un nouvel univers s'est ouvert devant moi. Je dis « vraiment découvert », car j'avais lu dix ans auparavant *Le drame de l'enfant doué* et, bien que l'ouvrage de Miller m'ait paru intéressant, il ne m'avait pas impressionné au même titre. J'étais au début de la vingtaine et mes propres mécanismes de défense étaient encore trop forts pour que je puisse comprendre le message.

De plus, l'édition que j'avais entre les mains était truffée de termes de jargon et d'interprétations psychanalytiques et n'avait pas l'attrait émotionnel direct des éditions subséquentes ou des ouvrages ultérieurs de Mme Miller. Ce n'est que lorsque mes défenses ont été affaiblies par la naissance de mon premier enfant que son message m'est allé droit au cœur. Grâce à ses ouvrages, j'ai découvert une façon de me guérir. Cette chance m'a été donnée quand mon fils n'avait qu'un an ; ma fille n'était pas encore née.

Dans l'introduction d'une édition de cet ouvrage, Alice Miller parle du livre de Jean Jenson, *Reclaiming Your Life*, ouvrage que je me suis immédiatement procuré et que j'ai lu d'un trait. J'étais en présence d'une thérapie qui traduisait les intuitions d'Alice Miller en une méthode tellement attrayante que j'ai commencé à l'appliquer sur moi-même et à l'utiliser avec mes clients. J'ai écrit à un éditeur des Pays-Bas pour l'encourager à acheter les droits de traduction de *Reclaiming Your Life*. Il m'a répondu qu'il venait tout juste de le faire et qu'il le traduisait en néerlandais. J'étais ravie que cet ouvrage soit mis à la disposition du grand public. Lorsque l'éditeur a appris que j'étais une thérapeute qui tentait de travailler avec la méthode décrite par Jenson, il m'a demandé de trouver des activités promotionnelles pour le lancement de la version hollandaise. C'est ainsi que j'ai eu l'idée d'inviter Jean Jenson à venir aux Pays-Bas afin d'y rencontrer des thérapeutes dans le cadre d'un atelier. C'était en octobre 1997.

Malgré notre différence d'âge, de personnalité et de formation, Mme Jenson et moi avons immédiatement compris que nous étions deux thérapeutes animées des mêmes idées théoriques et pratiques. Une relation de travail intense s'est développée, ce qui a permis à Jean Jenson de me former dans un laps de temps relativement court. Nous avions de passionnantes discussions théoriques sur sa méthode et ses applications pratiques. Sans ses enseignements, jamais je n'aurais pu envisager d'élaborer la thérapie de la PRI ; jamais je n'aurais écrit le présent ouvrage. Sans son inspiration et son exemple, qui m'ont démontré combien cette thérapie est efficace, je ne serais pas là où j'en suis aujourd'hui. Ma gratitude est immense.

Pendant nos discussions, nous nous sommes rendu compte qu'il fallait donner à cette thérapie renouvelée un nom qui en décrirait adéquatement les principales caractéristiques. Après mûre réflexion, les mots « Past Reality Integration » (PRI) se sont imposés. Même si ce nom est un peu longuet, il met l'accent sur le but de la thérapie. Comme nos problèmes découlent du refoulement et du déni de la réalité passée, nous ne pouvons guérir qu'en renonçant à nos mécanismes de défense et en intégrant la réalité passée dans notre conscience d'adulte.

Au fil du temps et de mon travail avec des clients, de nouvelles idées me sont venues. Un thérapeute se demande toujours comment aider les gens en thérapie de manière efficace et durable. Or, ce souci permanent se reflète dans le présent ouvrage. En lisant *Guérir les traces du passé*, vous verrez que la PRI peut vous permettre de continuer à évoluer et à grandir. En fait, certaines des hypothèses de la thérapie décrite par Jenson sont tellement cruciales qu'une personne n'en ayant pas conscience peut être amenée, dans le pire des cas, à renforcer ses mécanismes de défense au lieu de s'en défaire.

Tout comme *Reclaiming Your Life*, le présent ouvrage s'adresse avant tout au profane, mais il peut être d'un grand intérêt pour les thérapeutes qui s'intéressent au fonctionnement de la PRI. En outre, les données théoriques qu'il renferme seront très utiles aux thérapeutes qui souhaitent commencer à se servir de cette méthode thérapeutique.

De nombreuses personnes aimeraient connaître et appliquer cette thérapie, mais il y a présentement, partout dans le monde, une pénurie de thérapeutes formés et accrédités en thérapie de la PRI. Heureusement, la situation commence à changer, et un nombre croissant de thérapeutes assistent aux ateliers et suivent les programmes de formation (voir annexe S). De prime abord, la méthode paraît plus simple et plus familière qu'elle ne l'est en réalité. Les thérapeutes et les thérapeutes expérimentés - et plus particulièrement ces derniers - découvrent, en suivant le programme de formation élaboré en 1998, que la théorie et la méthode ne leur sont pas aussi familières qu'ils le pensaient initialement. Ils doivent souvent faire abstraction de concepts traditionnels, ce qui n'est pas toujours facile. En voyant combien les thérapeutes ont peine à s'ajuster, je me rends compte à quel point l'approche de la thérapie de la PRI est originale. Si vous souhaitez en savoir davantage, reportez-vous à l'annexe C de *Reclaiming Your Life*, qui est entièrement consacrée à la différence entre la thérapie de la PRI et les autres thérapies. Je présente certaines différences entre la PRI et d'autres thérapies dans le chapitre neuf de cet ouvrage, mais plus succinctement que dans *Reclaiming Your Life*.

Certaines personnes arrivent parfois à utiliser la PRI sans l'aide d'un thérapeute, mais la plupart des gens en sont incapables, du moins au début. Une personne peut reconnaître certains mécanismes, mais il est à peu près impossible qu'elle découvre, sans aide, tous ses comportements inconscients. Pour des raisons de survie, nous sommes tous passés maîtres dans l'art de nous mentir, si bien que nous avons souvent peine à déterminer quand nous nous trouvons dans notre conscience d'enfant. Nous finissons souvent par déterminer assez facilement quand les autres le sont, mais non quand nous le sommes nous-mêmes ; cette découverte ne vient qu'avec le temps. Sans l'aide d'une personne compétente, il peut être très douloureux, du moins au début, de revivre nos douleurs d'enfants et de surmonter la peur de les affronter. J'ai écrit cet ouvrage pour aider les personnes qui veulent entreprendre une thérapie de la PRI ou qui l'ont déjà fait, ou pour celles qui désirent continuer à travailler sur elles-mêmes après avoir suivi une thérapie conventionnelle. J'invite les lecteurs à se débrouiller seuls le plus souvent possible, mais ils doivent savoir qu'ils ne parviendront pas tous, à la lecture du présent ouvrage, à régler les problèmes qui leur rendent la vie plus difficile qu'elle ne devrait l'être.

Je tiens à souligner qu'un des objectifs de la thérapie de la PRI est d'aider les gens à devenir indépendants de leur thérapeute le plus rapidement possible. C'est l'un des aspects les plus attrayants de cette thérapie : aider les personnes à arriver au stade où ils sont capables de faire le travail par eux-mêmes. En général, une personne a besoin d'un thérapeute au début de la thérapie, lorsqu'elle est encore incapable de reconnaître sa conscience d'enfant et ses mécanismes de défense. Dès qu'elle les comprend mieux et qu'elle parvient à affronter ses vieilles douleurs sans trop souffrir, le rôle du thérapeute devient moins important. Il reste du travail à faire, mais elle a généralement atteint un degré de compréhension suffisant pour continuer le processus de manière autonome. Cette personne évite ainsi des années et des années de dépendance à la thérapie et aux thérapeutes.

J'exposerai le cadre théorique complet dans les chapitres premier, deux et trois. Après avoir terminé la première version de *Guérir les traces du passé*, de nouvelles idées me sont venues dès que j'ai commencé à utiliser la thérapie de la PRI. Ces idées nouvelles portent surtout sur les mécanismes de défense. Dans le chapitre 2, qui traite de ces mécanismes, je fais brièvement mention des résultats de ces idées. En outre, des explications exhaustives sont offertes dans mon deuxième ouvrage, *Illusions*, publié aux Pays-Bas en 2003. Cet ouvrage est presque exclusivement consacré au fonctionnement de nos mécanismes de défense et aux façons de nous en débarrasser - soit nous libérer du labyrinthe de nos émotions, souvent confuses et accablantes. Pour rendre ce texte parfois complexe plus accessible, j'ai inclus à l'annexe 7 une liste complète des termes propres au vocabulaire de la PRI, ainsi que leur définition.

Certains lecteurs trouveront peut-être les premiers chapitres un peu trop théoriques, mais il est important de les lire attentivement car, pour guérir, il faut comprendre les mécanismes qui sont en jeu. Il peut être utile de lire ce livre avec un ami, surtout si l'on n'est pas habitué à lire des textes denses. La compréhension théorique est un élément essentiel de la PRI, d'où la nécessité de bien l'expliquer aux lecteurs. Une fois que ces derniers ont compris la démarche du thérapeute et les buts qu'il vise, ils disposent des outils dont ils ont besoin pour appliquer la méthode de la PRI sans aide.

Dans une partie ultérieure du présent ouvrage, vous trouverez des exercices pratiques qui vous aideront à vous préparer à appliquer vous-même la thérapie de la PRI. Ces exercices se divisent en quelques étapes faciles. Je vous conseille de suivre ces étapes dans l'ordre où elles sont présentées au chapitre 5 : elles sont beaucoup plus efficaces lorsque cet ordre est respecté.

Dans la mesure où les gens luttent presque toujours contre les mêmes écueils, le chapitre 6 traite des difficultés les plus courantes. La solution n'est pas toujours évidente, mais l'information fournie vous aidera à surmonter les blocages majeurs. Il est sans doute préférable que vous lisiez entièrement les chapitres 5 et 6 avant de tenter de faire les exercices du chapitre 5. De cette façon, vous aurez une vue d'ensemble de la méthode et une idée des difficultés qui vous attendent. Si vous vous heurtez à un problème, vous pourrez vous reporter au chapitre 6 pour le régler et aplanir les obstacles qui entravent vos progrès.

Le chapitre 7 présente des exemples de séances de thérapie. Ceux-ci vous donneront une idée plus concrète de la méthode et du processus, et vous les rendront ainsi plus accessibles. Les exemples sont des transcriptions ou des résumés de ce qui s'est réellement passé en thérapie. Je dois ajouter, cependant, que tout thérapeute qui veut inclure dans sa pratique des régressions selon la thérapie de la PRI doit se doter d'une formation plus approfondie que celle qu'il peut tirer de ces exemples. La régression est un outil dont il faut se servir prudemment et avec doigté, car il peut rendre le client très vulnérable à l'influence du thérapeute.

Afin de mieux expliquer « ce qui se passe vraiment » lorsque les gens utilisent cette méthode, j'ai inclus de brèves anecdotes relatant l'histoire de quelques-uns de mes clients. Leurs témoignages détaillés vous aideront à mieux saisir le mode d'action de cette méthode, et ce qu'elle signifie pour les personnes qui l'utilisent. Ils illustrent la difficulté de travailler sur soi, mais aussi l'utilité de ce travail, qui procure un immense soulagement. Certains de ces clients ont été victimes d'abus physiques et sexuels dans leur enfance ; d'autres ont beaucoup souffert émotionnellement des traitements que leurs parents leur ont infligés quand ils étaient petits.

De nombreuses thérapies évitent d'aborder le sujet de l'impact profond que peut avoir *aussi* une enfance soi-disant « exempte de mauvais traitements » (sans abus sexuels ou physiques). Même si nous n'avons pas été battus (trop souvent), même si nous n'avons pas subi d'agression sexuelle, même si notre mère était à la maison quand nous rentrions de l'école et même si notre père veillait à nos besoins et ne s'enivrait pas (excessivement), l'enfant que nous étions peut avoir été très malheureux. Même si nos parents nous assuraient de leur amour et voulaient nous convaincre que nous étions des enfants heureux, l'enfant que nous étions ne se sentait pas nécessairement aimé et heureux.

Pour mieux comprendre cette situation, il faut savoir que beaucoup de gens croient « aimer une personne » lorsqu'ils sont « contents de ce qu'ils obtiennent de cette personne », autrement dit, lorsque cette personne satisfait leurs propres besoins. Une mère peut aimer davantage l'image qu'elle se fait de sa « fille adorée » - sa petite fille parfaite, douce et intelligente - que sa vraie petite fille. Dans ce cas, la fille adorée peut se sentir seule et mal aimée, car sa mère se préoccupe de ses propres besoins et non de ceux de sa fille.

L'amour véritable, c'est le désir et la volonté de deviner et de comprendre les besoins de l'autre et de l'aider à les combler. Nous confondons souvent l'amour avec la satisfaction de nos propres besoins, alors que l'amour, c'est satisfaire les besoins de l'autre - même au détriment de nos propres besoins. Dans l'exemple ci-dessus, il est possible que la mère soit convaincue qu'elle aime sa fille (ses besoins sont satisfaits), alors que celle-ci ne se sent pas aimée (car elle n'a pas le sentiment que sa mère se préoccupe des besoins de la petite fille qu'elle est). Ce sujet est traité plus en détail au chapitre 6 : « Comment faire la distinction entre un besoin passé et un besoin présent ? ».

Nous survivons tous à notre enfance grâce au refoulement et au déni de la réalité. Le refoulement et le déni nous permettent de croire que nos parents nous aiment et que, tout bien considéré, la vie n'est pas si mal que ça. Malheureusement, à l'âge adulte, ces mécanismes de survie deviennent destructeurs et nous rendent la vie difficile et douloureuse. La seule façon de savoir ce qui s'est réellement passé, non seulement dans notre esprit mais aussi dans notre cœur, c'est de raviver les douleurs anciennes, celles de notre enfance. C'est là un des aspects essentiel de la PRI. C'est seulement en ayant accès à notre propre histoire factuelle et émotionnelle que nous pouvons nous rappeler qui nous sommes vraiment. En nous remémorant les expériences que nous avons été forcés de refouler dans notre enfance, nous retrouverons un sentiment d'identité, d'individualité et de valeur personnelle sur lequel pourra s'édifier un sentiment de soi sain et réaliste.

J'aimerais corriger un malentendu. L'on dit parfois que la PRI peut nous guérir si nous blâmons nos parents pour tous nos malheurs. C'est tout à fait faux. Dans la relation parent-enfant, le parent est bien sûr tenu de satisfaire les besoins de son enfant, mais son inaptitude à s'acquitter de ses devoirs est souvent la conséquence directe de sa vieille douleur non résolue. Cela n'en fait pas un parent intrinsèquement mauvais, même si ses gestes sont parfois odieux, comme dans les cas de négligence et d'abus sexuel, physique et émotionnel. Le parent n'est pas à blâmer. « C'est sa faute, mais on ne peut pas le blâmer. » En découvrant la vérité au sujet de notre enfance, nous pouvons nous ouvrir à la douleur qui nous a été infligée, mais sans blâmer les gens qui nous ont fait du mal en raison de leur propre éducation. Dans le chapitre quatre, je traite plus en détail de notre relation avec nos parents après la découverte de la vérité sur notre enfance, et plus particulièrement de notre colère envers eux. J'aborde également le sujet du pardon.

Ce chapitre effleure aussi la grossesse, l'accouchement et l'éducation des enfants. Ces sujets soulèvent de nombreuses questions chez les personnes qui suivent une thérapie de la PRI. Je n'ai malheureusement pu en aborder que les principaux points, car il m'était impossible de traiter de ces sujets en détail dans le cadre du présent ouvrage.

Dans divers chapitres, je fais référence à des découvertes récentes en neurosciences sur le fonctionnement du cerveau. Le lecteur que ce sujet n'intéresse pas peut sauter ces passages sans compromettre sa compréhension de la thérapie de la PRI.

Finalement, j'aimerais souligner qu'en thérapie de la PRI, la guérison repose sur trois piliers d'égale importance : la cognition (penser), le comportement (agir) et l'émotion (ressentir). Si vous exagérez ou négligez l'un de ces trois piliers, vous retarderez votre guérison. Par exemple, les gens sont souvent portés à exagérer l'importance des émotions. Cela tient sans doute au fait que la PRI trouve ses racines dans la thérapie primale de Janovs et dans l'adaptation qu'en a fait Jenson dans son livre. Ces deux thérapies mettent exclusivement l'accent sur l'importance de ressentir de façon répétée les vieilles douleurs de l'enfance. Une des caractéristiques de la PRI, c'est de reconnaître l'importance égale des éléments cognitifs et comportementaux dans le processus de guérison (voir annexe 8). Ceux-ci gagnent alors en importance dans le processus de la PRI.

J'espère sincèrement que cet ouvrage vous sera utile dans votre processus de guérison et qu'il vous aidera à surmonter vos difficultés sur le long chemin de l'enfance à l'âge adulte. La PRI a pour but de vous rendre capables de vivre le présent *pour ce qu'il est*, libéré des illusions qui vous font sans cesse errer ; des illusions qui influencent vos pensées, vos émotions et votre comportement sans que vous en soyez conscients ; des illusions qui obscurcissent votre esprit. Être capable de voir clairement le présent pour ce qu'il est – ce qui peut se faire sans complication –, voilà l'objectif de la thérapie de la PRI.

Vous apprendrez à vous accepter et à rester fidèle à vous-même. Vous pourrez alors vous débarrasser peu à peu de votre moi illusoire – ce moi qui se définit à travers des messages qui viennent de l'extérieur –, et redécouvrir qui vous êtes vraiment, une personne qui se définit par son autonomie interne. Votre soi a toujours été là, en vous, mais il était enfoui sous la douleur et les mécanismes de défense utilisés pour lutter contre cette même douleur. Mon désir le plus cher est de vous accompagner dans le processus de désidentification de vos défenses, ce qui vous permettra de vous identifier de nouveau à ce que vous êtes véritablement : « un enfant du divin », dans tous les sens que ce mot peut avoir.

INGEBORG BOSCH BONOMO

PROLOGUE

Un aperçu de la thérapie de la PRI

La PRI se fonde sur le fait que nous avons tous une conscience divisée : une partie de notre conscience perçoit le monde à travers les yeux de l'enfant que nous avons été ; l'autre partie voit le monde à travers les yeux de l'adulte que nous sommes devenu. En raison de cette dualité, nous percevons et vivons les événements différemment selon la partie de la conscience à laquelle nous accédons. Nous pouvons, par exemple, nous sentir sûrs de nous, compétents, maîtres de la situation à laquelle nous sommes confrontés et, l'instant d'après, déprimés, amers, angoissés ou coupables.

Vous reconnaissez peut-être ce phénomène, soit un changement, souvent soudain, dans le regard que vous portez sur vous-même et sur votre vie. Habituellement, aucun événement extraordinaire ne cause ce virage et vous n'arrivez pas à comprendre votre changement d'attitude.

Inconsciemment, cependant, il se passe quelque chose. Vous êtes confronté à un élément, habituellement une personne ou une situation, qui vous rappelle, sans que vous en soyez conscient, un événement de votre passé, un événement que vous avez été forcé de refouler lorsque vous étiez enfant. Ce souvenir inconscient est ce qui fait basculer votre conscience d'adulte vers la conscience d'enfant – ce qui vous pousse à avoir recours aux mécanismes de défense qui vous empêchent de ressentir notre ancienne douleur.

Selon une autre prémisse de la PRI, les enfants ne reçoivent pas ce dont ils ont besoin. Les enfants n'ont pas seulement besoin de nourriture, de vêtements et d'un foyer; ils ont besoin de sécurité, d'attention et d'affection physiques et émotionnelles, de soutien, d'encouragement et de chaleur. Ils ont aussi besoin que l'on respecte leur identité. Un enfant doit recevoir tout cela pour devenir un adulte sain et fonctionnel. Malheureusement, les enfants grandissent souvent avec des parents ou autres pourvoyeurs de soins qui sont incapables de combler leurs attentes. Or, comme leur survie dépend de la satisfaction de ces attentes, la dure réalité leur paraît trop menaçante pour y faire face. En conséquence les êtres humains, pour survivre à l'enfance, doivent souvent refouler la vérité.

Il y a plusieurs façons de nier le fait que tous nos besoins d'enfants ne seront jamais comblés*. Par exemple:

Nous essayons de nous convaincre que nous n'avons pas besoin que ces attentes soient satisfaites. « C'est bien que maman soit sévère avec moi, je peux le supporter. » C'est ce qu'on appelle le déni.

Nous nous mettons en colère contre une personne et rejetons le blâme sur elle. C'est ce qu'on appelle le faux pouvoir.

Nous pensons que nos besoins finiront par être satisfaits si nous multiplions nos efforts pour être à la hauteur des attentes de nos parents. C'est ce qu'on appelle les faux espoirs.

* Ils sont considérés comme des mécanismes de défense parce qu'ils nous protègent de la douleur que nous ressentirions si nous n'étions pas en déni.

Nous nous blâmons nous-mêmes : « Mon père ne fait jamais attention à moi parce que je suis un enfant stupide. » C'est ce qu'on appelle la défense primaire.

Nous sommes terrassés par la peur, même s'il n'y a aucun danger immédiat. En nous réfugiant dans la peur, nous avons l'illusion qu'il y a encore une possibilité d'échapper à ce qui nous menace. La peur devient alors un mécanisme de défense.

Cette façon de refouler et de nier la vérité au sujet de notre enfance divise notre conscience en deux parties : une partie à laquelle nous avons accès consciemment (qui devient plus tard la conscience d'adulte) et une partie que nous nous cachons à nous-mêmes et à laquelle nous sommes incapables d'accéder consciemment, mais qui connaît la vérité au sujet de notre enfance (qui devient plus tard la conscience d'enfant). Pour l'enfant que nous étions, il s'agissait là d'une excellente stratégie de survie. Grâce à elle, nous n'avons pas dû affronter la dure vérité, soit que nos parents ne comblaient pas nos besoins.

À l'âge adulte, les problèmes surgissent lorsque nous nous heurtons à des symboles (des personnes ou des situations qui nous rappellent le passé sans que nous en soyons conscients). Sans savoir pourquoi, nous éprouvons soudainement des sentiments que nous ne comprenons pas – nous nous sentons peu appréciés, incompris, déprimés, anxieux, coupables, etc. Une situation banale peut susciter en nous une profonde irritation ou une colère hors de proportion. Cela indique qu'un changement de conscience vient de s'opérer : nous sommes passés de la conscience d'adulte à la conscience d'enfant et, de là, à l'un de nos cinq mécanismes de défense.

Le but de la thérapie de la PRI est d'aider certaines personnes à retrouver une conscience unifiée. Une conscience unifiée nous empêche de ressentir, comme si elle existait dans le présent, la douleur que l'enfant que nous étions a dû refouler et nier de façon répétée. Pour unifier notre conscience, la thérapie de la PRI nous amène à affronter et à éprouver consciemment les anciennes douleurs de notre enfance afin que nous puissions démanteler nos défenses.

Il s'agit d'un processus douloureux. Cependant, en nous révélant la vérité au sujet du passé, il nous permet de prendre conscience des anciennes douleurs de notre enfance. Lorsque nous parvenons à reconnaître et à ressentir de vieilles blessures du passé, nous éprouvons de moins en moins de douleurs refoulées et niées, et nous habitons de plus en plus souvent notre conscience d'adulte. La plaie se cicatrise au lieu de rester béante, comme c'est le cas tant et aussi longtemps que nous la refoulons dans notre conscience d'enfant. Les anciennes douleurs de l'enfance ne font plus mal; elles ne sont plus qu'un lointain souvenir, désagréable peut-être, mais souvenir néanmoins.

La thérapie de la PRI nous oblige à ressentir activement toute ancienne douleur qui refait surface lorsque nous nous heurtons à un symbole. Normalement, nous n'aimons pas éprouver une souffrance, mais il est indispensable de ressentir de vieilles douleurs refoulées; il faut en détruire l'influence sur le présent en reconnaissant leur existence et en les ressentant pleinement. Et il est préférable de les éprouver sans être consolés. La consolation, même la mieux intentionnée, vous distraira de votre sentiment et empêchera votre intégration. Nul besoin de vous inquiéter, vos sentiments pénibles s'atténueront d'eux-mêmes.

La PRI encourage les gens à modifier des comportements (souvent bien ancrés et incorrectement assimilés à leur nature et à leur personnalité) qui les aident à nier le passé. Comme je l'ai expliqué précédemment, ces comportements sont en réalité des mécanismes de défense: ils nous défendent contre nos anciennes douleurs.

Modifier ces comportements - et renoncer consciemment à utiliser vos mécanismes de défense - peut vous apparaître comme une entreprise dangereuse et contraire à ce que vous dit votre intuition, mais elle est essentielle à la guérison qui résulte de la PRI. Ne vous inquiétez pas si vous adoptez des comportements qui ne plaisent pas toujours à vos amis, à votre famille et à vos collègues de travail, étonnés de ces changements.

Imaginez une femme qui cherche à faire plaisir à son mari de toutes les façons possibles dans l'espoir d'obtenir son amour et son attention - ce qu'il ne lui accorde pas. Peut-être est-ce la peur qui la fait agir ainsi ? Elle craint sa désapprobation si elle ne lui fait pas constamment plaisir. La première attitude illustre de faux espoirs. La deuxième est un exemple de la peur comme moyen de défense. Cette femme doit cesser d'agir dans le but précis de faire plaisir à son mari. Ce changement sera difficile, pour elle et pour mari.

Maintenant, imaginez un homme qui réagit avec colère (faux pouvoir) ou demeure parfaitement indifférent lorsque survient une situation difficile (déni des besoins), par exemple lorsqu'une promotion attendue lui échappe. Les mécanismes de défense à l'œuvre, dans ce cas, sont le faux pouvoir ou le déni des besoins. Le comportement « indifférent » devra se transformer en une attitude dans laquelle l'homme reconnaît que les déceptions sont douloureuses. Il doit accepter sa douleur au lieu de faire semblant « qu'il n'y a pas de quoi en faire tout un plat ! ». S'il y arrive, son comportement risque de causer une fameuse surprise à son entourage habitué à le voir être « fort » ou « stoïque ».

Enfin, imaginez un homme qui se blâme pour des choses dont il n'est nullement responsable. Si quelqu'un abîme sa voiture dans le terrain de stationnement, par exemple, il se reproche de s'être garé à cet endroit, et se maudit pour sa négligence. « Si seulement je m'étais garé ailleurs, se dit-il. Mais je suis trop bête ! » Le mécanisme de défense qui se manifeste ici est ce qu'on appelle la défense primaire : nous nous blâmons et nous nous sentons inadéquats, insignifiants, incapables, etc. Pour contrer la défense primaire, il faut admettre que quelqu'un d'autre nous a fait souffrir, mais que cette personne ne nous a pas fait du mal parce que nous sommes inadéquats, que nous le méritons ou que nous l'avons provoqué. Ainsi, dans le présent exemple, l'homme si prompt à s'infliger le blâme doit cesser d'agir de cette façon. Ici encore, cela risque d'étonner les gens qui le connaissent. Ces derniers peuvent même trouver la situation désagréable, habitués qu'ils sont à tirer profit de son attitude.

En résumé, la thérapie de la PRI vise à aider les gens à progresser vers une conscience de plus en plus unifiée, ce qui les libère de l'influence des douleurs de l'enfance qui surgissent en présence d'un symbole. Ils deviennent alors plus aptes à sentir que le moment présent n'est pas un fardeau.

La thérapie de la PRI encourage à :

1. accéder à la douleur et à la ressentir, tout en sachant qu'elle concerne le passé et non le présent ;

2. faire le contraire de ce que l'on fait habituellement dans de nombreux cas. Nous savons désormais que nos anciens comportements étaient des mécanismes de défense dont nous n'avons plus besoin dans le présent. Nous savons qu'ils nous empêchaient de voir clairement le moment présent.

Remarque : Nous ne réussirons notre PRI que si nous avons accès à notre conscience d'adulte et que si nous sommes en mesure de combler nos propres besoins de survie. Si une personne ne peut satisfaire ces conditions préalables - par exemple si elle dépend en permanence de pourvoyeurs de soins en raison de troubles mentaux - la PRI ne lui convient absolument pas. Dans son cas, une thérapie axée sur l'élaboration et le maintien de stratégies d'adaptation sera plus utile.

Consultez l'annexe 8, qui contient une représentation graphique de la structure de la PRI, laquelle donne une meilleure idée de la façon dont la thérapie est construite.

Chapitre 1

LA CONSCIENCE

Notre conscience : de l'unité à la division

À la naissance, notre conscient est unifié*. J'entends par là que nous ne nous cachons rien. Autrement dit, toutes les expériences de nos cinq sens – l'ouïe, la vue, l'odorat, le toucher et le goût (intrants sensoriels) – atteignent notre conscience non encore divisée, qui les traite et provoque une réaction. Dans le cas d'un enfant, voici des exemples d'expériences et d'intrants sensoriels antérieurs à cette division : il se love confortablement dans les bras de sa maman (réaction) après avoir bu un biberon (intrant sensoriel) ; il pleure désespérément (réaction) parce que la sensation de faim envahit tout son être (intrant sensoriel) ; ou il tète avec ardeur (réaction) quand on lui donne le sein ou le biberon (intrant sensoriel). Tout intrant sensoriel atteint la conscience de l'enfant, où il est traité avant de produire une réaction pertinente. Ce phénomène n'est possible que parce que la conscience n'est pas (encore) divisée.

---

* Cet énoncé n'a aucun rapport avec l'hypothèse de l'existence de l'inconscient collectif. La thérapie de la PRI ne traite pas de la conscience à ce niveau.

Figure 1. Ce cercle représente notre conscience unifiée.

Par contre, notre conscience a été forcée très tôt de se diviser en plus d'un compartiment[*]. Nous appelons ce processus le refoulement[**] et il nous sauve littéralement la vie. On peut comparer l'importance du refoulement pour la psyché à celle du système immunitaire pour l'organisme. Tout comme le corps a un système qui nous défend contre les assauts des virus et des bactéries, la psyché possède un système de résistance qui nous protège des expériences émotionnelles douloureuses qui menacent notre bien-être psychologique. En fin de compte, ces deux systèmes de protection sont liés entre eux, et c'est l'union du corps et de l'esprit qui détermine notre bien-être général.

Les besoins non comblés dans l'enfance : une menace à la vie

Le refoulement est un système de défense qui cause la division de la conscience ; il devient nécessaire parce qu'il y a dans la vie de tout enfant des situations qui seraient absolument dévastatrices si sa conscience les absorbait entièrement. Autrement dit, l'enfant serait anéanti par ce qui se passe s'il en avait pleinement conscience sur le

[*] Il est possible que la division de la conscience survienne dans l'utérus, à la suite d'expériences stressantes pour le fœtus. Dans ce cas, nous naissons avec une conscience déjà divisée. Voir au chapitre 4, *L'avenir*, la section sur la grossesse et l'accouchement et la discussion sur les effets émotionnels possibles des expériences prénatales.

[**] Le refoulement diffère de la répression en ce sens que le refoulement est inconscient tandis que la répression est un rejet conscient et volontaire de nos émotions.

coup. Dans certains cas, la connaissance de la vérité serait douloureuse au point de mettre sa vie en danger. De prime abord, cela paraît difficile à comprendre. Comment une situation qui ne représente aucun danger pour l'intégrité physique de l'enfant peut-elle mettre sa vie en danger ?

Imaginez la situation suivante : vous êtes dans une situation impossible ; vos besoins ne sont pas satisfaits et il n'y a aucun espoir qu'ils le soient jamais. Vous ne pouvez pas échapper à la situation et vous ne pouvez rien y changer ; personne ne peut vous aider et il n'y a aucun espoir que la situation prenne une autre tournure. Par exemple : vous avez faim et vous ne pouvez ni acheter de la nourriture ni en obtenir autrement ; vous êtes dans un pays dont vous ne parlez pas la langue et vous n'avez pas d'argent. Vous ne connaissez personne et vous n'avez aucun moyen de quitter le pays ; vous ne savez même pas exactement où vous êtes. Personne ne veut vous aider. Au bout de trois jours de jeûne et d'isolement, incapable de vous approvisionner, vous comprenez la gravité de la situation. Si vous viviez une telle expérience, comment vous sentiriez-vous ? Probablement dévasté. Vous vous demanderiez peut-être même si la vie vaut la peine d'être vécue.

Eh bien, les enfants se retrouvent régulièrement dans ce genre de situation. Que peuvent-ils faire lorsque leurs besoins essentiels - nourriture, vêtements et gîte, bien sûr, mais aussi amour, caresses, chaleur émotionnelle, sécurité, respect, attention, etc. - ne sont pas comblés par leurs pourvoyeurs de soins ? Ils ne peuvent quitter leurs parents et emménager chez un autre couple qui leur procurera ce dont ils ont besoin. Il leur est impossible de changer de parents (bien que nous en rêvions parfois en secret, ce qui nous pousse à passer notre vie à tenter d'y arriver symboliquement). Ils ne peuvent pas encore comprendre qu'ils pourront un jour prendre leur vie en main. Les enfants n'ont pas la même notion du temps que les adultes. Pour eux, une minute peut paraître une heure et une heure une journée ; une année semble éternelle. En bref, les enfants sont souvent coincés dans des situations où ils n'obtiennent pas ce dont ils ont besoin, et ils ne peuvent rien y faire ; la situation s'éternise et ils n'ont aucun moyen d'en sortir.

Toute personne, enfant ou adulte, forcée de faire face à la réalité d'une telle situation serait incapable de survivre, non pas en raison d'une menace immédiate à son intégrité physique, mais parce qu'elle serait psychologiquement dévastée par la certitude qu'il ne lui reste aucun espoir de voir ses besoins essentiels satisfaits.

La situation de dépendance complète que nous vivons pendant l'enfance est semblable à celle des prisonniers dans les camps de concentration (Miller et Jenson font toutes deux le parallèle). Les horreurs des camps de concentration de la Deuxième Guerre mondiale sont bien connues. La survie dans des conditions inhumaines ne dépendait pas seulement de la force physique. Certains prisonniers mouraient après deux jours au camp, en dépit d'un état de santé relativement bon. D'autres, au seuil de la mort, réussissaient à survivre pendant des années et à s'en sortir. Il est clair que cet écart ne tient pas à de simples différences physiques.

Les survivants attribuent leur survie à leur aptitude à se transporter ailleurs en esprit, comme s'ils avaient été capables d'oublier leur conscience présente de l'expérience du camp pour passer à une autre partie de leur conscience dans laquelle ils entendaient une belle symphonie, écrivaient un livre, construisaient un immeuble, brique par brique, etc.

Les femmes néerlandaises qui ont survécu, pendant la Deuxième Guerre mondiale, aux horreurs des camps de concentration japonais en Indonésie en créant un « orchestre vocal » en sont un éloquent exemple[1]. Une survivante écrit : « Le largo de la *Symphonie du Nouveau Monde* de Dvorak a empli le camp d'une musique majestueuse, suivi d'œuvres de Bach, de Beethoven, de Chopin et de Tchaïkovski. La musique (entièrement vocale évidemment) était un contraste miraculeux à la faim, la maladie, les rats, les cafards, les punaises et l'odeur des latrines. Elle renforçait notre sentiment de dignité humaine. Nous pouvions nous élever au-dessus de situations catastrophiques. Nous étions sûres de vaincre. »

Cette aptitude à repousser une certaine partie de la réalité pour l'empêcher de s'infiltrer dans notre conscience prévient la dévastation psychologique, potentiellement mortelle, qui découlerait de la pleine reconnaissance de la réalité.

Figure 2. Ce cercle représente notre conscience divisée, le résultat du refoulement. Les X correspondent aux événements très douloureux qu'un enfant a vécus pendant son enfance et qui pourraient menacer sa vie s'il en était pleinement conscient.

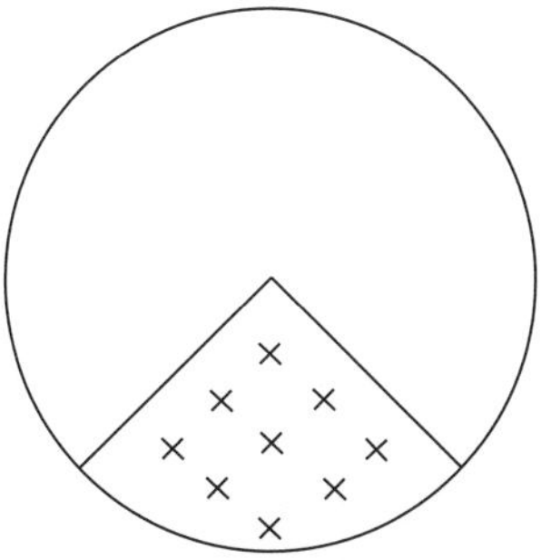

Le refoulement est le système de protection de la psyché. Il permet de survivre à une enfance où les besoins essentiels demeurent insatisfaits, ce qui divise la conscience, comme l'illustre la figure 2. Le refoulement permet à l'enfant de se cacher à lui-même certains intrants sensoriels. Lorsque ces derniers surviennent, sa conscience se divise en plusieurs compartiments et « entrepose » la réalité dangereuse derrière ce que l'on pourrait appeler, métaphoriquement, un épais mur de déni. L'enfant n'en est pas conscient. Autrement dit, il peut penser et agir comme si cette réalité n'existait pas, mais à la condition de se dissimuler la vérité, car son esprit a enregistré cette dangereuse vérité ; elle le poussera plus tard à y réagir sans qu'il en soit conscient. Bref, l'adulte qu'il deviendra aura des réactions et des comportements qu'il ne contrôlera pas consciemment. La capacité d'obscurcir un pan de la réalité et de faire comme si elle n'existait pas et n'avait jamais existé - ce que l'on appelle le refoulement - a sauvé la vie d'un grand nombre d'enfants dont les besoins n'ont pas été comblés.

Des recherches récentes sur le cerveau ont révélé certains secrets sur les mécanismes du refoulement dans le cerveau. À mon avis, les indices neurologiques mis au jour dans ces études confirment la division de la conscience et le mode d'action du refoulement. La recherche innovatrice de LeDoux[2] a montré qu'il est possible d'avoir des réactions et des souvenirs émotionnels sans action cognitive consciente. Autrement dit, il est possible de réagir et d'adopter un comportement à partir d'informations provenant d'un souvenir inconscient. Cette idée peut être difficile à saisir. En effet, nous aimons croire que nos réactions et nos comportements résultent d'une pensée consciente et plus ou moins rationnelle, et que divers souvenirs influencent consciemment nos réactions et comportements. Cependant, la recherche de LeDoux montre que certaines réalités sont refoulées et entreposées dans un endroit inaccessible à notre esprit conscient, d'où *elles influencent notre comportement sans que nous en soyons conscients.*

L'amygdale est l'une des structures du cerveau qui participe activement à ce processus. Elle joue un rôle important dans les émotions intenses associées à la peur. L'amygdale enregistre les souvenirs d'expériences qui nous ont effrayés, indépendamment de toute connexion avec le néocortex, la partie du cerveau qui s'occupe du traitement conscient et plus rationnel de l'information. L'amygdale peut donc entreposer des expériences émotionnelles dont nous n'avons jamais été pleinement conscients, ce qui cause le refoulement des émotions et la division de la conscience.

L'efficacité du refoulement varie d'une personne à l'autre. Tout le monde n'a pas une faiblesse cardiaque et tous les enfants ne naissent pas avec la « bosse » du refoulement, mais les enfants moins doués pour le refoulement risquent plus que les autres de se suicider. Il nous est difficile de comprendre que des enfants de deux, trois ou quatre ans puissent délibérément mettre fin à leurs jours : ils font exprès de courir devant une voiture, de tomber dans une rivière ou de sauter d'une fenêtre. Même si le phénomène est très rare, il arrive que de très jeunes enfants se suicident. Pendant la thérapie de la PRI, des souvenirs de tentatives de suicide resurgissent chez certaines personnes. Elles découvrent qu'immédiatement avant de tenter de s'enlever la vie, elles avaient eu le sentiment de ne plus pouvoir supporter le manque d'amour et le désespoir dont elles souffraient.

Ces récits démontrent l'importance vitale du refoulement pour la survie des enfants. Après avoir compris, d'abord comme cliente, puis comme thérapeute, que le refoulement a sauvé les enfants que nous avons été, il m'est apparu évident qu'il y a des enfants qui n'arrivent pas à refouler suffisamment la réalité de leur enfance; pour eux, le suicide est l'alternative. J'ai l'air de dramatiser, mais c'est parce que ce genre de situation est difficile à comprendre quand on n'a pas soi-même éprouvé consciemment les douleurs de l'enfance. Au début, les clients sont incrédules; ils refusent de croire que ces douleurs peuvent tuer. Puis, en cours de thérapie, ils ressentent soudainement une vieille douleur et ils comprennent immédiatement qu'elle vient de leur enfance. Après avoir vécu une telle expérience, personne ne doute plus que la douleur puisse tuer un enfant qui en prendrait pleinement conscience.

Les besoins émotionnels sont essentiels à la survie

Il est important de comprendre que les choses immatérielles, comme l'amour, le respect, les caresses, la chaleur émotionnelle et le sentiment de sécurité sont essentiels à la survie même de l'enfant. Dans la société occidentale, nous sommes portés à penser que, en dépit de leur importance, nous pouvons vivre impunément sans amour, sans respect, sans affection, sans chaleur émotionnelle, sans sécurité, etc.

Phyllis Davis[3] illustre la nature essentielle des besoins émotionnels, et elle révèle des faits troublants sur la mort prématurée de bébés: « Au début du XIXe siècle, plus de la moitié des enfants décédaient au cours de leur première année. On donnait à la maladie à laquelle on attribuait leur décès le nom de « marasme », un mot d'origine grecque qui veut dire « dépérissement ». Il y a 50 ans, la méthode la plus recommandée pour prendre soin des enfants se basait sur les conseils publiés en 1894 par un certain Dr Holt. « Ne bercez pas l'enfant, ne le prenez pas quand il pleure, nourrissez-le à heures fixes et évitez de le gâter en le prenant inutilement, sauf pour le nourrir et le langer. » Voilà le genre de conseils que donnait le Dr Holt. En 1935, cet ouvrage en était à sa 15e réédition, et les feuillets distribués par le gouvernement dans les années 60 contenaient toujours les mêmes directives. Ces idées dogmatiques ont persisté jusqu'à ce jour et certains parents et médecins adhèrent encore à cette méthode « scientifique » d'éducation... Ce n'est qu'après la Deuxième Guerre mondiale que le « marasme », ou mortalité infantile inexplicable, a fait l'objet de recherches qui ont démontré l'existence d'un lien entre cette maladie et l'absence de stimuli tactiles. Autrement dit, les caresses et autres gestes affectueux font diminuer le taux de mortalité infantile. »

Au début des années 50, les recherches révolutionnaires de Bowlby[4] ont confirmé la nécessité vitale de satisfaire les besoins des nourrissons : « [...] nos observations empiriques suggèrent que le besoin qu'a l'enfant de l'amour et de la présence de sa mère est aussi grand que son besoin de nourriture ». Ce n'est qu'au début des années 50 que l'on a commencé à comprendre que les besoins émotionnels des enfants étaient aussi forts que leur besoin de nourriture, ce qui sous-entend qu'une carence peut avoir des conséquences graves et conduire éventuellement à la mort ; la mort par « marasme » - tout comme le manque de nourriture, s'il persiste assez longtemps, finit par conduire à la mort par inanition.

Des expériences menées par Harry Harlow[5] sur la carence maternelle illustrent une fois encore la nécessité de combler les besoins émotionnels de l'enfant. Comme l'a décrit Melvin Marx[6] : « [...] en résumé, les résultats indiquent que cette carence peut provoquer des séquelles permanentes, à moins que des substituts maternels adéquats ne soient fournis [au nouveau-né]. Les singes rhésus "élevés" par des soi-disant mères de substitution en chiffon sont incapables d'avoir une sexualité normale à l'âge adulte ; et les femelles n'ont pas un comportement maternel adéquat avec leur petit. Dans la mesure où les mères de substitution leur ont fourni chaleur et nourriture, on peut en conclure que la satisfaction de ces deux besoins n'est pas suffisante pour produire une progéniture au comportement normal. » Mais les bébés singes de Harlow préféraient manifestement la mère de substitution au corps rembourré à une simple armature en fil de fer, même si elles offraient toutes deux la même nourriture et la même chaleur. Apparemment, le système émotionnel des singes a besoin de la stimulation de contact que procure le tissu, qui leur donne envie de se pelotonner. Les singes, comme les êtres humains, ont eux aussi besoin d'autre chose que de chaleur et de nourriture.

« La négligence et les abus, le manque d'attention d'un parent indifférent ou égoïste, ainsi que les châtiments corporels, laissent des traces qui inhibent le développement du cerveau émotionnel. Or, c'est lui qui façonne les caractéristiques émotionnelles qui persistent toute la vie. Au cours de l'enfance, les réactions aux traitements des pourvoyeurs de soins se fixent dans le réseau synaptique de l'architecture neuronale, et elles sont difficiles à changer plus tard dans la vie[7]. »

J'aimerais finalement souligner les recherches de Robert Prentky, qui illustrent une fois encore l'impact que peut avoir sur l'enfant un parent qui ne satisfait pas ses besoins. Ses travaux montrent que les premières années de la vie de criminels reconnus coupables de délits d'une violence et d'une cruauté extrêmes ne diffèrent qu'en un seul point de celles de criminels ayant commis des délits moins cruels et moins violents[8]. Les premiers ont été promenés d'une famille d'accueil à une autre, ou ont grandi dans des orphelinats. Leur histoire personnelle se caractérise par un manque de continuité dans leurs relations et une négligence émotionnelle grave qui leur laissaient peu de chances de s'ajuster ou d'établir des liens avec les personnes de leur entourage.

Comme pour les petits singes de Harlow, il y a abondance de preuves démontrant que les enfants ont de grands besoins émotionnels. Ils ne vivent pas uniquement de nourriture et de chaleur. Pour survivre sans garder de séquelles et se développer normalement sur le plan émotif, tous ont besoin pendant leurs premières années de sécurité, d'affection, d'amour, de respect et de contacts physiques affectueux.

Refoulement et déni collectifs

Comme nous avons, pour la plupart, refoulé la vérité au sujet des douleurs de notre enfance, nous ne pouvons pas savoir quels sont les besoins réels des enfants. En général, nous pensons que seuls les besoins physiques sont essentiels à leur survie, et que la satisfaction de leurs besoins émotionnels n'est pas vitale. C'est faux. Pour survivre, il faut absolument que nos besoins émotionnels soient comblés. Lorsqu'ils ne le sont pas et que nous savons qu'ils ne le seront jamais, nous ne survivons que grâce au refoulement. Comme nous, la société vit dans un état de refoulement et de déni de la réalité de l'enfance. Et elle refoule et nie les effets mêmes que cet état de refoulement et de déni a sur la vie des gens, sur la société et sur le monde.

Pourtant, le refoulement et le déni des douleurs de l'enfance ont de multiples effets. À l'échelle mondiale, les guerres, la pauvreté et la pollution environnementale sont toutes alimentées par la soif de pouvoir, la haine, l'indifférence et l'égoïsme. À l'échelle sociétale, des millions de gens souffrent, victimes de blessures émotionnelles, d'accoutumances et de crimes. Enfin, à l'échelle familiale et individuelle, les gens souffrent parce qu'ils sont incapables de maintenir des relations aimantes. La solitude afflige un très grand nombre de gens. Et puis, il y a l'enfant. L'enfant naît innocent dans ce monde et ne réussit à survivre à une éducation pourtant bien intentionnée qu'en refoulant la terrible vérité : ses besoins essentiels ne seront pas comblés. Cette vérité demeure cachée dans l'intimité du foyer et très peu de gens en prennent conscience. C'est ainsi que se perpétue à notre insu ce terrible cycle destructeur.

NOTES

1. « Paradise Road, Song of Survival » ; musique de film originale, Sony Music, 1997.
2. Joseph LeDoux, *The Emotional Brain*, Touchtone, New York, 1996.
3. Phyllis Davis, *The Power of Touch*, Hay House, New York, 1991.

4. John Bowlby, *L'attachement et la perte*, tome I, « L'attachement », Penguin Books, New York, 1960.
5. Harlow H.F. & Harlow, M. K., « Social Deprivation in Monkeys », *Scientific American*, 1962.
6. M. H. Marx, *Introduction to Psychology*, Macmillan Publishing Co. Inc., New York, 1976.
7. Richard Davidson, « Childhood experiences and prefrontal reduction - Asymetric Brain Function, Affective Style and Psychopathology: The Role of Early Experience and Plasticity », *Development and Psychopathology* vol. 6, 1994, tel que décrit dans Daniel Goleman, *L'Intelligence émotionnelle*, 1997. Recherches de Robert Prentky, Philadelphia, tel que mentionné par D. Goleman dans *L'intelligence émotionnelle*, 1997.
8. Recherches de Robert Prentky, Philadelphie, tel qu'il est mentionné par Daniel Goleman dans *L'intelligence émotionnelle*, 1997.

Chapitre 2

LES DÉFENSES

Ce chapitre décrit les concepts de la PRI ayant trait aux mécanismes de défense.

Chacun de nous utilise les cinq mécanismes de défense, soit le déni des besoins, les faux espoirs, le faux pouvoir, la défense primaire, et la peur. Après avoir présenté chacun de ces mécanismes de défense, ce chapitre abordera le mode d'action en alternance avec ces mécanismes de défense.

Les mécanismes de défense : autrefois essentiels à la survie de l'enfant, aujourd'hui un danger mortel

Le refoulement, qui divise notre conscience pour nous éviter de faire face à la vérité au sujet de notre enfance, semble suffisant en lui-même pour permettre à l'enfant (que nous étions) de survivre. Cependant, le refoulement est toujours accompagné de son assistant : le déni. Le déni permet à l'enfant de nier la vérité refoulée et de lui substituer une autre « réalité ».

Par exemple, la détresse que ressent une fillette abandonnée physiquement est une menace trop dangereuse pour son équilibre émotionnel pour qu'elle en reste consciente. Si elle comprenait pleinement que sa mère l'a abandonnée et si elle saisissait la signification du comportement de cette dernière (débouchant sur le manque d'amour), sa douleur serait telle que la vie lui semblerait insupportable. La fillette refoule donc les émotions qui menacent sa survie dans le compartiment de ses vérités trop douloureuses pour être ressenties. Puis, pour rendre le refoulement durable, elle substitue un mensonge à la réalité au sujet de la négligence émotionnelle et de l'abandon physique dont elle a souffert. Elle peut par exemple avoir le raisonnement suivant: « Ma mère et moi sommes très proches. Elle m'aime beaucoup; elle voudrait venir me voir, mais elle ne le peut tout simplement pas. »

Lorsque cette fillette arrive à l'âge adulte, elle continue à croire à ce mensonge – sa mère et elle sont très proches. Il est possible qu'elle épouse un homme qui va la négliger sur le plan émotionnel, et qui peut-être la quittera. Elle en sera très blessée et aura alors le sentiment d'être devenue incapable de faire face à la vie.

Le déni qui lui a sauvé la vie quand elle était enfant menace maintenant sa vie d'adulte. Faisant abstraction des aspects positifs qu'il peut y avoir dans sa vie, elle a le sentiment que le départ de son mari a enlevé tout son sens à son existence. Elle éprouve ce sentiment parce qu'il était vrai dans son enfance, au cours de laquelle elle a dû refouler une dure réalité: l'abandon de sa mère alors qu'elle était trop jeune pour se débrouiller seule constituait une menace à sa survie, et l'affronter lui aurait causé une douleur insoutenable. À l'âge adulte, quand une situation symbolique se présente (son mari la quitte), les vieilles émotions de l'enfance refont surface. Pourtant, elle reste fermement convaincue que sa mère et elle étaient proches, et elle demeure inconsciente de l'intensité des émotions dévastatrices qu'elle aurait ressenties, enfant, quand sa mère l'a abandonnée. Or, elle ne les a pas ressenties, parce que l'enfant qu'elle était aurait été incapable d'y survivre. Elle les a donc refoulées et a utilisé le déni pour élaborer une « vérité » plus acceptable. Sa mère peut ainsi demeurer la personne la plus importante dans sa vie.

Le mur qui accentue la division déjà existante de notre conscience est la partie qui représente le déni.

Figure 3. Le mur du déni.

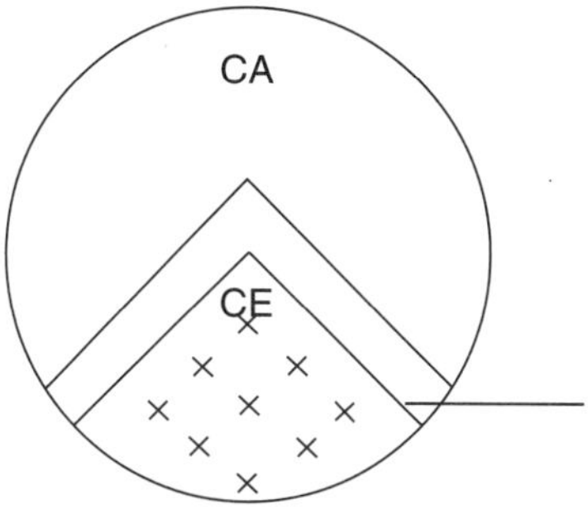

Les différents types de déni

Il y a plusieurs façons de nier la vérité. J'en définirai quelques-unes. Elles servent toutes à substituer une autre réalité à la vérité : déni des besoins, faux espoirs, faux pouvoir, défense primaire et peur. Tous ces mécanismes de défense qui ont aidé l'enfant que nous étions à survivre à l'enfance continuent à agir à l'âge adulte, même si nous n'en avons plus besoin. Le passé est passé, et la connaissance de la vérité n'est plus une menace à la survie, bien qu'elle l'ait été lorsque nous étions enfants.

Malheureusement, notre esprit ne reconnaît pas cet état de fait. Chaque fois que nous nous heurtons à un symbole (tout ce qui nous rappelle inconsciemment le passé), notre conscience passe de l'état d'adulte (conscience d'adulte) à l'état d'enfant (conscience d'enfant) et, de là, à nos mécanismes de défense.

Les recherches de LeDoux sur le cerveau[1] fournissent une explication plausible du fonctionnement de ce mécanisme à l'échelle neurologique. Une partie de notre cerveau, l'amygdale, a un rôle particulier à jouer en cas d'événements menaçants. Lorsqu'une menace survient, l'amygdale va conserver le souvenir de cet événement. Elle peut fonctionner indépendamment de la partie rationnelle du cerveau, de sorte que les souvenirs d'événements menaçants sont stockés dans l'amygdale sans que le cerveau rationnel en soit nécessairement conscient. L'amygdale est en quelque sorte l'entrepôt des souvenirs marqués par une charge émotionnelle. Ce processus d'entreposage a une évidente fonction de survie. Dès qu'un nouvel événement potentiellement menaçant survient, l'amygdale le compare à ses souvenirs pour déterminer s'il représente un danger réel. Si c'est le cas, l'amygdale émet des signaux d'alarme.

Il faut toutefois préciser que la méthode de comparaison de l'amygdale n'est pas très exacte. Elle agit par association : même si la situation présente n'a que quelques éléments en commun avec le danger passé, l'amygdale sonne l'alarme, et les réactions aux alarmes de l'amygdale sont généralement aussi anachroniques que les souvenirs qui les ont déclenchées. La fonction de l'amygdale continue à être essentielle à notre survie : lorsque nous sommes confrontés à un danger réel, il nous faut une sonnette d'alarme. Cependant, l'amygdale garde encore dans ses « dossiers » un grand nombre d'événements qui sont périmés : ils étaient menaçants quand nous étions enfants, mais ils ne le sont plus maintenant que nous sommes adultes.

Les conclusions de LeDoux illustrent toute la complexité des mécanismes cérébraux qui participent aux mécanismes émotionnels décrits dans la théorie de la PRI. LeDoux n'emploie pas les mêmes mots, mais le processus qu'il décrit est le même. L'amygdale sonne l'alarme chaque fois qu'un objet ou une personne qui est pour nous un symbole nous rappelle ou rappelle à notre amygdale un événement menaçant du passé. Ceci nous propulse dans notre conscience d'enfant : nous réagissons à la situation présente comme s'il s'agissait du passé.

Lorsque de vieilles douleurs déclenchées par un symbole dans notre conscience d'enfant remontent à la surface, nous sommes malheureux ou mal à l'aise. Pour éviter la douleur, nous nous réfugions rapidement dans notre conscience d'enfant pour escalader le « mur du déni » - un de nos mécanismes de défense. En général, nous le faisons inconsciemment.

Figure 4. Mouvement déclenché par un symbole : de la conscience d'adulte à la conscience d'enfant et au mur du déni.

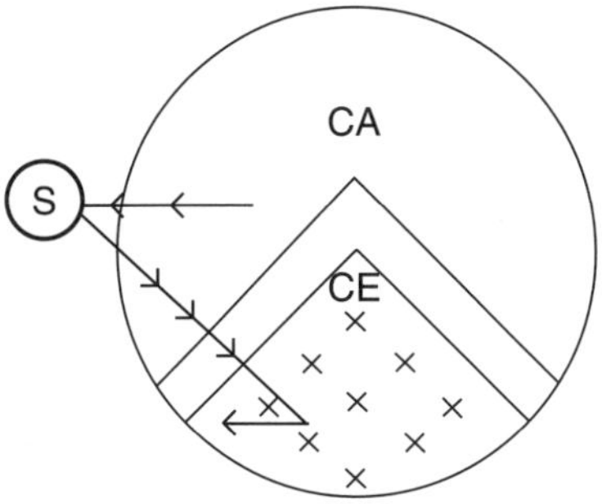

Nombreux sont ceux qui passent si rapidement de la conscience d'enfant au mur du déni qu'ils utilisent un mécanisme de défense avant même d'avoir ressenti leur ancienne douleur. De cette façon, ils se protègent consciemment de cette douleur ; malheureusement, celle-ci remonte à la surface lorsqu'ils sont confrontés à un symbole. Comme ils sont convaincus que leur douleur est causée par des événements présents et qu'elle leur est insupportable, ils se jettent sur leurs mécanismes de défense comme si leur survie en dépendait (ce qu'ils faisaient lorsqu'ils étaient enfants).

Lorsque nous étions enfants, nos mécanismes de défense nous ont sauvé la vie. À l'âge adulte, ils menacent notre vie ou la rendent beaucoup plus pénible qu'elle ne devrait l'être. Les douleurs de l'enfance ne constituent pas un problème en soi ; ce ne sont pas les vieilles douleurs qui ont des conséquences destructrices sur les individus, les sociétés et le monde, ce sont les mécanismes utilisés pour s'en défendre. C'est à cause de nos défenses que nous nous embarquons dans de petites et de grandes guerres (faux pouvoir) ; que nous nous sentons dévalorisés (défense primaire) ; que nous persistons dans un comportement qui ne mène nulle part et peut même nous causer du tort (faux espoirs). Nous pouvons aussi nous cacher la vérité en restant dans un état de déni inconscient : L'« Ich habe es nicht gewusst' » (déni des besoins). Enfin, la peur peut nous faire fuir certaines situations sans danger réel, alors que d'autres personnes pourraient avoir besoin de notre assistance.

Daniel Goleman[2] écrit : « Dans ces moments-là, le manque de précision du cerveau émotionnel (lorsqu'il réagit au présent comme s'il s'agissait du passé) augmente, car un grand nombre de souvenirs émotionnels remontent à la petite enfance, plus particulièrement à la relation entre l'enfant et les adultes qui en prenaient soin. Cela est d'autant plus vrai pour les expériences traumatisantes, comme les abus ou la négligence. Pendant cette période de notre vie, le développement d'autres structures cérébrales demeure incomplet, en particulier l'hippocampe, crucial dans la formation des souvenirs narratifs, et le néo-cortex, siège de la pensée rationnelle. Dans la formation et le rappel des souvenirs, l'amygdale et l'hippocampe travaillent de concert, chacun sauvegardant et restituant sa propre information. Tandis que l'hippocampe extrait une information, l'amygdale détermine si elle a un quelconque contenu émotionnel. Or, l'amygdale, qui se développe assez rapidement dans le cerveau du jeune enfant, est presque complètement formée à la naissance. »

LeDoux[3] confirme que ce sont les interactions pendant les premières années de la vie qui conduisent à l'apprentissage, par empreinte, de leçons émotionnelles, qui diffèrent selon que les contacts entre l'enfant et ses parents sont harmonieux ou houleux. Malgré la très grande influence de ces leçons émotionnelles sur leur vie, les adultes ont beaucoup de difficulté à les comprendre. Selon LeDoux, c'est parce qu'elles ont été entreposées dans l'amygdale sous la forme de vagues empreintes non verbales de la vie émotionnelle. Ces premiers souvenirs émotionnels se fixent à un moment où l'enfant est encore incapable de traduire ses expériences en mots. Par exemple, si nos sautes d'humeur nous étonnent à ce point, c'est souvent parce qu'elles datent d'une époque de notre vie où le monde était encore confus et où nous n'avions pas de mots pour comprendre ce qui se passait. Nous nous rappelons les émotions chaotiques que nous avons éprouvées, mais nous ne trouvons pas les mots pour décrire les souvenirs qui les ont fait surgir.

Pour l'enfant que nous étions, c'était la douleur qui mettait notre vie en danger, mais pour les adultes que nous sommes devenus, ce sont nos mécanismes de défense qui peuvent détruire notre vie. L'inexactitude de l'amygdale peut avoir des effets désastreux sur notre vie, car elle peut nous pousser à utiliser à mauvais escient le réflexe de lutte ou de fuite. Avant que le néocortex, siège de la pensée rationnelle, ait le temps de se rendre compte de ce qui se passe, l'amygdale peut réagir par une explosion de colère brute ou une crise de peur panique. Des réactions qui auraient eu un sens dans un lointain passé mais n'en ont plus aujourd'hui.

Pour nous guérir, il est de la plus haute importance de se rendre compte du danger qu'il y a à se défendre contre ses vieilles douleurs. Il s'agit d'un travail difficile, mais la volonté de renoncer à ses mécanismes de défense est la démarche la plus importante dans la guérison par la thérapie de la PRI. Ce processus améliorera la qualité de votre vie et de celle des personnes qui vous entourent.

L'état que tous les grands chefs spirituels ont décrit comme l'illumination n'est sans doute « rien d'autre » que cela : un état dans lequel nous n'utilisons plus nos mécanismes de défense. La plupart des grands chefs spirituels semblent dire que l'illumination n'a rien d'extraordinaire, qu'elle n'est pas un état que l'on peut atteindre par un travail quelconque, car il existe déjà. C'est notre état normal, mais nous n'en sommes pas conscients, parce que nous sommes sous l'empire de nos illusions et que nous sommes incapables, en conséquence, de vivre dans le moment présent. Autrement dit, nous sommes incapables de voir le présent pour ce qu'il est vraiment.

Cette description de l'obstacle à l'illumination naturelle ressemble au phénomène qui survient lorsque nous percevons inconsciemment une réalité passée : nous réagissons en fonction de nos perceptions, tout en étant absolument convaincus qu'il s'agit d'une réaction normale à la réalité présente. C'est dans la nature même de nos mécanismes de défense. Une conscience unifiée - sans défenses - est apte à percevoir pleinement le moment présent, en tout temps, ainsi que l'affirment les guides spirituels. La conscience n'est-elle pas naturellement unifiée ? N'est-ce pas l'état dans lequel nous avons été créés, dans lequel nous sommes nés ?

Examinons maintenant ces mécanismes de défense plus en détail. La première étape sur le chemin de la guérison consiste à comprendre leur nature et leur fonctionnement dans le passé et dans le présent.

Faux espoir : j'obtiendrais ce dont j'ai besoin, si seulement...

Demain, demain,
ils m'aimeront
si seulement je suis toujours gentille, jamais boudeuse,
si je fais exactement ce que maman désire,
alors demain, demain, ils m'aimeront.

Si seulement j'éprouvais exactement ce qu'il faut éprouver,
si je pensais ce qu'il faut penser
et si je ne me trompais jamais...
demain, demain, ils m'aimeront

JEANNETTE MEIJVOGEL
(voir illustration n° 1)

Nous faire de faux espoirs est un mécanisme de défense qui consiste à nier la vérité : nos besoins ne seront jamais comblés. Nous nous convainquons qu'ils pourraient l'être si seulement nous étions à la hauteur des attentes de nos parents : si nous étions plus gentils, plus intelligents, plus sages, plus amusants, plus ou moins émotifs, etc.

Malheureusement, cette stratégie ne sert à rien car nos besoins essentiels, lorsque nous étions enfants, n'ont pas été satisfaits ; nos parents ne les ont pas satisfaits, malgré tous les efforts que nous avons faits.

Une fois adultes, chaque besoin que nous ressentons très intensément dans le présent n'est en réalité qu'un vieux besoin de notre enfance qui n'a pas été comblé. C'est pourquoi tout ce que nous tentons d'accomplir en nous faisant de faux espoirs est voué à l'échec. Peu importe nos efforts, nous n'obtiendrons jamais ce dont nous avions besoin enfant. L'enfant que nous étions n'a pas reçu ce dont il avait besoin et l'adulte que nous sommes ne pourra jamais rien y changer. On ne peut pas changer le passé.

Bon nombre de mes clients apprécient la métaphore suivante : « Si vous avez souffert de la faim étant enfant, vous pouvez manger tout ce que vous voulez aujourd'hui, cela ne changera rien au fait que vous avez eu faim quand vous étiez enfant. »

Imaginez Claire, une femme qui a un besoin incoercible de l'approbation de son partenaire. Elle fait les choses exactement comme il le souhaite. Comme il s'agit d'un besoin qui remonte très loin, Claire ne réussira jamais, quoi qu'elle fasse, à obtenir la « quantité » d'approbation dont elle a besoin. Ce besoin ne sera jamais comblé, même si son partenaire lui dit tous les jours à quel point il est heureux de tout ce qu'elle fait pour lui. Comme le besoin de Claire remonte à l'enfance, toute l'appréciation du monde ne lui suffira jamais ! Claire risque même de s'imaginer que son partenaire ne pense pas ce qu'il lui dit et qu'il essaie de la manipuler. Elle peut même devenir sourde à ses compliments ou les oublier aussitôt. À la fin, elle finit par douter de ses propres sentiments.

La réalité, pourtant évidente, est très difficile à reconnaître quand nous sommes dans notre conscience d'enfant, ou en mode de défense : nous ne pouvons pas combler un vieux besoin qui n'a pas été comblé pendant notre enfance, même si nous avons l'impression de l'avoir comblé dans le présent. Nos faux espoirs nous donnent peut-être un sentiment de confiance (temporaire et fugace) et réussissent à nous remonter le moral tant qu'ils durent, c'est-à-dire jusqu'à leur inévitable effondrement.

Dans l'exemple précédent au sujet de cette femme négligée par sa mère lorsqu'elle était enfant, les mécanismes fonctionneraient de la façon suivante : quels que soient les efforts que fait cette femme pour gagner l'amour et la protection de son mari, elle ne se sentira jamais suffisamment aimée et en sécurité, malgré tout l'amour de son conjoint, tant qu'elle n'aura pas affronté la vérité au sujet de son enfance.

Quand nous sommes dans notre conscience d'enfant, nous revivons l'ancienne réalité, la douleur du besoin insatisfait. La réalité présente, quelle qu'elle soit, ne peut rien y changer, ni changer l'émotion que l'ancienne réalité suscite en nous. Nous ne pouvons pas changer le passé, mais nous pouvons nous guérir des séquelles qu'il a imprimées sur notre vie présente.

Déni des besoins et faux pouvoir * : je n'ai pas de problème, c'est toi qui ne vaut rien...

Rappelez-vous :
C'est une question de vie ou de mort.
C'est pourquoi je deviens Dieu,

Vous devez me reconnaître
Et me respecter,

Vous devez apprendre mes règles
Vous devez être disposés à collaborer avec moi

Alors – peut-être – pourrai-je permettre
Que certaines règles soient changées

Si vous voulez survivre :
Vous ne pouvez pas être vulnérables,
Vous ne pouvez pas avoir d'émotions,
Vous ne pouvez pas avoir de désirs,
sexuels ou autres,
Vous devez toujours maîtriser la situation,
Être préparés à tout.

JEANNETTE MEIJVOGEL
(voir illustration n° 2)

* Jusqu'à tout récemment, ces deux mécanismes de défense n'étaient vus que comme un seul. Ici, ils sont aussi abordés ensemble. Dans *Illusions* (Bosch), les deux mécanismes sont expliqués en détail séparément.

Le déni des besoins

Le déni des besoins est une catégorie de comportement qui vise à éviter les conflits. Les personnes qui utilisent ce mécanisme de défense semblent gentilles, calmes et décontractées. Elles peuvent paraître assez équilibrées sur le plan émotionnel et psychologique. Le seul élément « suspect » est le manque d'intimité dans leur vie. Elles ont peu d'amis proches et éprouvent des difficultés à avoir une relation affective, même avec leur partenaire et leurs enfants. Les hommes sont beaucoup plus nombreux que les femmes à se servir de ce mécanisme de défense. Néanmoins, il importe de ne pas généraliser, car certaines femmes se reconnaîtront dans ce comportement. C'est ce que nous appelons le mécanisme de défense par déni des besoins.

Derrière le déni des besoins se cache la motivation suivante : la négation d'un besoin ou d'un problème (et, par conséquent, de la vulnérabilité). Ce mécanisme de défense nous permet de nous convaincre que nous n'avons pas de problèmes dans la vie ; à nos yeux, ce sont les personnes de notre entourage qui en ont et ce sont elles qui doivent changer. Une personne qui utilise souvent ce mécanisme de défense se voit souvent reprocher sa réticence à se montrer telle qu'elle est, à se rapprocher des autres et à se confier. Pour elle, cependant, ces reproches sont le signe d'un problème chez l'autre, car elle-même considère n'en avoir aucun. C'est ainsi qu'elle évite d'avoir mal.

Le mécanisme de défense que l'on appelle « faux pouvoir » se manifeste différemment. Il donne lieu à des comportements qui peuvent aller de l'irritation à la fureur, en passant par tous les états intermédiaires, incluant la colère. Les autres sont généralement intimidés devant ce mécanisme de défense, ce qui les porte à se rebeller ou, plus souvent, à obtempérer. Nous avons tous été témoins de comportements agressifs, autoritaires, abrupts, exigeants, vengeurs ou expéditifs. Ils sont assez courants chez les parents et les patrons. En fait, ce sont surtout les hommes qui utilisent le faux pouvoir, mais une fois encore, il faut éviter de généraliser.

Le faux pouvoir

Une personne qui a souvent recours au faux pouvoir sent bien qu'il y a quelque chose qui cloche, mais elle est convaincue que ce n'est pas chez elle. Elle blâme ceux et celles qui l'entourent: ils sont stupides, négligents, immoraux, paresseux, malhonnêtes, méchants, bons à rien, agressifs, etc. «Je n'ai pas de problème, c'est toi (et le reste du monde) qui en as un», pense-t-elle, persuadée que ses jugements sur la méchanceté ou l'inutilité des autres sont pleinement justifiés. Elle ne doute quasiment pas de ses propres opinions. Pour éviter de se sentir vulnérable et de souffrir, elle ressent de l'irritation, de la colère ou même de la fureur envers les autres. Elle ne veut pas reconnaître que ses besoins n'ont pas été satisfaits, ni dans le passé, ni dans le présent, car si elle le faisait sa vulnérabilité et sa douleur referaient surface. La colère donne aux personnes qui ont recours à ce mécanisme de défense un sentiment de pouvoir, et l'illusion d'être plus fortes que les autres. Ce faux sentiment de puissance peut être très agréable, tout comme l'illusion de ne pas avoir de problème qui découle du fait de nier ses besoins. Ainsi, jusqu'à un certain degré et toujours temporairement, le déni des besoins et le faux pouvoir peuvent nous procurer un certain sentiment de bien-être.

Cependant, sous cette façade se cache un malaise. Une personne qui utilise le faux pouvoir et la colère comme moyens de défense est souvent en proie aux conflits. Elle peut même aller jusqu'à menacer ses proches de les exclure de sa vie s'ils refusent de se rallier à sa vision de la vérité. Une personne qui dit ne pas avoir de problèmes (autodéfense par déni des besoins) aura souvent l'impression que sa vie manque de piquant. L'étincelle n'y est pas. Une telle personne est souvent très seule, car elle n'arrive pas à s'ouvrir aux autres.

Le déni des besoins et le faux pouvoir peuvent nous procurer un bien-être temporaire. Cependant, nous ne pouvons pas guérir la douleur de l'enfant que nous étions en agissant dans le présent comme si nous n'avions pas de besoin ou comme si nous étions plus puissants que les autres. Notre pouvoir n'est pas un véritable pouvoir, mais une illusion, un faux pouvoir, qui ne soulage notre ancienne douleur que temporairement. Celle-ci refait surface chaque fois que nous nous heurtons à une personne ou à une situation dont nous avons fait un symbole, ce qui signifie que nous sommes sans cesse forcés de nier nos besoins ou d'exercer un faux pouvoir. En recourant à ces mécanismes de défense, nous nous condamnons à vivre des relations qui manquent d'intimité véritable ou qui sont ravagées par les conflits.

Observons Jean et Charlotte. Jean aime regarder un match de football au moins une fois par semaine, et même plus souvent. Charlotte n'aime pas ce sport, mais elle sait que « la plupart des hommes apprécient ce divertissement » et elle estime qu'elle doit laisser Jean regarder le football à sa guise. Or, chaque fois qu'il allume le téléviseur, elle sent monter en elle une irritation irrépressible qui la pousse à faire des remarques désobligeantes, du genre: « Quel sport stupide ! » ou « Comment peux-tu aimer un sport digne de l'homme de Neandertal ? » ou « Te reste-t-il un peu de cervelle ? » Jean a fini par accepter ce comportement prévisible et ne fait guère attention à ses remarques, ce qui met Charlotte hors d'elle - au point où elle a l'impression qu'elle pourrait le frapper.

Lors d'une séance de thérapie, Charlotte découvre qu'elle se sert du mécanisme de défense du faux pouvoir, et elle se demande quelle ancienne douleur Jean peut bien raviver en elle lorsqu'il regarde le football (chose dont elle a fait un symbole). Lorsqu'elle réussit à s'éloigner du mur de ses défenses et à revivre la réalité de son enfance, elle comprend que sa douleur est en réalité la douleur d'une enfant qui a été négligée sur le plan émotionnel. Les membres de sa famille ne se préoccupaient pas beaucoup d'elle ; absorbés par leurs propres activités, ils se souciaient peu de ses besoins. Maintenant, chaque fois qu'elle a l'impression de ne pas compter autant qu'une quelconque activité à laquelle Jean s'intéresse, elle sait qu'il s'agit de l'intrusion, dans le présent, d'une vieille douleur de son enfance. Elle peut maintenant la ressentir ; elle n'a plus besoin de s'en protéger en se mettant en colère. Elle a finalement compris que Jean tient sincèrement à elle et que son intérêt pour le football n'amoindrit en rien cet amour.

Tant que nous restons incapables de faire la distinction entre notre ancienne réalité et notre réalité présente, nous nous défendons contre l'intrusion d'une vieille douleur chaque fois qu'un symbole nous fait passer de notre conscience d'adulte à notre conscience d'enfant et, de là, à nos mécanismes de défense. Trois défenses – les faux espoirs, le déni des besoins et le faux pouvoir –, nous procurent alors un certain bien-être, quoique temporaire. Lorsque nos faux espoirs prennent le dessus, nous croyons pouvoir déplacer des montagnes et accomplir l'impossible. Le faux pouvoir nous enivre de manière semblable en nous donnant l'illusion de posséder un pouvoir sur les gens et les événements. Enfin, le déni des besoins nous rend la vie plus « facile », car notre insensibilité nous donne la fausse impression de n'avoir aucun problème réel. Inévitablement, nos espoirs sont déçus, notre pouvoir s'effondre et notre insensibilité est démasquée par une peur aussi soudaine que foudroyante.

Derrière ces mécanismes de défense se cache une autre défense à laquelle nous pouvons avoir recours lorsque nos espoirs s'effondrent et que notre pouvoir s'effrite. Malheureusement, cette défense ne nous procure aucun bien-être, même temporaire ; il s'agit de la défense primaire.

Défense primaire : Je ne suis bon à rien, tout est ma faute ; je n'y arriverai pas ; je suis nul

Je me sens si sale,
si stupide,
si mauvaise ;

si pleine de douleur,
de honte
et de peur,

si pleine de désir
de trouver une issue.

Jeannette Meijvogel
(voir illustration n° 3)

Je dis qu'il s'agit d'une défense « primaire » parce que c'est la première chose qui passe par la tête d'un enfant qui cherche à se protéger contre une douleur qui menace sa survie. La défense primaire, qui est le premier mécanisme qu'utilisent les enfants pour se défendre, est un mécanisme de défense très simple, élémentaire même, dont nous nous servons tous. Dans le cas du déni des besoins, des faux espoirs et du faux pouvoir, nous sommes tous plus ou moins susceptibles de les utiliser à divers degrés. Nous avons recours à ces trois mécanismes de défense, mais nous finissons généralement par adopter un comportement davantage caractéristique de l'un d'eux. La défense primaire, elle, se présente sous différentes formes et nous la considérons tous (à tort) comme une partie fondamentale et intrinsèque de notre nature.

Par définition, les jeunes enfants sont impuissants ; ils dépendent des autres (de leurs pourvoyeurs de soins) pour combler leurs besoins (nourriture, vêtements, gîte, amour, chaleur, sécurité, etc.). Lorsque ses besoins ne sont pas satisfaits, l'enfant se protège contre cette vérité qui menace sa survie en s'imaginant qu'il peut les combler lui-même. Étant évidemment trop jeune pour le faire, il se met à se dévaloriser, en se disant, par exemple : « Si je n'arrive pas à répondre à mes besoins, c'est parce qu'il doit y avoir quelque chose qui cloche chez moi. » Les enfants utilisent la défense primaire dès qu'ils acquièrent une conscience d'eux-mêmes, c'est-à-dire entre dix-huit mois et deux ans.

La défense primaire verbale peut s'exprimer comme suit : je n'y arriverai jamais ; je suis mauvais ; je ne serai jamais bon à rien ; je suis coupable ; tout est toujours ma faute ; personne ne m'aime ; je ne vaux rien ; je serai toujours seul ; j'ai honte, etc. La défense primaire se caractérise par toutes sortes de pensées ou d'idées qui aboutissent à une autocritique exagérément négative. Chez certaines personnes, ces pensées tournent autour d'un sentiment de culpabilité et d'infériorité qui conduit finalement au rejet (habituellement, le rejet par des personnes identifiées aux faux espoirs). D'autres ont surtout l'impression d'être fondamentalement mauvaises et craignent d'être tôt ou tard démasquées et rejetées par leur entourage (habituellement par des personnes identifiées au faux pouvoir).

Dans certains cas, la défense primaire est plus superficielle (identification aux faux espoirs) ou très fortement refoulée (identification au faux pouvoir). Cependant, quelle que soit l'intensité de notre refoulement ou de la connexion qui existe entre notre défense primaire et nos autres mécanismes de défense, notre défense primaire repose principalement sur le sentiment qu'il y a « quelque chose qui cloche » en nous. Or, ce sentiment se manifeste le plus souvent par des pensées négatives, comme « je suis nul » ou « je suis un incapable » ou « je suis coupable » ou « je n'y arriverai jamais » ou « je suis mauvais ».

La défense primaire est un mécanisme très efficace. En effet, en pensant qu'il y a quelque chose qui cloche en nous, nous pouvons éviter de ressentir l'horreur et la douleur de la pénible réalité : nos besoins n'ont pas été comblés pendant notre enfance. En nous attribuant une faute quelconque, nous nous empêchons de reconnaître qu'il n'y avait absolument rien qui clochait chez l'enfant que nous étions. C'était l'environnement de cet enfant qui présentait de graves lacunes : son milieu (habituellement ses parents) ne lui procurait pas tout ce dont il avait besoin.

En plus de fournir à l'enfant un moyen efficace de ne pas voir les personnes qui l'entourent telles qu'elles sont vraiment, la défense primaire lui donne un sentiment de contrôle. Si ses besoins ne sont pas comblés parce qu'il y a quelque chose qui cloche chez lui, cela sous-entend qu'il a le pouvoir de changer la situation dans laquelle il se trouve. La différence entre la défense primaire et les faux espoirs devient alors très mince, et la défense primaire cède facilement le pas aux faux espoirs. S'il s'agit là d'une tactique vouée à l'échec à long terme, les enfants que nous étions ont néanmoins pu survivre grâce à l'illusion salvatrice qu'elle procure. La défense primaire donne l'illusion que tout est possible.

Il est important de comprendre que la défense primaire est un concept assez large. Elle inclut des sentiments d'impuissance devant une tâche qui n'est pas nécessairement difficile en soi : « Je n'y arriverai pas ! C'est au-dessus de mes forces ! » Ce sont là des sentiments auxquels il est facile de nous identifier. La défense primaire n'en demeure pas moins un mécanisme de défense, car elle nous pousse à nier une réalité, celle qui consiste à nous dire que nous n'aurions jamais dû avoir à combler nos propres besoins nous-mêmes. Cette responsabilité (satisfaire nos propres besoins) ne nous incombait pas, elle incombait à nos parents. L'enfant que nous étions n'aurait jamais dû être obligé de se demander comment combler ses propres besoins - chose dont il était incapable de toute façon.

La défense primaire entraîne parfois une certaine confusion. Mes clients se montrent souvent sceptiques quand je leur dis que la culpabilité est toujours une défense ; à leur avis, les gens qui commettent des erreurs ou font du tort aux autres ont de bonnes raisons de se sentir coupables. Comment la culpabilité peut-elle toujours être une défense, me demandent-ils ? Il est utile ici de savoir faire la distinction entre « Je suis coupable et mauvais » et « j'ai commis une erreur ou une faute ». Dans le dernier cas, la réaction adulte consiste à admettre ouvertement la faute, à en assumer la responsabilité, à présenter des excuses, à compatir avec la personne dont les sentiments ont été blessés et, si possible, à faire réparation. Cette réaction fait preuve d'un sens des responsabilités et d'un comportement proactif, ce qui contraste nettement avec le fait de se sentir intrinsèquement coupable. Lorsque nous nous sentons coupables ou mauvais, nous adoptons habituellement une attitude passive ; au lieu de l'admettre ouvertement, nous tentons de cacher notre faute par peur de la sanction. L'idée d'une action réparatrice ne nous vient même pas à l'esprit ; seule la peur nous habite. La véritable empathie pour l'autre est aussi complètement absente de nos pensées. Le sentiment de culpabilité n'est pas une réaction adulte et il est toujours l'œuvre de la défense primaire. Admettre une erreur et faire ce qu'on peut pour la corriger, voilà une réaction adulte.

La plupart des religions traditionnelles entérinent et encouragent la défense primaire. Ces religions sont fondées sur la conviction que les êtres humains sont par nature des pécheurs et des créatures méprisables dont le seul espoir de salut est de suivre leurs commandements et leurs rituels. Il faut bien comprendre quel effet destructeur cette conviction peut avoir sur notre perception de nous-mêmes. Cette conception religieuse de notre « vraie nature » ne sert qu'à renforcer la défense primaire en nous soufflant des pensées et des sentiments négatifs qui nous font beaucoup souffrir. Et c'est ainsi que nous nous dotons d'une forteresse de défenses presque insurmontables.

Une cliente m'a déclaré ceci : « On peut dire que cela m'a été offert sur un plateau d'argent. Que pouvais-je faire d'autre ? Je ne pouvais qu'accepter et me draper dans mes sentiments de culpabilité. De cette façon, je pouvais refouler toute autre émotion. Je ne sentais pas toute ma solitude, seulement ma culpabilité. L'Église m'a forcée à me sentir coupable. Une rédemption qui est venue à point nommé ! Je fuis dans des sentiments de culpabilité qui me paraissent supportables en raison de la sanction de l'Église. Je n'ai même pas conscience de ce que je suis en train de me faire à moi-même. Je tue tout autre sentiment en moi ; je tue toute vie en moi. Je cesse d'être vivante. C'est ma seule façon de continuer, de survivre. Il n'y a pas d'autre moyen. On m'a donné le droit de ressentir un seul sentiment : la culpabilité ; on m'a même forcée à le ressentir. Je me blâme sévèrement pour cette faiblesse, tout en sachant qu'elle me sauve la vie. »

Cette femme est chrétienne. Elle fait partie d'une religion très stricte qui enseigne les préceptes suivants à ses fidèles : les humains sont des pécheurs dès leur conception. Même s'ils ne méritent pas d'exister en raison de leur nature pécheresse, Dieu leur a donné la vie. Mais ils doivent faire pénitence tous les jours. Il est vital de reconnaître la nature coupable du genre humain. Les humains devraient vivre constamment dans la crainte de Dieu ; Jésus est mort pour leurs péchés ; etc. Bien que les religions chrétiennes ne prêchent pas toutes des préceptes aussi sévères, l'idée que l'être humain est par nature coupable est une prémisse fondamentale de leur idéologie.

La psychologue Aleid Schilder[4] écrit : « Si la pensée chrétienne a créé une image de Dieu fort problématique, l'image de l'homme qui en découle n'est pas moins compliquée. Elle peut rendre les fidèles craintifs, anxieux et déprimés. Que peut-on opposer à Dieu, au bien et au pouvoir ? L'humanité, le mal et l'impuissance. L'homme mauvais, coupable et impuissant, incapable du moindre bien, porté sur tous les vices... Le Dieu Tout-puissant et infiniment bon s'est créé un antagoniste en l'humanité pécheresse, coupable et impuissante. »

Dans le catéchisme[5] (24e dimanche, question 62) on peut lire :

« Question : Pourquoi nos bonnes œuvres ne nous rachètent-elles pas aux yeux de Dieu, du moins en partie ?

Réponse : Parce que la justice, qui peut exister pour Dieu, complètement et conformément à Sa loi, doit être uniforme en tout ; or, nos meilleures œuvres dans cette vie sont toutes imparfaites et entachées de péché. »

Dans la confession de la foi protestante du XVIIe siècle[6] (article 15), voici ce qu'on peut lire au sujet du péché originel : « Nous croyons que la désobéissance d'Adam a étendu à toute l'humanité le péché originel, qui est une tare de la Nature tout entière et qui contamine jusqu'aux bébés dans le ventre de leur mère. Il pousse les humains au péché, car il est la racine du mal qui est en eux ; le péché est tellement désagréable à Dieu qu'Il est content de condamner l'humanité. »

Ces textes sont très anciens et, grâce à Dieu, semblent démodés à la plupart des chrétiens. Cependant, la notion chrétienne voulant que Jésus, le Fils de Dieu, ait pris tous les péchés du monde sur ses épaules (ce qui montre à quel point l'humanité est pécheresse), qu'il a été crucifié et est mort sur la Croix pour sauver l'humanité illustre clairement l'enracinement profond de cette notion voulant que nous soyons pécheurs et coupables du seul fait d'appartenir au genre humain. Cette notion est au cœur même de la chrétienté. Elle est toujours très vivante aujourd'hui.

Nous sommes portés à penser que les religions orientales sont plus positives que les religions chrétiennes à l'égard de l'être humain. Les apparences extérieures sont souvent trompeuses. Les traditions orientales véhiculent parfois des messages de culpabilité semblables aux messages chrétiens. Le bouddhisme tibétain, par exemple, enseigne l'importance de se concentrer sur les points suivants :

L'individu n'existe pas vraiment. Toute identification avec des besoins est donc une illusion et cause de l'attachement et de la souffrance. Nous devons arriver à comprendre que tout n'est que « vide ».

Dans la réalisation du vide (sans ego, sans attachement, sans besoin), l'accent doit être mis sur la compassion envers les autres. Tout acte ayant une motivation individuelle n'est pas « comme il le faut ». Toutes nos bonnes œuvres ne servent à rien si elles ne sont faites que pour atteindre l'illumination et non pour sauver l'humanité.

Nous devons nous purifier soit par des rituels, soit par la méditation ou par la dévotion à un gourou qui nous prodigue directement des bénédictions.

Au début, ces paroles semblent assez séduisantes. Qui ne rêve d'un monde rempli de gens purs et empathiques, un monde où la cupidité individuelle et la souffrance n'existeraient quasiment pas ? Un examen plus approfondi de ces points révèle une ressemblance intéressante avec les idées qui concernent les structures de défense selon la théorie de la PRI.

Voyez-vous le parallèle entre le déni des besoins et le premier point ? Et entre les faux espoirs et le deuxième ? Et, enfin, entre la défense primaire et le troisième (le besoin de purification sous-entend que nous sommes impurs de l'une ou l'autre façon) ?

Un examen attentif de nombreux enseignements religieux ou spirituels révèle souvent ces tendances défensives : « C'est notre propre impureté, et notre nature pécheresse et coupable qui causent nos souffrances. Nous devons être forts et faire de notre mieux. » Personne ne s'interroge sur ce que vit l'enfant, ni sur l'influence qu'aura son enfance sur ses émotions et ses comportements une fois qu'il sera adulte. On dit souvent des problèmes émotionnels qu'ils sont du sable dans le vent – ouvrez la main et le sable s'envole. Ce raisonnement représente un déni de la réalité de la souffrance émotionnelle qui découle de ce fait : tous nos besoins n'ont pas été comblés lorsque nous étions enfants. Une vieille douleur ne s'envole pas tant que nous ne l'avons pas affrontée, reconnue et ressentie. L'idée qu'elle pourrait disparaître est une illustration de la défense par déni des besoins.

Il est regrettable que notre société s'appuie sur des idées empruntées aux religions tant orientales qu'occidentales pour demeurer aveugle devant la souffrance des enfants et les effets dévastateurs de cette souffrance sur leur vie, une fois qu'ils sont devenus adultes. Cependant, les gens semblent de plus en plus attirés par les approches spirituelles (par opposition à religieuses) qui célèbrent la beauté de la vraie nature humaine et qui voient en l'homme une manifestation de l'amour dans le sens divin du terme. Ces approches s'éloignent des religions empreintes de culpabilité pour se rapprocher des messages des maîtres spirituels de toutes les époques. Ces maîtres spirituels ne sont associés à aucune religion dogmatique, rigide et hiérarchique basée sur des structures de pouvoir et des sentiments de culpabilité qui lui donnent un ascendant sur ses fidèles. Malheureusement, ces (nouvelles) façons de penser ne tiennent pas compte non plus des répercussions profondes découlant des besoins non comblés de l'enfance.

Le « piège » de la défense primaire : la différence entre déni et réalité

Vous devez faire extrêmement attention à la défense primaire lorsque vous tentez de découvrir votre réalité passée et d'avoir accès à votre vieille douleur, car cette forme de défense se manifeste très souvent. Si vous vous méprenez sur sa nature, vous penserez probablement - parce qu'elle est douloureuse - qu'il s'agit d'une émotion qui surgit de votre enfance. Vous risquez alors de vous imaginer que votre processus de guérison serait accéléré si vous vous permettiez de ressentir cette douleur et de pleurer. Or, ce n'est pas le cas. La défense primaire, malgré toute la douleur qu'elle cause, n'est qu'un mécanisme de défense contre une douleur encore plus grande et plus difficile à affronter : la douleur que vous avez refoulée dans votre conscience d'enfant et qui découle du fait que vous vous êtes dit que vos besoins n'ont pas été comblés pendant votre enfance et qu'ils ne le seront jamais.

Lorsque nous nous laissons aller à ressentir la douleur associée à la défense primaire, nous renforçons ce mécanisme de défense au lieu de nous en guérir. Par nature, tous les mécanismes de défense ont pour fonction d'assurer le refoulement de la vérité par la négation de l'ancienne réalité. Cela est vrai pour la défense primaire, comme pour le déni des besoins, les faux espoirs, le faux pouvoir et la peur.

Figure 5. Différence entre les défenses et les vieilles émotions

DÉFENSE = DÉNI DE LA RÉALITÉ ANCIENNE = CAUSE DES PROBLÈMES ÉMOTIONNELS
Tentative de combler dans le présent ses besoins anciens insatisfaits = Défense = Cause des problèmes émotionnels
S'OUVRIR CONSCIEMMENT AUX SENTIMENTS DE SON ENFANCE = RECONNAÎTRE L'ANCIENNE VÉRITÉ = GUÉRISON
Sentir la douleur de ses besoins anciens non comblés = Admettre qu'ils ne peuvent être comblés dans le présent = Vérité = Guérison

Comme nous l'avons déjà vu pour le déni des besoins, le faux pouvoir et les faux espoirs, chaque fois que nous ressentons un déni comme s'il s'agissait de la vérité, nous renforçons un peu plus le déni de cette vérité. Lorsque nous sommes convaincus du bien-fondé de notre colère, nous renforçons le déni de notre souffrance en le remplaçant par une autre réalité. Par exemple, cette nouvelle « réalité » peut s'exprimer par un blâme: « Il est tellement stupide, il n'apprendra jamais », ou par tout autre énoncé qui confirme la faute de l'autre et conduit au déni de notre douleur.

Voici un exemple de défense primaire plus concret: Après avoir vu sa candidature rejetée pour un poste qu'elle convoitait, Élaine se sous-estime et finit par penser: « Je ne suis bonne à rien, je n'y arriverai jamais ». Lorsque de telles émotions surgissent, il est facile de conclure erronément qu'il s'agit de vieilles émotions qui représentent l'ancienne réalité. Pourtant, il n'en est rien. Ces sentiments sont une défense contre une réalité plus douloureuse encore. Dans le cas d'Élaine, ses parents n'étaient pas là pour la soutenir quand elle avait besoin d'eux. Pour l'enfant qu'elle était, cette vérité était douloureuse à admettre. Mais le sentiment de n'être « bonne à rien » était moins douloureux *pour l'enfant qu'elle était,* car elle n'avait pas à affronter, à ce moment-là, la vérité au sujet du comportement de ses parents. En réalité, c'est leur manque d'intérêt et d'amour pour elle qui est responsable du fait qu'elle se sous-estime. Le piège de la défense primaire consiste à confondre ses sentiments défensifs, comme « je ne suis bon à rien », avec de vieilles blessures.

Il faut faire preuve de vigilance lorsqu'on fait de la PRI ! N'oubliez pas qu'il est facile de tomber dans le piège de la défense primaire. Malheureusement, c'est une erreur, qui inhibe le processus de guérison. Nous pouvons avoir mal et pleurer pendant des années sans que cela débouche sur quelque chose de libérateur, car tous ces pleurs ne font que renforcer notre sentiment d'être malheureux, ce qui prolonge notre supplice au lieu de l'abréger. En thérapie, nous pouvons réussir à composer efficacement avec les faux espoirs et le faux pouvoir, mais si nous négligeons la défense primaire, celle-ci reste en place et influence nos émotions. Nous continuons alors à nous sentir vulnérables et insatisfaits, sans même pouvoir faire appel au déni des besoins, aux faux espoirs ou au faux pouvoir, qui nous rendraient la situation plus supportable. C'est là une éventualité que nous voulons éviter à tout prix.

La peur : « Je peux encore m'échapper... »

La défense primaire et les autres mécanismes de défense (faux espoirs, faux pouvoir et déni des besoins) ne peuvent se développer que lorsque l'enfant a acquis un certain degré de conscience de lui-même, c'est-à-dire entre dix-huit mois et deux ans. Un petit bébé qui pleure tout seul dans son berceau est incapable de penser : « Je suis un mauvais petit bébé et c'est pour cela que personne ne fait attention à mes pleurs » (défense primaire). De dix-huit mois à deux ans, l'enfant est incapable de se défendre de manière cognitive (en pensant). Jusqu'à cet âge, la peur est la seule réaction d'un bébé dont les besoins essentiels ne sont pas comblés. Un nourrisson qui pleure produit des hormones de stress. Plus on le laisse pleurer, plus il produit d'hormones de stress, et plus il a peur. S'il continue à avoir peur et que personne ne satisfait ses besoins, il entrera dans un état « d'engourdissement » qui peut être comparé à la dissociation mentale : le petit bébé cessera de pleurer même s'il a faim ou soif, s'il a froid, s'il est mouillé, s'il a mal ou s'il a peur...

En tant qu'adultes, nous savons que la peur comme mécanisme de défense est à l'œuvre lorsque des situations qui ne sont pas dangereuses nous effraient : par exemple, nous avons peur de parler en public ou d'assister à une réception ; nous évitons les confrontations ; nous avons peur des araignées et des souris, de la solitude, de l'engagement, et ainsi de suite. La liste des situations qui peuvent nous effrayer, même en l'absence d'un réel danger, est interminable. Si vous désirez en apprendre davantage sur le mécanisme de défense que représente la peur, il existe un ouvrage utile intitulé *Illusions* (Bosch, 2003). Cet ouvrage traite abondamment de la peur. Pour l'instant, il importe de retenir que les peurs irréalistes – la plupart des peurs le sont – servent de mécanisme de défense contre de vieilles douleurs. Tant qu'il y a la peur, il y a espoir de fuir et d'échapper à la menace perçue. Cependant, il s'agit d'une illusion, car l'enfant que nous étions ne pouvait pas échapper à la situation dangereuse dans laquelle il se trouvait. Autrement dit, ses besoins n'étaient pas comblés.

Dès que nous ressentons de la peur sans qu'il y ait danger réel dans l'immédiat, nous pouvons conclure qu'un symbole a réveillé une vieille douleur. Nous évitons de ressentir cette douleur en faisant appel à la peur pour nous défendre.

Dans le cercle de la PRI, je dessine toujours la peur comme une sorte de fil barbelé situé à la frontière séparant la première défense cognitive (la défense primaire) et la conscience d'enfant. Nous agissons comme si la peur était l'ultime clôture barbelée – habituellement très efficace – qui peut nous empêcher d'entrer dans notre conscience d'enfant. Elle nous fait fuir à toute vitesse dans la direction opposée, vers nos défenses, le plus loin possible de l'ancienne douleur.

Comme dans le cas de la défense primaire, il est très important de ne pas ressentir (à tort) la peur comme s'il s'agissait d'une ancienne douleur. La peur nous *empêche de ressentir* notre ancienne douleur, elle n'est *pas* notre ancienne douleur !

Les défenses nous défendent...

Cela peut sembler évident, mais c'est une chose que les gens oublient facilement. Nos mécanismes de défense ne deviennent actifs - ce qui signifie que nous avons un comportement défensif - que lorsque notre esprit perçoit une menace. Évidemment, nous savons dans notre conscience d'adulte qu'il n'y a pas de danger, mais pour la conscience d'enfant, ce danger est très réel. Or, une menace est une chose dont nous devons nous protéger.

Comme dans le cas du déni des besoins, des faux espoirs et du faux pouvoir, il faut savoir que l'activation de la défense primaire et de la peur est causée par un symbole qui fait resurgir une vieille blessure.

Figure 6. Déplacement de la conscience d'adulte à la conscience d'enfant et au mur du déni causé par un symbole (identique à la Figure 4, p. 49)

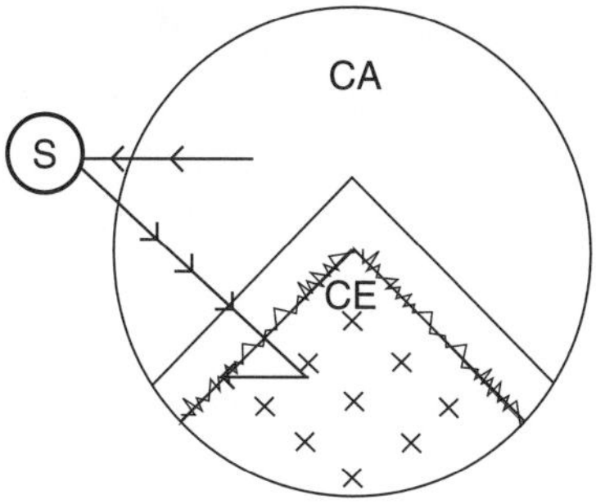

Rappelez-vous le déplacement (voir Figure 6) dans le cercle de la conscience : un symbole nous fait passer de notre conscience d'adulte à notre conscience d'enfant et à la vieille douleur que nous ne voulons pas ressentir, ce qui nous pousse dans nos derniers retranchements (nos défenses). Donc, pour qu'une défense soit activée, il faut préalablement qu'une vieille douleur réapparaisse. Autrement dit, dans le cas de la défense primaire, dès que des pensées dévalorisantes qui semblent surgir de nulle part nous viennent à l'esprit, elles sont causées par une vieille douleur réactivée par un symbole.

Une personne prompte à utiliser la défense primaire finit par croire que ses fréquentes pensées dévalorisantes sont le fidèle reflet de son soi : « Je n'ai pas confiance en moi », se dit-elle. Or, si elle examinait de plus près la période précédant immédiatement l'apparition de ses pensées dévalorisantes, elle découvrirait fort probablement qu'un événement assez significatif s'est produit. Un incident, une personne, ou un objet symbolique lui a inconsciemment rappelé le passé. Il peut s'agir d'une chose tout à fait banale, comme une chanson entendue à la radio, qui déclenche sa vieille douleur et la pousse à se retrancher dans sa défense primaire.

La défense primaire est très efficace : si nous croyons qu'il y a quelque chose qui cloche en nous, nous pouvons aisément « comprendre » pourquoi les gens qui s'occupaient de nous n'ont pas satisfait nos besoins. Ce raisonnement nous aide à éviter d'affronter la terrible vérité : les personnes qui prenaient soin de nous étaient, à certains égards, incapables de combler nos besoins. Cette défense est très efficace, mais aussi très douloureuse. Chez les patients atteints de dépression clinique, il semble que la défense primaire et la peur soient les seuls mécanismes de défense ayant une certaine « utilité ». Ces personnes ne peuvent s'empêcher de se considérer comme des « incapables », des « ratées », des « bonnes à rien ». Elles sont tendues, ou en proie à des sentiments de panique et de peur.

Il y a une corrélation très forte entre la dépression et le suicide. Les données recueillies sur l'état d'esprit qui caractérise des personnes qui sont sur le point de se suicider ou d'attenter à leurs jours révèlent qu'un grand nombre d'entre elles se sentent coupables envers leurs proches ; elles ont le sentiment de les avoir déçus ou d'être incapables de remédier à leur situation. En conséquence, elles se sentent indignes de vivre. L'ouvrage de Kay Jamison*, *Night Falls Fast – Understanding*

* Je tiens à souligner que les idées sur la « maladie mentale » qu'expose Jamison sont contraires à celles que préconise la PRI. Jamison décrit la souffrance émotionnelle comme le résultat d'une maladie qui apparaît plutôt inopinément et soudainement dans la vie de jeunes personnes souvent talentueuses et heureuses, qui ont habituellement eu une enfance « chaleureuse et heureuse ». La PRI considère la souffrance émotionnelle comme le résultat du refoulement d'une douleur causée par un entourage incapable de combler les besoins de l'enfant.

Suicide, très fouillé, contient de nombreuses données et références à divers travaux de recherche et propose une opinion sur les motifs qui poussent des gens à tenter de s'ôter la vie.

Dans un compte rendu détaillé, Jamison relate l'histoire d'un jeune homme dans la vingtaine, très apprécié et très aimé, qui s'est suicidé : « Ses écrits évoquent constamment un monde perdu, un soi perdu et l'abandon de tout espoir. Il se sent coupable de la douleur qu'il pense avoir infligée aux autres, surtout à sa famille, et il dresse une longue liste des problèmes auxquels il doit faire face : ses dettes, sa rupture avec sa petite amie, l'abus de médicaments, ses médecins ». Au sujet d'une petite fille, Jamison écrit : « Amenée à la clinique psychiatrique après avoir voulu se jeter en bas d'une voiture, une fillette de six ans a simplement déclaré : "J'ai très faim, je mords les gens et j'essaie de les manger. Je suis une mauvaise fille et je mérite de mourir".

Dans bien des cas, les émotions qui ressemblent à une défense primaire, qu'elles soient mêlées à la peur ou pas, semblent être le motif des tentatives de suicide. Cela ne veut pas dire qu'il n'existe pas d'autres motifs de se suicider, mais la corrélation entre le suicide, réussi ou non, et les émotions que la thérapie de la PRI considère comme des manifestations de défense primaire, est assez remarquable. N'est-il pas terrible de penser que l'immense souffrance que vivent les gens avant de se suicider ou d'attenter à leurs jours puisse être attribuable à une défense qui les protège contre un événement qui s'est produit dans un passé très lointain ? En ce sens, le suicide peut être considéré comme la dernière tentative désespérée de notre conscience d'enfant pour éviter d'avoir à ressentir une ancienne douleur.

De plus, la recherche à laquelle Jamison fait référence montre qu'il y a deux fois plus de femmes que d'hommes qui souffrent de dépression et trois fois plus qui attentent à leurs jours. Les hommes, toutefois, sont quatre fois plus nombreux à se suicider que les femmes.

Selon le cadre théorique de la PRI, ces chiffres étayent la thèse voulant que les femmes s'identifient plus fortement au mécanisme de défense des faux espoirs, ce qui signifie qu'elles sont plus ouvertes à admettre leur défense primaire. Cette hypothèse s'accorde avec les données sur la dépression, lesquelles ont une forte corrélation avec le suicide. D'un autre côté, comme nous l'avons vu, les hommes sont plus enclins à recourir au déni des besoins ou au faux pouvoir, et à cacher leur défense primaire. Ils sont moins nombreux que les femmes à recevoir un diagnostic de dépression. Cependant, pour réussir un suicide, les moyens agressifs et violents ont plus de chances de réussir, et ce sont les hommes qui les emploient (pendaison, gorge tranchée, etc.). Évidemment, ces moyens plus violents semblent plus fréquents chez les personnes qui ont recours au faux pouvoir.

Comment les mécanismes de défense interagissent et se soutiennent l'un l'autre

La défense primaire et la peur sont très utiles pour nous aider à nier la vérité. Toutefois, même lorsqu'elles sont très efficaces, elles sont manifestement très douloureuses. Trop douloureuses, en fait, pour que nous puissions les supporter constamment. En fait, la douleur provoquée par la défense primaire et la peur est tellement intense qu'elle nous enlèverait sans doute l'envie de vivre si nous devions la ressentir constamment. Comme nous l'avons déjà mentionné, il y a une forte corrélation entre le suicide et la dépression – maladie caractérisée par des émotions que la thérapie de la PRI considère comme des défenses primaires. Pour éviter la dépression, nous devons rendre la douleur de la défense primaire plus supportable. Pour y arriver, nous nous construisons deux blocs de défenses : les faux espoirs et le faux pouvoir, qui peuvent être décrits comme des mécanismes de défense secondaires qui nous protègent contre la défense primaire et la peur. Nous couvrons ensuite nos deux blocs de défense par une couche de déni des besoins, qui recouvre même les sentiments que font surgir le faux pouvoir et les faux espoirs.

Figure 7. Structure du mur du déni : déni des besoins, faux espoirs, faux pouvoir, défense primaire, peur.

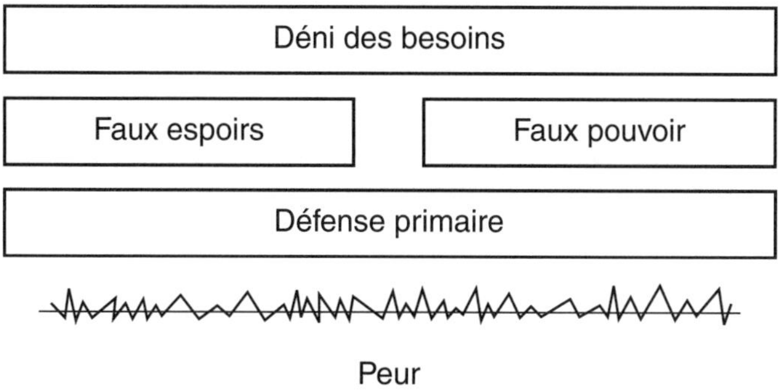

Les degrés de défense par le déni des besoins, les faux espoirs et le faux pouvoir reflètent les degrés de défense auxquels nous voulons nous identifier. Nous voulons repousser à la fois la peur et les horribles pensées sur nous-mêmes que nous suggère la défense primaire pour nous identifier à une image plus positive de notre personne. Les mécanismes de défense que sont le déni des besoins, le faux pouvoir et les faux espoirs nous rendent la vie en « mode défensif » plus facile à supporter, de sorte que nous restons presque continuellement en « mode défensif » ; nous finissons même par croire que la défense que nous privilégions fait partie de notre nature intrinsèque. Une personne qui utilise le déni des besoins ou le faux pouvoir fait le raisonnement suivant : « En réalité, je suis forte, je suis une dure, rien ne peut m'arrêter », tandis qu'une personne qui s'identifie aux faux espoirs se dit : « C'est ma nature, j'aime aider les gens, être accommodante », etc. Il est donc vital que nous reconnaissions qu'une grande partie de ce que nous tenons pour notre personnalité intrinsèque n'est en réalité qu'un mécanisme de défense qui agit presque à plein temps.

Quelle que soit la stratégie de défense que nous privilégions à un moment en particulier, nous employons, tous autant que nous sommes, toutes les formes de défense. Pour la plupart, nous nous identifions principalement au déni des besoins, aux faux espoirs ou au faux pouvoir, mais nous sentons tous au plus profond de nous-même l'irrésistible attraction de la défense primaire et de la peur.

Il est intéressant de voir comment les mécanismes de défense se succèdent pour réagir à un symbole. Si un mécanisme de défense est inefficace, nous passons à un autre et, au besoin, à un autre encore. Par exemple, nous pouvons passer d'un comportement charmeur (faux espoirs) à la colère (faux pouvoir), puis au sentiment d'être indignes de l'amour qu'on nous porte (défense primaire). Nous pouvons aussi nier que nous sommes blessés (faux pouvoir), essayer ensuite de nous faire apprécier (faux espoirs), et finir par ressentir un sentiment d'angoisse (peur) ou de culpabilité (défense primaire). Nous pouvons essayer de prétendre que nous ne sommes pas blessés (déni des besoins) ou irrités (faux pouvoir) et passer directement à un sentiment d'ineptie (défense primaire), ou passer d'un sentiment d'ineptie (défense primaire) à la colère (faux pouvoir) ou à des efforts en vue de réussir (faux espoirs), etc. Toutes les combinaisons sont possibles. C'est comme un cercle, nous pouvons aller dans toutes les directions.

Figure 8. Le cycle autoperpétué des défenses : passage d'un mécanisme de défense à un autre

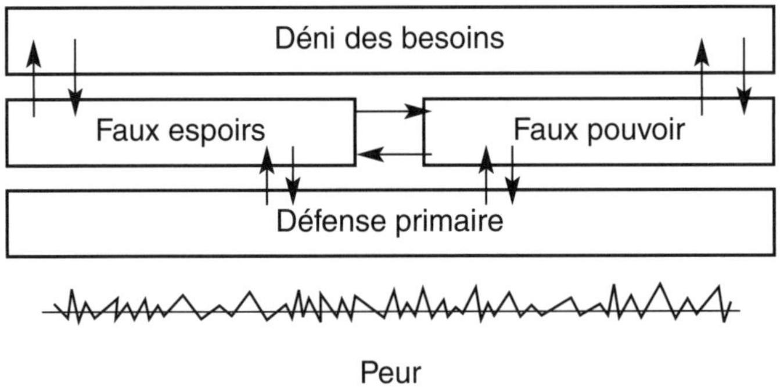

En général, les personnes qui s'identifient davantage aux faux espoirs laissent assez facilement voir leur défense primaire et leur

peur. En voici un exemple : Teresa, femme d'âge moyen, a consacré toute sa vie à son mari, à ses enfants et à son foyer. Elle se perçoit comme une femme au foyer. Bien qu'elle ait choisi cette situation, elle se sent souvent insatisfaite. Elle essaie de faire plaisir aux membres de sa famille en faisant passer leurs besoins avant les siens (faux espoirs). Malgré tous ses efforts pour plaire à son mari et à ses enfants, cependant, elle se sent rarement appréciée pour tout ce qu'elle fait. En raison de ce manque d'appréciation, son image d'elle-même est plutôt négative (défense primaire). Elle se perçoit comme une personne inintéressante, ennuyeuse et sans valeur. Elle pleure souvent sur sa vie ; elle se sent inapte et bonne à rien, mais elle continue néanmoins à essayer de plaire aux siens (faux espoirs) dans une tentative désespérée pour gagner leur amour. Lorsqu'ils ne semblent pas l'apprécier, elle se sent dévalorisée (défense primaire), au lieu d'affronter la réalité du passé que cette situation symbolique fait surgir : l'enfant qu'elle était n'a pas été appréciée par les gens qui en ont pris soin. Elle continue donc à faire passer les désirs de sa famille avant les siens, dans l'espoir qu'un jour son mari et ses enfants l'apprécieront. Mais elle souffre de plus en plus souvent de crises de panique.

Les personnes qui s'identifient davantage au déni des besoins ou au faux pouvoir sont portées à cacher leur défense primaire. Ces personnes paraissent souvent fortes et compétentes et savent cacher leur peur et leurs sentiments de défense primaire (comme « je suis mauvais » ou « je suis bon à rien »). Louis en est un bel exemple. Il est au début de la quarantaine. Il a connu une réussite professionnelle assez remarquable. En fait, il est devenu le président d'une entreprise prospère. Son style de gestion est plutôt autoritaire ; il a peu de considération pour ses employés et ne passe pratiquement pas de temps avec eux.

Lors de réunions, Louis monopolise la conversation et semble très sûr de lui et de ses idées. Ses employés n'ont jamais vu la moindre lueur de doute dans ses yeux. Pourtant, derrière cette façade de dur, Louis éprouve souvent des sentiments de grande solitude. Il a l'impression qu'il n'y a personne à qui il peut parler de ses doutes sur son entreprise et sur lui-même. Il est convaincu qu'un président d'entreprise ne doit montrer aucune faiblesse. Il tente même de se cacher ses doutes et ses peurs. Il a souvent l'impression d'être une personne « mauvaise », indigne d'être aimée (défense primaire). Lorsqu'il est en proie à ces pensées noires et à ces sentiments déstabilisants, il trouve généralement un certain réconfort à critiquer le rendement de ses subalternes. Cet exercice détourne son attention de ses pensées négatives et restaure en lui un sentiment de faux pouvoir. Jusqu'au malaise suivant, et ainsi de suite.

Cet exemple typique montre qu'une personne qui a souvent recours au déni des besoins ou au faux pouvoir cache mieux sa défense primaire qu'une personne plus portée aux faux espoirs. Les personnes autoritaires ou « cool » (déni des besoins et faux pouvoir) sont peu susceptibles d'éclater en sanglots en s'exclamant à quel point elles se sentent nulles, coupables ou mauvaises.

Les faux espoirs s'effondrent facilement et se transforment souvent en défense primaire ou en peur. Les gens qui ont une propension à l'autodépréciation expriment facilement leurs sentiments, contrairement aux gens qui, comme Louis, s'identifient au faux pouvoir. C'est le cas de Teresa. Chaque fois que ses espoirs d'être appréciée s'effondrent, elle s'isole dans ses pensées négatives sur elle-même ; pis encore, elle le fait d'une façon qui démontre clairement à son entourage qu'elle a une piètre opinion d'elle-même.

Le degré d'autodépréciation et de blâme auquel nous nous laissons aller nous indique à quelle défense nous nous identifions. Les personnes qui laissent clairement voir leur défense primaire s'identifient aux faux espoirs, tandis que celles qui la cachent s'identifient au faux pouvoir.

À un niveau plus profond, cependant, nous avons tous recours à la défense primaire, que nous le laissions paraître ou non. Danièle, par exemple, qui essaie parfois de faire tout ce que ses patrons attendent d'elle (faux espoirs) se met en colère et conteste quand elle reçoit du feedback négatif (faux pouvoir). Si elle n'obtient pas le résultat souhaité (des excuses de l'autre partie), elle se replie sur elle-même (déni des besoins). Par la suite, elle se met à douter de ses propres capacités et a le sentiment qu'elle ne réussira jamais à se faire une carrière (défense primaire et peur).

En conclusion, nous pouvons nous défendre contre les vieilles blessures de l'enfance en substituant une réalité imaginaire à notre ancienne réalité : déni des besoins, faux espoirs, faux pouvoir, défense primaire, peur. Ces défenses sont toutes des formes de déni, car elles ont toutes comme fondement la négation de la vérité : l'ancienne réalité telle qu'elle était vraiment. Chaque fois que nous utilisons l'un de ces mécanismes de défense, c'est parce qu'une vieille blessure a été rouverte par un symbole ; nous nous empêchons alors de ressentir la douleur en nous réfugiant dans l'illusion :

Faux espoirs : J'obtiendrai ce dont j'ai besoin, si seulement...

Déni des besoins : Je m'en fiche, je n'ai besoin de rien. Tout va bien.

Faux pouvoir : C'est de ta faute, tu n'es qu'un bon à rien, tu as tort, etc.

Défense primaire : Il y a quelque chose qui cloche en moi, je ne suis qu'un bon à rien, je suis coupable, je n'y arriverai jamais. Nos mécanismes de défense nous permettent de croire en une illusion. Nous y croyons parce que l'enfant que nous étions était incapable d'affronter la douleur que lui aurait causée la révélation de la vérité. Une fois adulte, le fait de croire à cette illusion ne réussit qu'à faire reculer la vérité derrière un mur de déni toujours plus épais, ce qui réduit nos chances de guérison.

Peur : Je peux encore échapper au danger et alors j'obtiendrai ce dont j'ai besoin.

Je ne saurais trop conseiller au lecteur de consulter *Illusions* pour une explication détaillée de tous les mécanismes de défense et de la façon de composer avec chacun. J'espère que les éditions en anglais et en français de cet ouvrage ne tarderont pas à sortir en librairie. Il n'est pas facile de reconnaître ses défenses, car elles sont générées à un *niveau inconscient* – niveau dont nous ne sommes pas conscients *par définition*. Les exemples et outils présentés dans *Illusions* aident à composer avec cette difficulté.

NOTES

1. Joseph LeDoux, *The emotional brain*, Touchstone, New York, 1996.
2. Daniel Goleman, *L'intelligence émotionnelle*, 1997*
3. Joseph LeDoux, *op. cit.*
4. Aleid Schilder, *Omgaan met donker in het licht van eeuwig leven*, 1993.
5. *Catéchisme*, ouvrage ancien publié à Heidelberg (Allemagne). Jusqu'à récemment, le sermon faisait référence à cet ouvrage. Officiellement, cependant, le catéchisme est toujours la base de l'Église réformée.
6. Profession de foi protestante néerlandaise du XVIIe siècle pendant la guerre de 80 ans entre les Pays-Bas et l'Espagne catholique. Les Protestants y déclarent leur foi, originellement dans une lettre adressée à Marguerite de Parme, qui régnait à l'époque sur les Pays-Bas et la Belgique.

* Le lecteur doit savoir qu'un grand nombre des idées sur le développement émotionnel exposées dans l'ouvrage de M. Goleman sont contraires aux idées de la thérapie de la PRI. Cette dernière ne préconise pas que les jeunes enfants contrôlent leurs émotions ou sentiments « socialement indésirables », comme la peur et la colère. Lorsque les adultes qui s'occupent d'un enfant encouragent ce type de comportement, il s'agit là de la pédagogie perverse (voir Alice Miller - *C'est pour ton bien*, 1980). De plus, un grand nombre des comportements que M. Goleman considère comme des éléments essentiels de l'« intelligence émotionnelle » sont présentés dans la PRI comme des mécanismes de défense (faux espoirs et déni des besoins), utilisés pour éviter de ressentir de la douleur. Le profil général de la personne « émotionnellement intelligente » de Goleman correspond dans la PRI à une personne plutôt défensive, bien que de façon socialement acceptable. Elle peut connaître un certain succès social, mais au détriment de son soi et de son autonomie intérieure.

Chapitre 3

LA GUÉRISON

L'avenir
Comment serai-je capable d'être,
Comment serai-je capable de vivre
sans connaître la vérité
sur mon existence.

Qui suis-je
dans le présent
si je ne connais pas l'histoire
de mon passé.

Sentir le corps et l'esprit
dans leurs couches les plus profondes.
Unicité qui guérit.

Ainsi serai-je capable d'être,
Ainsi serai-je capable de vivre
la vérité de mon existence.

INA VELDMAN, 1999

Bien que le processus qui consiste à ressentir une vieille douleur de l'enfance soit une étape importante dans la guérison, il est devenu clair qu'un intérêt trop exclusif lui a souvent été accordé dans d'autres thérapies. Lorsqu'on se heurte à une douleur du présent, on peut la guérir uniquement en en faisant son deuil. Dans le cas d'une douleur du passé, cependant, l'expérience de la douleur joue un rôle différent, et il y a d'autres étapes à franchir. Ces étapes sont d'une nature plus cognitive et comportementale.

Mon expérience clinique m'a révélé que même si un grand nombre de clients réussissent à accéder à de vieilles douleurs, ils n'en tirent pas profit aussi rapidement qu'on pourrait s'y attendre. Certains sont incapables d'échapper au cercle sans fin des mécanismes de défenses. Lorsque nous pleurons dans le but précis d'aller au-delà de notre douleur, pleurer sur chaque vieille blessure qui refait surface peut être la manifestation d'un mécanisme de défense, notamment les faux espoirs. C'est là un piège à craindre lorsque la thérapie de la PRI est mal appliquée. Nous refusons de nous abandonner complètement à notre douleur, de sorte que nous ne la ressentons pas d'une manière qui peut nous en guérir. Nous pouvons aussi pleurer sur tout ce que cloche en nous, ce qui est une manifestation de la défense primaire : nous nous apitoyons sur notre sort. Enfin, la peur devient une défense lorsque nous la ressentons comme s'il s'agissait d'une ancienne douleur.

Pour guérir, il faut faire un travail additionnel. Les principales idées nouvelles sur la guérison portent sur la signification de l'expérience de l'ancienne douleur, sur l'importance de cette expérience sur ce qui vient après l'expérience de la douleur de l'enfance – l'application de la conscience duale. Pour guérir, nous devons combiner le travail cognitif et comportemental avec les découvertes que nous faisons lorsque nous accédons à notre ancienne douleur au cours des *premières étapes* du processus de guérison.

Le processus de guérison se divise en cinq étapes, qui comprennent des éléments essentiels à sa réussite. Ces étapes combinées nous aident à digérer le passé et à guérir les effets de ce passé sur notre vie, ce qui nous permet de vivre dans le présent, dans notre conscience d'adulte, et de redécouvrir notre soi.

Voici les cinq éléments qui, ensemble, constituent les cinq étapes du processus de guérison :

1. La compréhension cognitive : « Cela ne se passe pas maintenant. »

2. La conscience émotionnelle : « C'était vraiment aussi horrible que cela ! »

3. La victoire sur la peur de ressentir la douleur et le renversement des défenses : « Cela provoque beaucoup de douleur, mais je tiens le coup. »

4. La régression : « La douleur est connectée à sa véritable cause. »

5. L'application à long terme : que faut-il faire après avoir éprouvé beaucoup de douleur en raison du passé – la conscience duale.

1. La compréhension cognitive : « Cela ne se passe pas maintenant. »

Il s'agit d'un aspect crucial du processus de guérison. Nous sommes portés à croire que toutes les émotions que nous ressentons sont la conséquence directe d'événements se déroulant dans le présent. Par exemple, nous sommes convaincus que notre colère tire sa cause d'un événement présent : nous attribuons la perte de notre estime de nous-mêmes au gâchis total de notre vie, ou nous avons peur qu'une catastrophe ne se produise dans un avenir très proche, ou plus lointain, à cause de la situation actuelle. En fait, nous sommes tellement habitués à croire ce que nous voyons et ressentons, (nos défenses nous « protégeant » de la vérité de notre ancienne réalité), que nous ne savons pas que nos émotions et nos perceptions ne concernent nullement le présent.

Comme nous l'avons expliqué au chapitre 1, cette « interprétation erronée » semble être l'œuvre d'une partie du cerveau appelée « amygdale ». L'amygdale compare, de manière associative et en grande partie inconsciente, les événements présents à ceux du passé, processus assez vague qui engendre des réactions. Autrement dit, comme le fonctionnement de l'amygdale est imprécis, il nous arrive souvent de percevoir le présent comme s'il s'agissait du passé.

Dans l'exemple qui suit, voyez si vous arrivez à faire la distinction entre la vérité du présent et le mécanisme de défense qui protège contre l'ancienne réalité.

« J'ai été congédié et je me sens complètement dévalorisé. N'importe qui se sentirait démoralisé. C'est ce qui se passe en ce moment. Je déteste le patron. Il n'avait pas à me traiter de la sorte. Je ne méritais pas cette injustice après toutes ces années de bons et loyaux services au sein de l'entreprise. »

Un incident peut se produire dans le présent sans que nous y réagissions nécessairement comme un adulte. Dans l'exemple ci-dessus, le congédiement est réel au présent, mais la situation n'en est pas moins un symbole pour l'employé, qui y réagit par la défense primaire (il se sent dévalorisé) et le faux pouvoir (je ne mérite pas ça). Un mécanisme de défense s'active dès que nous nous heurtons à un symbole ; dès que nous ressentons la vieille douleur, nous éprouvons le besoin de nous en protéger. Dans cet exemple, le congédiement fait surgir une défense primaire contre laquelle le client se défend par le faux pouvoir. Nous ne pouvons pas connaître la réalité passée de cette personne à partir des seuls renseignements dont nous disposons, mais il est évident qu'il a été rejeté, malgré toute sa bonne volonté, comme en témoignent ses faux espoirs (faire de son mieux pour son employeur pendant toutes ces années).

Voici un autre exemple :

« Je ne peux pas vivre sans lui. Il va me quitter et ma vie sera finie. Je ne peux pas me débrouiller sans lui et je ne rencontrerai plus jamais un homme comme lui. Je resterai seule jusqu'à la fin de mes jours. J'ai perdu ma raison de vivre. »

Dans notre société, il n'est pas rare d'entendre de tels propos et nombreux sont les gens qui pensent qu'ils sont justifiés, dans certains cas. Si vous appliquez ce que vous avez appris jusqu'à présent au sujet des émotions de l'enfance, vous vous rendez compte que ces mots reflètent la réalité d'un enfant négligé par ses parents, un enfant qui ne pouvait littéralement pas survivre s'il n'avait pas quelqu'un pour prendre soin de lui. Sans cela, la vie n'aurait plus eu aucun sens pour lui. Plus précisément, il lui serait devenu impossible de vivre.

Un adulte qui réagit ainsi à une séparation ou à la menace d'une séparation doit nécessairement avoir vécu la perte d'un de ses parents ou même des deux, soit physiquement ou émotionnellement. Peut-être ses parents sont-ils partis en vacances alors qu'il était trop jeune pour avoir la notion du temps et comprendre qu'ils reviendraient un jour. Son sentiment de perte peut aussi être lié à son besoin fondamental de nourriture. Il peut remonter très loin, même au premier jour de sa vie. Nous sommes nombreux à avoir été privés de lait alors que nous avions faim. Il fut un temps où l'on croyait erronément qu'il faut nourrir les bébés à heures fixes et non quand ils réclament le sein ou le biberon. Or, cette expérience peut laisser à un enfant le sentiment profond d'être abandonné, car il ne peut pas savoir si ses cris finiront par être entendus.

« Mes relations finissent toujours en queue de poisson. Je ne réussis jamais à avoir ce que tout le monde a : une relation heureuse et la chance de vieillir avec quelqu'un. Pourquoi est-ce que je me retrouve toujours avec le mauvais bout du bâton ? »

Cette personne a certainement appris pendant son enfance ce qu'était le « mauvais bout du bâton ». Sa conscience d'adulte sait pertinemment que « tout le monde » ne vit pas une relation heureuse et que « tout le monde » n'a pas la chance de vieillir en couple. En fait, environ le tiers des mariages aux Pays-Bas et les deux tiers des mariages aux États-Unis finissent par un divorce, et de très nombreuses personnes passent une bonne partie de leur vie seules. Cette personne perçoit la réalité actuelle de cette façon en raison d'une émotion qui vient de son enfance et dont la cause remonte à cette lointaine époque : elle a sans doute été mise de côté par les membres de sa famille et s'est sentie très seule une grande partie du temps.

« Malgré mes succès professionnels et tout l'argent que je gagne, j'ai toujours, en mon for intérieur, le sentiment d'être un raté. Comme si, en dernière analyse, je n'étais vraiment bon à rien. L'idée que les gens se font de moi se base uniquement sur ce qu'ils voient de l'extérieur. S'ils pouvaient voir en moi, ils sauraient qu'il n'y a pas grand-chose. Je me sens comme une coquille vide. »

Voilà un autre exemple de la défense primaire à l'œuvre. Pour avoir si bien réussi, cette personne possède sûrement de nombreuses qualités et d'excellentes compétences. Malheureusement, en dépit de sa réussite, elle va continuer à recourir à la défense primaire tant qu'elle n'aura pas transformé son ancienne douleur refoulée. Aucun succès, à l'âge adulte, ne peut guérir une personne du sentiment qu'elle « n'est vraiment bonne à rien, de toute façon ».

« Ma fille m'a dit qu'elle avait souffert dans son enfance de la façon dont je la traitais. Je ne supporte pas de l'entendre parler comme ça. C'est ridicule ! J'ai toujours été une excellente mère, et elle me le disait quand elle était enfant. Je suis très en colère et, en plus, je me sens trahie. J'ai le sentiment d'avoir échoué en tant que mère. Qu'est-ce que j'ai été toute ma vie, sinon une mère ? Je n'ai jamais travaillé à l'extérieur, je n'ai jamais fait autre chose que d'être une maman ! Si j'ai échoué, cela veut dire que je suis nulle et il ne me reste plus qu'à foncer dans un mur. Je n'en peux plus ! Ma fille est en train de me rendre folle. »

Cet exemple montre une mère profondément blessée par les paroles de sa fille. Ses mécanismes de défense tournent à plein régime. D'abord, elle utilise le faux pouvoir et le déni des besoins (colère et négation), puis encore le faux pouvoir (en accusant sa fille de trahison), avant de laisser la défense primaire entrer en scène. Mais la défense primaire ne protège pas vraiment cette femme contre son ancienne douleur. On le sent quand elle évoque le désir de s'enlever la vie ou qu'elle affirme qu'elle va devenir folle. Ses propos ne nous permettent pas de savoir ce qu'elle a vécu quand elle était enfant, mais nous comprenons que les critiques de sa fille sur ses qualités de mère sont pour elle une menace terrible, comme si c'était la fin du monde. L'intensité de sa réaction donne à penser que l'émotion qu'elle ressent vient de sa réalité passée. En essayant d'être parfaite, cette femme a peut-être tenté de combler ses besoins non satisfaits pendant son enfance. La moindre critique sur ses compétences de mère menace ses faux espoirs, ce qui met en péril non seulement les illusions de sécurité qu'elle s'est créées, mais son envie de vivre.

Tous ces exemples illustrent comment nos émotions douloureuses du passé et les mécanismes de défense que nous utilisons pour éviter de les ressentir peuvent finir par s'imbriquer dans le présent. C'est comme si nous tenions un miroir devant nous, mais légèrement décalé à gauche ou à droite. Nous pensons voir le présent, mais ce que nous voyons est un reflet du passé, d'où cette fréquente remarque de mes clients : « On dirait que ça se passe maintenant ! » Et ils ont raison : nous avons toujours l'impression que nos émotions concernent le présent. De même, nous avons l'impression que notre ancienne douleur est causée par un événement présent. La première étape consiste donc à accepter l'hypothèse voulant que nos émotions ne découlent peut-être pas toutes d'événements du présent. Les découvertes récentes sur le fonctionnement du cerveau (la façon imprécise dont l'amygdale réagit au présent comme s'il s'agissait du passé en raison de similarités mal perçues entre un danger passé et une situation présente) nous apprendront peut-être à mettre en doute nos perceptions du présent. Lorsque nous ressentons une douleur devant l'attitude d'une personne qui ne cherche pourtant pas à nous blesser, c'est parce que nous faisons un symbole de la situation dans laquelle nous nous trouvons. Cette douleur remonte très probablement à notre lointaine enfance.

Certaines de nos émotions sont causées par le présent et n'ont bien sûr aucun lien avec notre passé. Par exemple, il est normal que le décès d'une personne chère vous plonge dans une très profonde souffrance. En revanche, si vous sentez que la vie ne vaut plus la peine d'être vécue parce que votre mari vous a quittée après dix ans d'un mariage difficile, vous devrez reconnaître que le divorce est pour vous le symbole d'une terrible perte subie par l'enfant que vous avez été.

En général, il est utile de partir des principes suivants : la plupart du temps, nos émotions très intenses viennent de notre passé, d'où elles ne font que *resurgir* ; elles ne sont pas *causées* par les événements du présent. Jenson insiste sur la pertinence des émotions par rapport à la situation qui les provoque. Lorsqu'elles ne sont pas pertinentes (passivité ou réaction exagérée), c'est parce que nous nous trouvons devant un symbole qui nous fait revivre une vieille douleur. Cependant, il n'est pas toujours facile de déterminer si nos émotions sont pertinentes. Par exemple, il arrive souvent qu'un symbole nous inspire des émotions intenses ou une indifférence totale, et que nous soyons convaincus que notre réaction convient à la situation. Je suggère donc de garder à l'esprit le principe selon lequel les réactions émotives très fortes sont généralement causées par un symbole qui émane du passé. Ne l'oubliez pas, même lorsque vous pensez que vos émotions sont pertinentes dans le moment présent.

Sur la voie de la guérison, la première étape, et l'une des plus importantes, consiste à faire la distinction entre présent et passé, entre réalité adulte et vieilles douleurs et défenses de l'enfance, entre besoins d'adultes et besoins d'enfants demeurés insatisfaits pendant l'enfance.

À l'échelle cérébrale, cette première étape de la guérison sous-entend que le néocortex, siège de la raison, subit un entraînement qui le rend moins susceptible d'être pris en otage par les réactions primaires et intenses de l'amygdale. Ce phénomène n'est cependant possible que lorsque la réaction émotionnelle provoquée par une situation n'est pas intense. Dans les situations qui déclenchent des signaux d'alarme, l'amygdale réagit avant même que le néocortex ait eu temps de se rendre compte de ce qui se passe. La simple compréhension cognitive de ce qui se passe dans de telles situations est très importante, car elle constitue la première étape de la guérison. Malheureusement, elle n'opère pas de changements durables dans notre façon de réagir aux réalités de la vie. Pour cela, il faut travailler sur nos défenses et recourir à la régression, un outil dont il sera question dans le présent chapitre.

Il n'est pas rare que des personnes confondent leurs besoins d'adultes et leurs besoins d'enfants (voir le chapitre 6 pour une explication de cette distinction). À l'instar des émotions de l'enfance, nos vieux besoins sont ressentis comme s'ils existaient toujours dans le présent. « J'ai besoin de ceci et j'en ai besoin maintenant, ou très rapidement. » Chaque fois que nous éprouvons un sentiment d'urgence, c'est que nous sommes confrontés à un ancien besoin qui n'a pas été comblé dans notre enfance. Les besoins des enfants sont urgents, car les enfants sont incapables d'attendre ; ils sont incapables d'attendre le sommeil, la nourriture, la sécurité ou la chaleur dont ils ont besoin. Les enfants n'ont aucune notion du temps et ils n'ont ni la capacité d'atténuer leurs besoins ni la possibilité de les satisfaire eux-mêmes. Les adultes que nous sommes sont capables d'attendre. Nous avons la notion du temps et nous savons prendre soin de nous-mêmes. Nous avons besoin de nourriture, de vêtements et d'un gîte, et c'est à peu près tout. La vie n'est peut-être pas très agréable avec si peu, mais elle est possible. Pour l'enfant que nous étions, la survie semblait impossible si nos besoins essentiels n'étaient pas comblés. C'est ce qui explique l'urgence des besoins des enfants. Ainsi, chaque fois que nous éprouvons un besoin urgent d'obtenir ou de faire quelque chose, nous pouvons nous dire qu'il s'agit probablement d'une émotion qui remonte à notre enfance.

2. La conscience émotionnelle : « C'était vraiment aussi horrible que cela. »

Je suis
un petit oiseau déplumé
et je ne sais pas
comment me couvrir de plumes.

Je n'appartiens pas
à l'endroit où je suis né.

Ma mère patrie
n'est pas ma terre paternelle.
Le pays de personne,
voilà où est ma maison.

JEANNETTE MEIJVOGEL
(voir illustration n° 4)

Ce n'est qu'en accédant à notre ancienne douleur et en la laissant remonter à la surface que nous pouvons réellement connaître la profondeur de notre détresse d'enfant. Peu importe le nombre d'ouvrages que nous lisons sur la douleur de l'enfance ou la fréquence avec laquelle nous ressassons les événements de notre passé. Cela ne suffit pas. Nous devons accéder nous-mêmes à notre douleur et nous y abandonner complètement avant de pouvoir en connaître la véritable profondeur.

Certaines personnes décrivent leur douleur à peu près en ces termes : « D'autres thérapies m'ont révélé ce qui m'est arrivé quand j'étais petit et je savais que mon enfance avait été très douloureuse, mais c'est la première fois que je fais vraiment l'expérience des émotions que l'enfant que j'étais a été forcé de refouler. »

Ce n'est qu'en régressant (en redevenant l'enfant que nous étions émotionnellement) - ce qu'il ne faut pas confondre avec pleurer sur notre enfance (c'est-à-dire les pleurs que l'adulte que nous sommes devenus émotionnellement verse sur son enfance) - que nous pouvons comprendre que ces émotions étaient douloureuses et mettaient notre survie en péril (ou l'auraient mise en péril si nous les avions éprouvées).

Pendant ma propre thérapie, j'ai beaucoup pleuré, mais je me rappelle un incident pénible en particulier. Ma thérapeute s'était retournée et s'éloignait de moi ; c'était notre dernière séance avant son départ pour des vacances de quatre semaines. J'ai senti mon attention se concentrer sur son coude, qui disparaissait lentement, et j'ai été submergée par une immense tristesse. Je ne sais pas pourquoi, mais l'image de son coude a provoqué en moi un sentiment très intense. De toute évidence, il s'agissait d'un symbole. Je me suis laissée aller à mon émotion, et j'ai eu l'impression que mes larmes venaient du fond de mon âme. C'était incroyable. Je revoyais constamment l'image de son coude au moment où elle se tournait et s'éloignait de moi. Cela a duré une vingtaine de minutes, puis l'image s'est résorbée d'elle-même.

Je n'avais jamais pleuré comme cela en thérapie. Maintenant, je sais qu'il s'agissait d'une régression spontanée provoquée par le départ en vacances de ma thérapeute. Mes parents étaient partis plusieurs fois sans moi lorsque j'étais encore très jeune. Quand j'ai senti cette énorme vague d'émotion m'envahir, j'avais suivi suffisamment de thérapies pour comprendre que mon chagrin ne concernait pas un événement du présent. Je n'étais pas heureuse que ma thérapeute parte en vacances, mais je savais que ce n'était pas la fin du monde. Je savais que mes émotions étaient hors de proportion par rapport à l'événement réel. L'enfant que j'étais avait dû concentrer son attention sur le coude de sa mère quand celle-ci se détournait ou s'éloignait. C'est ce qui explique que l'image de ma thérapeute, sous cet angle particulier, ait pu faire resurgir en moi une aussi grande douleur. Cette seule régression involontaire a accéléré ma guérison, plus que toutes mes autres séances de cette thérapie (rogerienne) où je pleurais *sur* ma vie actuelle et sur mon enfance passée. Grâce à cette seule expérience, j'ai pu rentrer à nouveau dans le monde de l'enfance. J'ai ouvert des portes fermées jusque-là et j'ai aperçu une partie de ce qui se cachait derrière elles. J'ai découvert une vérité importante au sujet de mon enfance. Cette première expérience de régression m'a permis de me rendre compte, au plus profond de moi-même, que la douleur de mon enfance était plus terrible que je ne l'avais jamais réalisé, même si j'en avais déjà reconnu l'intensité sur le plan intellectuel.

Tout le monde n'a peut-être pas envie de vivre ce genre d'expérience. Cependant, bon nombre de mes clients affirment que, même si le fait de s'abandonner à leurs vieilles émotions leur cause une douleur émotionnelle très intense, ils arrivent néanmoins à y survivre et que cette douleur est, en fin de compte, moins terrible qu'ils ne le craignaient. Dans un certain sens, une régression peut même être agréable. Nous sentons un immense soulagement quand nous nous rendons compte que la vérité ne peut plus nous faire mal, qu'elle nous appartient et que nous sommes prêts à la laisser entrer dans notre vie. Mes clients sont souvent soulagés lorsqu'ils sont capables de s'abandonner complètement à une vieille émotion et de faire le lien avec le passé, où se trouve sa véritable source.

Pour guérir, il faut absolument ressentir son ancienne douleur. Lorsque nous refoulons une vieille douleur, nous sommes incapables de déterminer si nos émotions, nos pensées et nos convictions appartiennent à notre enfance ou à la réalité actuelle. Ce qui nous ramène au premier élément de la guérison, la compréhension cognitive, qui permet de faire la distinction entre ce qui existe maintenant et ce qui existait dans le passé. En ressentant notre ancienne douleur, nous avons l'impression d'entrer consciemment dans l'entrepôt de nos vieux souvenirs émotifs, l'amygdale, parce que notre cerveau rationnel, le néocortex, participe lui aussi à présent à l'expérience.

En tant que société, nous sommes dans un état de déni collectif sur ce qu'est l'enfance. Non seulement nous nions la douleur que nous portons en nous à l'âge adulte, mais nous refusons de reconnaître les effets de ce qu'il est convenu d'appeler l'éducation « normale » des enfants. Dans une récente entrevue, le psychiatre Van Dantzig a déclaré ce qui suit[2] : « Au cours des vingt dernières années, l'intérêt public a permis de mettre au jour l'existence de formes extrêmes d'abus, comme les abus physiques et sexuels graves. Aux Pays-Bas seulement, 80 enfants meurent chaque année d'abus physiques et au moins 80 000 sont victimes d'abus sexuels ou physiques graves aux mains des personnes censées en prendre soin. La mise au jour de ces horreurs nous motive à chercher des moyens d'aider les enfants victimes d'abus. Il faut espérer que les gens deviendront plus vigilants à l'égard de ce qui se passe « chez les voisins » et qu'ils prendront des mesures pour protéger les enfants. En ce moment, cependant, nous sommes encore collectivement disposés à considérer comme inviolable le territoire qui se trouve derrière une porte close. Nous nous disons que ce lieu appartient au monde de l'intimité, et c'est justement l'intimité que les politiciens invoquent pour éviter de prendre des mesures énergiques pour contrer les sévices infligés aux enfants. Quand un jeune est battu à mort dans la rue, le peuple tout entier s'indigne. Quatre-vingts enfants meurent dans l'anonymat de leur foyer : la nouvelle paraît dans les journaux sans susciter de réaction. »

La plupart des mesures d'aide aux enfants maltraités visent à les secourir trop tard, c'est-à-dire lorsqu'ils sont déjà devenus les victimes de leurs pourvoyeurs de soins. Or, comme nous connaissons maintenant l'ampleur des conséquences de la violence faite aux enfants, tant sur les individus que sur la société tout entière, il serait logique de nous pencher davantage sur les facteurs susceptibles de prévenir cette violence. Cet examen devrait porter au premier chef sur ceux d'entre nous qui sont susceptibles de devenir parents un jour. Si nous empêchons des agresseurs potentiels de passer à l'acte, nous préviendrons de grandes douleurs. La société doit continuer à lutter pour améliorer le sort des enfants victimes de sévices physiques ou sexuels, mais elle doit agir avant que le mal ne soit fait.

Que ce soit en tant qu'individus ou en tant que société, nous devons aussi examiner la vie de tous les autres enfants dits « bien traités » et examiner ce qu'ils vivent. Ces enfants ne subissent pas de sévices sexuels et ils ne sont pas battus ; leur père est peut-être un citoyen respectable et leur mère une femme au foyer. Ils sont bien habillés, ont de belles fêtes d'anniversaire et ne subissent aucun abus dans le sens habituel du terme. Pourtant, ces enfants « bien traités » peuvent souffrir d'un manque d'attention ou, à l'inverse, se sentir menacés par des attentes trop élevées. Ils peuvent souffrir de la préférence de leurs parents pour un frère ou une sœur. Ils peuvent se sentir humiliés quand leurs parents leur font des remontrances, ou dévastés lorsqu'ils partent en voyage ; ils peuvent avoir peur de mourir quand ils sont laissés seuls à l'hôpital pour un « simple » traitement ; et ils peuvent être paniqués à l'idée de faire à pied le trajet aller-retour de l'école. Combien d'enfants se sentent ridiculisés chaque fois que leur père leur dit : « Allons, ne fais pas la mauviette ! » Combien d'enfants se sentent désespérément seuls et menacés quand un frère ou une sœur se moque d'eux sans que leurs parents interviennent. La souffrance et le besoin de refouler cette souffrance sont aussi réels pour les enfants « bien traités » que pour les enfants victimes de violence extrême.

D'innombrables événements « ordinaires » qui font souffrir les enfants sont considérés comme des incidents qui font intrinsèquement partie de l'apprentissage de la vie ; on estime qu'ils n'ont aucune conséquence émotionnelle. Pourtant, il y a dans la réalité de l'enfant certaines expériences extrêmement douloureuses qu'ils ne peuvent affronter. Ils doivent les refouler, les nier, et c'est ainsi que leur conscience devient divisée. Tout cela montre bien qu'il faut éviter de tomber dans le piège de croire que « notre enfance n'a pas été si terrible que cela ! ». Nous portons tous en nous la douleur de notre enfance, et elle nous cause inévitablement des ennuis à l'âge adulte.

Nous ne pouvons pas connaître les causes des souffrances de nos enfants (ce qu'ils sont forcés de refouler et de nier) tant que nous n'avons pas ressenti notre propre douleur. Les thérapeutes expérimentés ne ressentent toute la profondeur de leur souffrance qu'à l'issue d'une thérapie de la PRI. Ces thérapeutes me font souvent la remarque suivante: «Je ne savais pas que c'était aussi douloureux. Je me rappelais les sévices que j'avais endurés, mais je n'avais pas ressenti l'horreur de la situation dans toute son ampleur.» En général, ils parlent abondamment de leur enfance et pleurent beaucoup. Or, il ne suffit pas de pleurer sur son enfance, il faut pleurer comme l'enfant que nous étions l'aurait fait s'il n'avait pas été forcé de refouler sa douleur.

Les ouvrages d'Alice Miller peuvent être d'une grande utilité pour mieux comprendre la réalité de l'enfance. Mme Miller aide les lecteurs à reconnaître le caractère abusif des méthodes d'éducation utilisées dans nos sociétés – méthodes que nous utilisons en étant persuadés que nous faisons les choses au mieux. Ses livres, *C'est pour ton bien* et *Thou Shalt Not be Aware*, ainsi que *Le drame de l'enfant doué*, m'ont vraiment ouvert les yeux.

3. Surmonter la peur de ressentir la douleur et de renverser nos défenses: «Cela fait beaucoup d'émotions, mais je tiens le coup.»

En nous ouvrant à notre douleur et en cessant de nous en protéger, nous pouvons en faire l'expérience dans toute sa profondeur: nous pouvons nous mettre à la place de l'enfant et comprendre ce qu'il doit parfois vivre.

Mais le processus de guérison ne s'arrête pas là; un élément crucial s'y ajoute: nous cessons d'avoir peur d'éprouver des émotions douloureuses dans toute leur intensité.

Lorsque nous nous abandonnons entièrement à notre ancienne douleur, des circuits émotionnels de notre cerveau sont parfois reprogrammés. Ils nous font alors croire que nos émotions douloureuses sont très dangereuses. Revivre une ancienne douleur peut effectivement être une expérience tellement bouleversante qu'il est normal de croire qu'elle sera insupportable et qu'elle nous tuera ou nous rendra fous si nous nous laissons aller à la ressentir. Ce genre de craintes est très courant lorsqu'on s'ouvre à la douleur. En fait, notre peur peut être tellement forte qu'elle nous empêche de ressentir profondément les émotions du moment. Le danger nous semble alors très réel. Voici par exemple la réaction typique d'une personne confrontée à d'anciennes émotions qui remontent à son enfance: «Je ne pourrai plus jamais me débarrasser de ce sentiment; je vais m'y noyer; je vais en mourir; tomber en mille morceaux; perdre définitivement la raison!»

La vérité, qui semble malheureusement un secret bien gardé, est que notre vieille douleur ne peut pas nous faire de mal. Quelle que soit leur intensité, nos émotions ne peuvent pas nous faire de mal tant et aussi longtemps que nous demeurons conscients que l'adulte que nous sommes devenus ne court aucun danger. Regardez autour de vous - existe-t-il un véritable danger physique? Il y a de fortes chances que vous soyez en sécurité. Tant que personne ne nous menace, tant qu'il n'y a pas de prédateurs qui rôdent et tant qu'il n'y a pas de désastre financier en vue, nous sommes en sécurité. Si une situation réelle nous menace, par exemple un mari violent, nous devons d'abord trouver une solution à ce problème avant de pouvoir nous laisser aller à ressentir une vieille douleur. En l'absence de menace réelle et immédiate, sachez que vous êtes en sécurité, peu importe les émotions que vous ressentez.

Les sentiments douloureux ne sont dévastateurs que lorsqu'ils ont trait à une situation qu'il est impossible de changer et dont nous ne pouvons pas nous sortir: être emprisonné dans un camp de concentration nazi, par exemple. Si les prisonniers des camps s'étaient abandonnés aux émotions que cette expérience suscitait réellement en eux, ils en seraient certainement morts en très peu de temps, incapables de supporter l'état d'impuissance psychologique découlant de la reconnaissance de la vérité. En ce sens, nos émotions peuvent vraiment nous tuer ou nous pousser à nous réfugier dans la folie. Être confiné dans une unité psychiatrique sans savoir combien de temps cela durera peut aussi créer un état d'impuissance pouvant mettre la vie en danger.

Parlons maintenant de l'enfant que nous étions. Si cet enfant avait ressenti la vérité, il aurait été incapable de survivre. Les adultes que nous sommes devenus ont survécu à leur enfance grâce au refoulement et au déni. Nous nous en sommes sortis et nous sommes maintenant hors de danger, mais, malheureusement, notre conscience d'enfant ne le sait pas. Or, vous vous rappelez que, lorsque nous nous réfugions dans notre conscience d'enfant, notre notion du temps s'embrouille. Nous n'arrivons plus à concevoir que toute chose, bonne ou mauvaise, a un début et une fin. En outre, comme nous ne savons pas que nos émotions sont un reflet du passé, nous nous imaginons qu'elles appartiennent au présent et nous essayons de nous en protéger. Nous nous embourbons alors dans des illusions, et nous percevons erronément les choses. Nous nous identifions à nos mécanismes de défense - ce qui est notre façon conditionnée de composer avec la réalité illusoire du présent - plutôt qu'avec notre vraie nature.

Nous avions peur enfant. Et nous avons peur, adultes, de nous abandonner à nos émotions les plus profondes. Nous ne nous rendons pas compte qu'il n'y a plus aucun danger à nous laisser aller à ces émotions. La peur est ce qui nous protège le plus efficacement contre la vérité. Comment pouvons-nous accéder à la vérité si la peur nous fait fuir nos émotions ? Voici ce que m'a dit une cliente qui avait peine à s'abandonner à ses anciennes émotions : « C'est comme si je devais plonger dans un étang aux eaux profondes, noires et glaciales. Je suis seule et je dois plonger. » Cette vision l'horrifiait. Voici ce que m'a dit une autre cliente : « J'ai parfois la tentation de me réfugier dans la folie, parce que si je deviens folle, je ne serais pas forcée de ressentir ma douleur. Mais j'ai décidé que je ne voulais pas devenir folle. » Cette cliente a fait une importante découverte, par elle-même, au début de sa thérapie.

Ce n'est pas en nous abandonnant à une ancienne douleur que nous risquons de devenir fous, mais en essayant de l'éviter. Quelle que soit l'intensité de notre douleur, tant que nous (et notre thérapeute) savons qu'il s'agit d'une vieille douleur de l'enfance, elle ne peut pas nous faire de mal. Nous faisons simplement l'expérience d'un retour au passé temporaire. Lors d'une régression, nous redevenons émotionnellement l'enfant que nous avons été. Nous demeurons un adulte, naturellement, mais les émotions que nous éprouvons appartiennent à l'enfant que nous avons été. Comme je l'ai expliqué dans le chapitre 1, ce phénomène survient lorsque notre conscience d'adulte cède le pas à notre conscience d'enfant.

Lorsque nous faisons une régression consciente, c'est-à-dire lorsque nous sommes conscients d'être en régression, nous pouvons nous abandonner complètement à l'émotion et la laisser ensuite se résorber d'elle-même, ce qui survient généralement dans un laps de temps relativement court. Dans le cas d'une régression inconsciente, nous (et notre thérapeute) n'avons pas conscience d'être en régression ; nous revivons des émotions de notre enfance et nous risquons de céder à la panique en raison de l'intensité de l'expérience.

Bon nombre de courants en thérapie renforcent cette peur des émotions que nous portons tous en nous. La plupart des thérapeutes ne reconnaissent pas que le caractère dangereux que l'on prête aux émotions est en réalité un mécanisme de défense dont nous avions besoin quand nous étions enfants. En fait, les thérapeutes ont élaboré de vastes systèmes de diagnostic qu'ils utilisent pour déterminer qui est capable et qui est incapable de s'abandonner à sa douleur et de supporter une « thérapie révélatrice ». En général, plus la symptomatologie est grave, plus les thérapeutes craignent de voir leurs clients se désintégrer (perdre la raison), ce qui les pousse généralement à leur offrir une aide visant uniquement à restructurer leur vie présente. Ces thérapeutes conseillent à leurs clients d'avoir une vie régulière, de s'adonner à des activités enrichissantes, de sortir et d'avoir des contacts sociaux. Ils sont convaincus que l'enfance de ces personnes « faibles sur le plan émotif » est un fardeau trop lourd pour elles ; si elles l'affrontaient, elles risqueraient de s'effondrer.

Selon la théorie de la PRI, ces gens vivent dans un état quasi permanent de régression, dont ils pourraient prendre conscience. Ils ont l'air d'adultes pleinement ancrés dans le présent, mais sur le plan émotionnel, ils revivent plus ou moins constamment les horreurs de leur enfance. Une fois qu'ils en prennent conscience (parce qu'un contact avec leur conscience d'adulte est possible), leur processus de guérison peut s'amorcer. Les thérapeutes de la PRI considèrent que les thérapeutes qui pratiquent une autre méthode ont trop peur de voir leurs clients s'effondrer pour pouvoir les aider à comprendre qu'il n'y a aucun danger à vivre des émotions dans le moment présent.

Dans des situations cliniques, j'ai souvent observé exactement le contraire : un client stressé ou effrayé éprouve souvent un grand soulagement lorsqu'on lui fait faire une régression qui l'aide à s'ouvrir à sa peur et à la relier à son passé. Ce phénomène n'est ni dangereux ni excessivement épuisant. La régression, qui consiste à ressentir son ancienne douleur tout en sachant qu'elle appartient au passé, est en fait une façon très efficace de faire ce que l'on appelle la réduction de symptômes (la première phase du traitement conventionnel d'un traumatisme) et d'amorcer simultanément le processus de guérison. À mon sens, la régression est l'outil le plus efficace pour aider une personne en situation aiguë de « désintégration de l'ego » à retrouver une perspective réaliste de sa situation : « Quelles que soient mes émotions, elles appartiennent au passé. »

De nombreux thérapeutes qui travaillent avec des clients traumatisés ont eux aussi recours à une stratégie qui consiste à créer un « espace sûr ». Le thérapeute aide alors son client à choisir un espace imaginaire dans lequel il se sent parfaitement en sécurité et où il peut se retirer dès qu'il se sent submergé par les émotions. Mais pourquoi a-t-on besoin d'un espace sûr ? Ce genre d'espace n'a d'utilité que si le présent nous semble menaçant et que si nous nous sentons coincés dans une situation. En outre, il sous-entend que nos émotions pourraient être douloureuses au point de nous submerger. Ces deux idées sont implicites dans la stratégie d'« espace sûr ». Malheureusement, cette stratégie nous empêche de nous abandonner aux pires émotions de notre enfance tout en sachant qu'il n'existe aucun danger réel. En conséquence, elle nous prive de l'occasion de ressortir, indemnes, de l'autre côté de ces émotions.

Le processus de guérison consiste en grande partie à reconnaître qu'il n'y a aucun danger à ressentir nos vieilles émotions. Elles ne nous engloutiront pas. Elles finiront par passer, et il n'est pas au-dessus de nos forces de les ressentir. Le reconnaître peut être douloureux et désagréable, mais c'est une étape dont nous sortirons à

Demain, demain,
ils m'aimeront...
(p. 52)

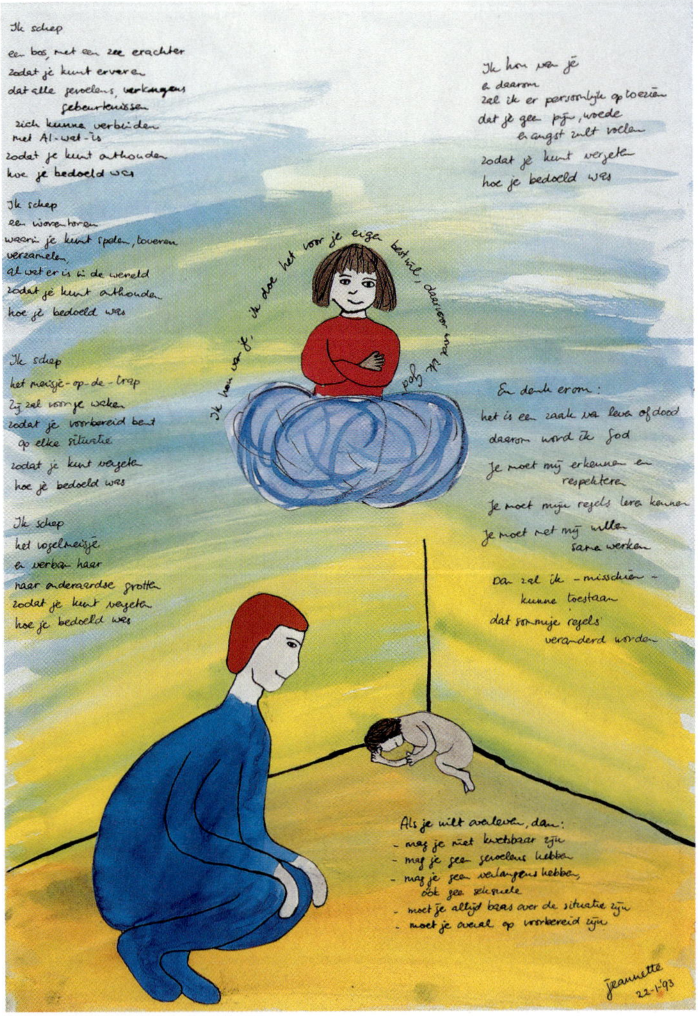

Rappelez-vous :
C'est une question de vie ou de mort...
(p. 54)

Je me sens si sale,
si stupide, si mauvaise...
(p. 58)

Je suis
un petit oiseau déplumé...
(p. 87)

Il m'arrive d'oublier que le bien...
(p. 121)

coup sûr indemnes et qui nous fera progresser sur le chemin de la guérison.

Un grand nombre de clients apprécient beaucoup la métaphore de la vague :

Figure 9. La forme ondulatoire des émotions

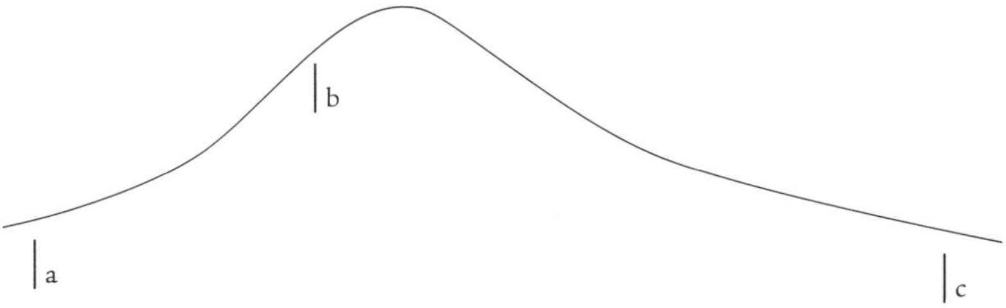

Lorsque nous sommes confrontés à une situation qui est pour nous un symbole, nous faisons l'expérience de la première séquence de la vague - sa phase ascendante - dans laquelle les émotions prennent de l'ampleur. Au début (point a), elles sont plutôt inoffensives, mais elles ne tardent pas à devenir plus troublantes. En général, nous pensons à deux choses pendant cette phase où nos émotions s'amplifient : 1) Ça ne fait qu'empirer ; 2) Comment puis-je m'en sortir avant que les choses ne deviennent insupportables ? Lorsque nous vivons cette phase intense, nous ne savons pas que notre émotion finira par atteindre un pic, après quoi elle commencera à s'atténuer. Ne le sachant pas, nous éprouvons une énorme frayeur, et notre nature nous porte à sauter hors de la vague avant qu'il ne soit « trop tard ». Les gens sautent hors de la vague et se dérobent de différentes façons : médicaments, refoulement et déni (faux espoirs, faux pouvoir, défense primaire), distractions, consommation abusive de nourriture et d'alcool, consommation de drogues, colères et, de manière plus excessive, tentatives de suicide. Tous ces comportements sont en réalité des moyens que l'on peut utiliser pour éviter de ressentir la douleur. Malheureusement, à l'exception du suicide, ces comportements ne procurent qu'un soulagement très temporaire. Comme nous ne sommes pas ressortis de l'autre côté de la vague (point c), mais avons sauté avant d'atteindre la crête (point b), nous nous retrouvons tout près de notre point de départ (point a), où nous devons nous préparer à affronter la vague à nouveau.

Il en va ainsi de la vie de beaucoup de gens, mais il pourrait en être autrement. En effet, nous pouvons « chevaucher » la vague si nous sommes conscients qu'elle a une crête et un creux (autrement dit, si nous nous rendons compte que ce que nous ressentons n'est qu'un signal d'alarme de l'amygdale qui confond le danger passé et le présent). Quand nous pensons ne plus pouvoir supporter l'émotion (ce qui n'arrive pas toujours), cela signifie que nous avons presque atteint la crête de la vague de notre émotion. Nous devons nous y accrocher jusqu'à ce qu'elle vienne mourir d'elle-même sur le rivage. On pourrait comparer cette expérience à un accouchement.

De nombreuses femmes me l'ont dit, et j'en ai moi-même fait l'expérience deux fois : c'est au moment où l'on n'en peut plus et où l'on se dit qu'il faut que ça cesse que le bébé apparaît. Il en va de même des émotions douloureuses. Quand nous pensons que nous n'en pouvons plus, c'est que nous sommes très près de la crête de la vague : la déferlante est sur le point de nous entraîner de l'autre côté et de nous pousser doucement vers la plage. Les clients vivent souvent cette sensation comme un soulagement et une libération. Après s'être complètement abandonnés à la douleur d'une vieille émotion, ils se sentent envahis par une énergie toute neuve et par une plus grande confiance en ce que le présent leur réserve. En revanche, les clients qui sautent hors de la vague avant d'atteindre la crête - craignant (à tort) d'être incapables de la maîtriser - risquent de souffrir de maux de tête et de courbatures, sans compter qu'ils n'auront guère progressé dans leurs efforts de guérison.

Dans la thérapie de la PRI, le renversement des défenses (voir chapitre 5) est crucial et indispensable au processus de guérison. Renverser nos mécanismes de défense chaque fois que nous les surprenons en action exige des efforts soutenus. Cependant, une fois que nous avons compris que nos peurs sont pour la plupart des mécanismes de défense contre les émotions douloureuses de notre enfance et que le présent ne présente aucun danger, il devient de plus en plus facile de nous désidentifier de nos comportements défensifs. Le réseau complexe et extrêmement ramifié de nos comportements défensifs, tissé dans la trame même de notre vie quotidienne, se révèle peu à peu, à mesure que nous progressons dans la thérapie de la PRI. En surveillant sans relâche le fonctionnement de nos défenses et en renversant systématiquement les comportements qu'elles nous poussent à adopter, nous parvenons à ne plus nous identifier à nos défenses. À ce stade, nous pouvons enfin nous libérer de la prison dans laquelle nous nous enfermons inconsciemment, dans laquelle nous passons le plus clair de notre temps, très souvent sans le savoir.

4. La régression relier la douleur à sa véritable cause : l'ancienne réalité

La régression est essentielle à la guérison, car elle seule nous permet de vraiment comprendre que notre douleur actuelle vient de notre passé. Elle seule nous amène à déconnecter notre douleur de la situation symbolique du présent et à la relier au passé, où elle trouve sa source. La régression, utilisée consciemment comme outil thérapeutique - par opposition à la régression accidentelle en dehors du cadre thérapeutique - nous donne directement accès à notre conscience d'enfant. Autrement dit, nous accédons à la collection de souvenirs menaçants de l'amygdale, mais nous le faisons cette fois à l'aide de parties plus rationnelles de notre cerveau situées dans le néocortex. Plus précisément, il semble que le lobe frontal gauche joue un rôle important dans la régulation des émotions désagréables en minimisant les signaux d'alarme de l'amygdale.

Les lobes préfrontaux sont les parties du néocortex qui suscitent les réactions émotionnelles, mais ils le font de manière beaucoup plus rationnelle, moins impulsive et plus réfléchie que l'amygdale. Il se peut que la régression active de nouveaux circuits neuronaux entre l'amygdale et les lobes préfrontaux, ce qui nous permet de faire la distinction entre le présent et le passé et de réagir d'une manière plus appropriée. La régression, semble-il, rend les expériences refoulées accessibles aux lobes préfrontaux, ce qui empêche en grande partie l'amygdale de prendre le cerveau rationnel en « otage », par exemple lorsqu'une personne est confrontée une nouvelle fois à une situation symbolique. La similitude avec le passé est absente ; l'amygdale n'envoie plus de signaux de panique ou, si elle le fait, la personne sait reconnaître qu'ils ne sont pas valides. Comme ce sont les lobes préfrontaux qui suscitent la réaction, celle-ci est mieux adaptée à la situation présente.

Remarque : Ce résultat dépend largement du travail que l'on fait sur ses défenses. Vous trouverez de plus amples renseignements à ce sujet dans *Illusions*. Pour obtenir des résultats durables, il faut d'abord reconnaître et renverser structurellement ses défenses.

Nous accédons, pour la plupart, assez souvent à notre conscience d'enfant. Chaque fois qu'un symbole se présente, nous passons de notre conscience d'adulte à notre conscience d'enfant et, de là, à nos défenses. Comme nous le faisons inconsciemment, nous pensons que nos émotions sont liées au présent, même si elles sont complètement disproportionnées par rapport à la situation (passivité ou réaction excessive). Nous ne nous doutons pas que nous venons de vivre un changement d'état de conscience.

La régression nous permet de faire consciemment l'expérience de cette transition d'un état de conscience à l'autre. Lors d'une régression, nous nous ouvrons à nos émotions et nous nous laissons complètement aller à ressentir la douleur qu'elles nous causent, tout en étant conscients qu'elles appartiennent au passé et non au présent. Tant que nous ne prenons pas conscience que nos émotions émanent du passé, nous continuons à nous heurter à des symboles et à nous protéger contre la douleur qu'ils font surgir en nous. Nous fuyons même en l'absence de danger. Nous continuons à essayer d'obtenir ce qui nous a été refusé autrefois (faux espoirs) ; nous nions nos besoins (déni des besoins) ; nous nous mettons en colère (faux pouvoir) ; ou nous

nous déprécions (défense primaire), ce qui nous empêche de progresser et de guérir nos anciennes douleurs.

Lorsque nous réussissons à nous abandonner à une ancienne douleur, celle-ci nous ramène à notre réalité passée, là où elle a pris naissance ; il arrive qu'elle fasse surgir en nous le souvenir, complet ou partiel, d'un événement particulier qui s'est produit dans notre vie passée. Par exemple, nous nous souvenons du jour où notre mère a oublié de passer nous prendre à l'école, quand nous avions cinq ans. Sur le coup, l'enfant que nous étions a sans doute eu très peur et a refoulé ses émotions. Il y a cependant de nombreux événements dont il nous est impossible de nous souvenir avec précision, car ils se sont produits à une époque où notre hippocampe n'était pas encore complètement développé. Cette partie du cerveau joue un rôle crucial dans le stockage de l'information factuelle et fonctionne indépendamment de l'amygdale, qui entrepose les souvenirs émotionnels. Lors d'une régression, il est néanmoins possible d'accéder à ces émotions de la petite enfance et de prendre conscience qu'elles nous viennent du tout début de notre vie.

Il est également possible qu'une vieille douleur soit davantage causée par l'ambiance générale qui régnait dans la maison d'une personne, au cours de son enfance, que par un événement traumatisant en particulier. Il arrive qu'aucun événement précis ne nous vienne à l'esprit, mais nous parvenons généralement à nous rappeler l'atmosphère de la maison et l'influence qu'elle avait sur notre humeur. C'est ce que nous appelons une émotion contextuelle. Les sentiments de rejet et de solitude sont des exemples d'émotions contextuelles. La femme qui se sent seule et délaissée, par exemple, a fort probablement été, enfant, négligée émotionnellement. Sa mère, débordée, passait son temps à s'occuper de la maison et des autres enfants et n'avait pas une minute à lui consacrer. La petite s'est adaptée en apprenant très jeune à jouer tranquillement dans son coin. Elle a refoulé son immense solitude, et celle-ci refait maintenant surface dans sa vie, comme en témoignent ses activités solitaires à l'âge adulte. Lors d'une régression, elle n'aura peut-être pas le souvenir précis d'avoir souffert de solitude pendant son enfance, mais elle accédera à son ancienne réalité et à l'atmosphère empreinte de solitude dont elle a souffert enfant. C'était une réalité de tous les jours à l'époque, et elle la ressentira comme telle aujourd'hui, lors de la régression.

Nous ne pouvons pas connaître la cause exacte d'une vieille émotion tant que nous ne faisons pas une régression qui porte sur cette émotion en particulier. Une situation apparemment évidente peut se révéler tout autre pendant une régression. Nous pouvons réfléchir à notre vie et analyser divers événements d'après les souvenirs de notre enfance, mais nos réflexions et nos analyses peuvent être trompeuses. Comme c'est le néocortex rationnel qui traite l'information lorsque nous parlons de nos souvenirs conscients du passé et que nous en faisons l'analyse, l'information (émotionnelle) qui est entreposée dans l'amygdale nous est inaccessible. Or, en interprétant incorrectement la cause de notre douleur, nous risquons d'inhiber sans le vouloir notre processus de guérison. Pour guérir, il est très important de faire le lien entre une émotion en particulier et une situation (générale ou particulière) du passé. C'est la seule façon de ressentir pleinement cette émotion.

Les clients en thérapie de la PRI trouvent toujours eux-mêmes ce qui leur rend la vie plus difficile qu'elle ne devrait l'être. Leur thérapeute ne peut pas le faire à leur place. En conséquence, il ne peut pas leur imposer ses idées et ses analyses.

Dans les thérapies qui font appel à la régression (par exemple la programmation neurolinguistique [PNL], l'hypnothérapie, la thérapie de la régression, la thérapie de l'enfant en soi et la thérapie Pesso), on encourage souvent les clients à imaginer, pendant leur régression, qu'ils peuvent avoir maintenant ce qu'ils n'ont pas eu dans le passé. Par exemple, un thérapeute dira à un client : « Laissez l'adulte prendre par la main l'enfant que vous étiez et le protéger de votre père ! » ; ou « Imaginez que votre mère remarque votre douleur, vous regarde affectueusement et vous prend dans ses bras ! » ; ou encore « Mettez-vous en colère contre votre mère et dites-lui de cesser de vous crier après ! » Ce type de régression réussit souvent à aider les clients à accéder à leur vieille douleur. Malheureusement, l'effet thérapeutique que produit l'abandon total à l'ancienne douleur est coupé court, car ce genre de régression soulage prématurément la douleur en laissant le client s'imaginer qu'il peut obtenir maintenant ce qu'il n'a pas reçu dans le passé. Selon la théorie de la PRI, cette approche mine le processus de guérison, même si les clients éprouvent à court terme un certain soulagement. Pour guérir, il faut d'abord s'ouvrir complètement, chevaucher la « vague » des souvenirs alarmants de l'amygdale et opérer un renversement structurel de ses mécanismes de défense. Ce n'est qu'après ces démarches que de nouveaux circuits neuronaux pourront être établis. C'est ainsi que le cortex peut se charger du traitement des données dans un nombre croissant de situations semblables.

L'histoire de Charlotte en témoigne. L'expérience qu'elle a vécue montre qu'une régression dans le cadre d'une thérapie de la PRI peut aider une personne à découvrir la vérité et à se guérir. Charlotte sait depuis toujours qu'elle est une personne particulièrement « peureuse ». Lors de sa première consultation, elle ne m'a même pas parlé de son côté peureux, « parce que j'y suis tellement habituée », m'a-t-elle expliqué plus tard. À ses yeux, la peur faisait partie de « sa façon d'être ». Après six mois de thérapie, Charlotte m'a finalement parlé de la peur qu'elle éprouvait. Peu de temps auparavant, la mort d'un membre de sa famille a déclenché en elle une forte crise d'anxiété. À ce moment-là, elle s'est rendu compte pour la première fois que son anxiété découlait probablement d'un événement du lointain passé et non d'un aspect fondamental de sa personnalité. Sa détresse était beaucoup trop intense pour que le décès de cette personne en soit l'unique cause. Charlotte s'est rendu compte qu'elle réagissait de manière excessive.

Lorsqu'elle m'a parlé de cet événement en thérapie, sa peur s'est amplifiée. Elle se demandait : « D'où vient cette peur ? À quand remonte-t-elle ? Quelle horreur ai-je connue, enfant ? » Selon elle, il n'y avait aucun événement dans son enfance qui pouvait justifier ses terribles crises d'anxiété. J'ai encouragé Charlotte à faire les choses qui l'effrayaient le plus parce que, selon toute vraisemblance, en s'y abandonnant, l'émotion et l'ancienne réalité auxquelles elles étaient associées resurgiraient.

Ce soir-là, en discutant avec son mari, elle s'est assise le dos à l'espace ouvert de la cuisine. Il le lui a fait remarquer, sachant à quel point cela l'effrayait. Au début, elle s'est mise en colère contre lui (faux pouvoir). Comme sa peur s'intensifiait rapidement, elle l'a accusé de la pousser au bord du gouffre (faux pouvoir) - les signaux de l'amygdale avaient atteint leur paroxysme. Puis, elle s'est rappelé qu'il n'y avait pas de gouffre, plus maintenant, même si elle avait le sentiment qu'il y en avait encore un. Elle s'est abandonnée à sa peur, ce qui a permis au néocortex de prendre le relais de l'amygdale, car elle a fait consciemment ce qu'elle redoutait le plus : rester assise le dos tourné vers un espace ouvert et sombre. Elle était submergée par le sentiment d'avoir à faire ses adieux à son mari et à ses enfants, comme si elle devait s'en séparer pour toujours. Elle a eu l'impression que quelqu'un venait la prendre pour l'emmener au loin. Pendant ce court moment, elle s'est sentie forcée de laisser ses êtres chers derrière elle. Charlotte a laissé la douleur de l'émotion se propager en elle, ce qui l'a fait entrer en régression. Elle a alors revécu un traumatisme : quelqu'un l'emmenait (probablement une voisine) parce que ses parents partaient en vacances. La voisine pensait probablement bien faire en partant rapidement pour éviter les adieux déchirants. Malheureusement, Charlotte en a gardé un sentiment de perpétuelle insécurité : n'importe qui pouvait la prendre n'importe quand et la séparer de ses êtres chers. Pendant sa régression, sa peur a diminué, faisant place à une immense tristesse, puis à un sentiment de perte incommensurable. Elle s'est immergée dans cette émotion jusqu'à ce qu'elle se résorbe. Charlotte a réussi à se laisser aller à son émotion, à chevaucher la vague jusqu'au bout et à en ressortir indemne, de l'autre côté.

Lors de la séance suivante, Charlotte a décrit à quel point elle se sentait différente. Elle ressentait toujours la douleur de sa perte, mais sa peur avait disparu. Elle n'éprouvait plus la peur envahissante qui avait dominé sa vie pendant trente ans. Il lui a fallu un peu de temps pour s'y habituer. Elle disait que sa peur avait été comme un nuage noir qui planait sans cesse au-dessus de sa tête, mais qu'elle avait maintenant disparu. Elle cherchait sa peur, mais ne la trouvait plus. La disparition de cette peur a eu un effet très profond sur sa vie. Elle peut dorénavant se concentrer pendant de plus longues périodes quand elle étudie, fait l'amour ou joue avec ses enfants. Elle ne sent plus le besoin de rester en alerte tout le temps par crainte que « quelque chose de terrible se produise d'un moment à l'autre ».

L'expérience de Charlotte illustre ce qui peut se produire lorsque nous surmontons entièrement notre peur des émotions. Elle montre aussi comment nous pouvons arriver à comprendre d'où viennent nos vieilles émotions et à les vivre pleinement, comme les aurait vécues l'enfant que nous étions s'il n'avait pas été forcé de refouler sa douleur.

Cependant, les régressions n'ont pas toutes un impact aussi important. Dans certains cas, il faut de nombreuses régressions avant d'arriver à la racine d'une vieille douleur tenace. Mais une fois qu'on y arrive et qu'on opère *un renversement structurel de ses défenses*, on constate pleinement l'effet vraiment remarquable d'une régression.

L'histoire racontée par Lisa, une thérapeute, illustre également le pouvoir de la régression. Un jour, une cliente se trouvant sur sa liste d'attente depuis un certain temps l'a appelée pour lui demander combien de temps encore elle devrait attendre sa thérapie. Cette dame était très anxieuse et se querellait violemment avec les personnes de son entourage. Lisa lui a fixé un rendez-vous pour déterminer la gravité de ses problèmes. Lorsqu'elle l'a vue, elle a vite compris que cette femme d'âge moyen était dans un état de détresse extrême et qu'elle avait besoin d'aide immédiatement. La situation lui paraissait particulièrement grave, car la dame n'avait personne vers qui se tourner, personne pour la soutenir. Elle avait refusé de prendre les médicaments qu'on lui avait prescrits et, pour couronner le tout, elle avait des soucis financiers. Lisa craignait que cette cliente ne « fasse une folie » si elle n'arrivait pas à l'aider à faire face à l'immense douleur d'enfant qu'elle avait refoulée toute sa vie.

Lisa a mis quelques jours (et quelques nuits agitées) à se rendre compte que cette cliente représentait un symbole pour elle. Quand elle l'a compris, elle s'est ouverte à sa douleur, ce qui l'a amenée à faire une régression. Pendant sa régression, elle s'est d'abord heurtée au mécanisme de défense des faux espoirs. Elle a ressenti un besoin immense d'aider sa cliente, un besoin d'une telle urgence qu'elle croyait que s'y dérober pourrait entraîner la mort de cette personne. Lisa est ensuite passée à la défense primaire. Elle s'est sentie dévalorisée parce qu'elle n'était pas assez forte pour la tâche qui l'attendait. Une intense douleur l'a submergée lorsqu'elle a finalement admis qu'elle ne pouvait rien faire pour cette femme. Elle sentait pourtant qu'il était de son devoir de l'aider, car l'heure était grave, et elle était la seule à pouvoir le faire. Hélas, elle en était incapable. La douleur qui accompagnait sa défense primaire était trop intense.

Lisa a fini par accéder à son ancienne réalité et à son ancien besoin non satisfait. Il lui fallait quelqu'un pour prendre le relais ou, du moins, pour l'aider, car elle n'y arrivait pas toute seule. Sa vieille réalité lui est alors clairement apparue : ses parents avaient choisi de la voir comme une enfant brillante et autonome, au lieu de remarquer qu'il lui arrivait d'avoir besoin de leur aide. Ils l'« aimaient » quand elle était talentueuse, douée et forte ; elle a donc nié ses besoins et s'est forgé la façade d'une personne volontaire et compétente qui n'a jamais besoin de rien. Même si elle est aujourd'hui une adulte, il lui arrive encore de ressentir très fort son ancien désir de voir quelqu'un remarquer qu'elle a besoin d'aide.

Le lendemain de cette régression, Lisa est rentrée tard à la maison et a trouvé un message de sa secrétaire. Sa cliente avait téléphoné et semblait très bouleversée. Pouvait-elle la rappeler le plus tôt possible ? Avant sa régression, Lisa aurait interprété cette situation comme un symbole. Pas cette fois-ci. Au lieu de ressentir de l'appréhension et un sentiment d'urgence, elle est restée calme et a écouté avec empathie l'histoire de cette femme en détresse. Son écoute a opéré un changement chez sa cliente : au lieu de supplier Lisa de l'aider, elle lui a posé des questions sensées sur la façon de composer avec la situation. Leur conversation téléphonique, très constructive, n'a duré que cinq minutes, mais quand la cliente a raccroché, elle était calmée. Lisa aussi se sentait calme et elle a bien dormi. Quand elle a revu la cliente, cette dernière lui a paru beaucoup plus forte et plus confiante que lors du rendez-vous précédent.

L'expérience de Lisa, comme celle de Charlotte, illustre le puissant résultat d'une régression, une fois un certain stade atteint. À ce stade, nous pouvons avoir simultanément conscience de la réalité présente et de notre ancienne douleur, car la partie plus rationnelle de notre cerveau est capable d'interpréter les signaux de l'amygdale pour ce qu'ils sont très souvent - des réactions à des dangers passés - tout en étant conscients de la situation actuelle. Quand nous arrivons à ce stade, nous avons franchi avec succès toutes les étapes précédentes : 1) nous reconnaissons pleinement que certaines situations sont pour nous des symboles ; 2) nous sommes prêts à ressentir toute ancienne douleur qui refait surface ; 3) nous pouvons nous y abandonner, car nous savons que rien ne peut nous faire de mal et ; 4) nous sommes disposés à admettre et à accepter que l'enfant que nous étions a réellement souffert. Lorsqu'une personne atteint ce stade de la thérapie de la PRI, elle est prête pour la dernière étape du processus de guérison.

> Avant de continuer, j'aimerais faire quelques remarques qui présentent la régression et son utilité dans leur juste perspective. La régression n'est ni une panacée ni un remède universel et la thérapie de la PRI n'a pas pour but de vous faire ressentir de vieilles douleurs. Au contraire, la thérapie de la PRI vise à vous rendre capables de vivre le présent pour ce qu'il est réellement en vous libérant des illusions qui vous trompent, qui orientent à votre insu vos pensées, vos émotions et vos comportements et qui vous brouillent l'esprit. La thérapie de la PRI a pour but de vous rendre capables de voir clairement le présent pour ce qu'il est - étonnamment léger la plupart du temps !

Ressentir notre ancienne douleur n'est que l'*un* des moyens, aussi important soit-il, pour y parvenir. Les résultats que produisent nos régressions sont intrinsèquement liés au travail que nous faisons sur nos mécanismes de défense. Quand nous négligeons ce travail, notre vie change bien peu, *quel que soit le nombre de régressions profondes que nous puissions faire.*

5. Application à long terme : Que convient-il de faire après avoir éprouvé beaucoup de douleurs anciennes ? La conscience duale

Comme je l'ai déjà mentionné, il ne suffit pas de pleurer sur son ancienne douleur pour en être débarrassé. Nous avons vécu de trop nombreux incidents douloureux pendant notre enfance pour qu'il soit possible, d'un point de vue purement pratique, de les évacuer en pleurant. Nous nous faisons de faux espoirs lorsque nous pensons que nos larmes peuvent venir à bout de notre douleur. Quand nous étions un enfant, nous avions besoin de pleurer. Aujourd'hui, il est illusoire de penser que nos larmes pourraient défaire les outrages qui nous ont été faits dans le passé. C'est comme si nous pensions qu'il est possible de changer le passé. Il est impossible de changer le passé, même si cherchons constamment à le faire.

Ressentir notre douleur, qui est l'une des parties essentielles du processus de guérison, a un but clairement défini :

- nous apprendre à faire la distinction entre une douleur du présent et une douleur de l'enfance ;
- nous faire comprendre pleinement, tant sur le plan cognitif qu'émotionnel, l'intensité de la douleur de notre enfance ;
- nous amener, par la régression, à relier notre ancienne douleur à une émotion au passé ;
- nous montrer, dans le présent, que nous pouvons ressortir indemne de l'expérience de notre ancienne douleur et vaincre notre peur des émotions intenses ;
- nous amener à renverser nos mécanismes de défense, aussi difficile que cela puisse paraître à certains moments.

Après avoir ressenti de vieilles émotions et les avoir reliées au passé, il est important de rester véritablement actifs sur le plan cognitif. Voici ce que j'entends par là.

Imaginons que, lorsque vous étiez enfant, vous avez souvent été grondé et critiqué. En conséquence, dans votre vie d'adulte, toute critique est pour vous un symbole qui vous fait passer de votre conscience d'adulte à votre conscience d'enfant et au mécanisme de défense des faux espoirs. Vous tentez alors par tous les moyens de plaire à la personne qui vous critique. Comme cette méthode est inefficace et que de toute façon vous vous sentez critiqué, vos faux espoirs s'effondrent. Vous essayez alors de les remplacer par le faux pouvoir, auquel cas, vous vous mettez en colère contre l'autre personne : « Je ne mérite pas que tu me traites de la sorte ! Quoi que je fasse, ce n'est jamais assez ! C'est toujours pareil ! J'ai trop mal. Il faut que ça cesse ou nous ne pourrons plus nous voir ». Vous pouvez même la menacer de couper les ponts, en lui disant que vous êtes à bout.

Même après avoir découvert que nous avons fait un symbole d'une situation particulière - en accédant à une ancienne douleur à plusieurs reprises et en prenant conscience de son origine - il peut encore nous arriver de nous identifier au symbole qu'elle déclenche. Dans l'exemple précédent, vous étiez convaincu que vous étiez l'objet de critiques dans le présent ; vous vous disiez que vous ne pouviez plus le supporter. Vous aviez temporairement « oublié », Dieu sait comment, tout ce que vous avez appris en travaillant sur vos émotions. Vous vous êtes laissé submerger par vos vieilles émotions, persuadé qu'elles concernaient une situation présente dont vous avez fait un symbole.

En cas de rechute, il est improductif de pleurer et de ressentir une fois encore la même douleur. Trouvez plutôt le moyen de reconnaître qu'une situation représente un symbole pour vous et évitez de vous identifier à lui. Il peut vous être utile de noter vos pensées au sujet de certains symboles et de les relire souvent. Vous pouvez aussi vous les rappeler en faisant un dessin sur des feuilles de bloc-notes Post-It que vous collerez dans des endroits stratégiques de votre demeure. Enfin, vous pouvez méditer quotidiennement sur ces émotions en particulier.

N'oubliez pas que la première étape sur la voie de la guérison consiste à reconnaître que vous réagissez à un symbole. Une fois que vous saurez reconnaître les symboles, vous verrez la douleur resurgir pour ce qu'elle est : une ancienne douleur. Au lieu de la laisser vous submerger, vous pourrez l'observer, vous rendre compte qu'elle émane du passé, la relier à la réalité à laquelle elle appartient et laisser ce sentiment vous « traverser » pendant que vous renversez vos mécanismes de défense les uns après les autres. Subséquemment, vous ne ferez plus *que remarquer l'émotion et la laisser* traverser votre corps. Les émotions s'expriment dans notre corps de manière précise et dans des endroits précis. Demandez-vous où se situe l'émotion que vous ressentez et quel est son effet sur vous, mais ne vous y abandonnez pas. Ne la refoulez pas non plus ; laissez-la simplement s'exprimer, tout en ayant conscience de la réalité présente. C'est ce que j'appelle appliquer la conscience duale.

L'histoire d'Anna est un bon exemple de ce qui se produit quand on se laisse toucher par un symbole. La mère d'Anna était souvent agressive. Elle faisait des crises de colère et criait sur Anna en faisant de violents mouvements des bras et des jambes. Comme on s'en doute, cette situation était très pénible pour la petite fille. Son enfance a été marquée par le caractère changeant et explosif de sa mère.

Dans le présent, Anna se laisse facilement « séduire » par toutes sortes de gens qui deviennent pour elle des symboles : son mari, ses collègues, ses amis et ses frères et sœurs. Elle a facilement le sentiment d'être attaquée dès que quelqu'un manifeste le moindre désaccord avec elle. Elle sent la « colère » de cette personne comme une menace physique potentielle.

Après plusieurs régressions, elle a réussi à relier ses émotions à leur cause : l'hystérie de sa mère. Maintenant, lorsque ce genre d'émotions l'envahit, elle sait qu'elles portent sur un symbole. Elle peut donc les observer calmement à mesure qu'elles rejaillissent. Elle les sent la traverser, mais elle cesse de s'y identifier et s'ancre dans la réalité présente. Simultanément, elle ressent habituellement, à l'estomac ou au plexus solaire, un léger pincement qui s'intensifie progressivement pour finir en nausée et en haut-le-cœur. Elle reste calmement assise et observe ses émotions. Elle ne les laisse pas s'exacerber, mais elle n'essaie pas non plus de les chasser. Elle se dit : « Tout cela s'est passé il y a bien longtemps, ces personnes ne vont pas m'attaquer physiquement. Tout va bien, c'est fini. » Et, en peu de temps, les émotions se dissipent d'elles-mêmes.

Maria a relaté l'incident suivant, qui illustre également le fait qu'on peut être conscient de ses émotions sans se laisser submerger par elles.

« Je parlais à mon mari d'une chose importante pour moi sur le plan émotionnel. Il s'était produit au bureau un incident qui m'avait bouleversée. Quand je lui en ai parlé, j'ai senti que ça ne l'intéressait pas beaucoup. Cela m'a irritée et je lui ai demandé si c'était le cas. Naturellement, il l'a nié, mais je voyais bien que c'était faux. Je lui ai demandé pourquoi il avait l'air de s'ennuyer si mon histoire l'intéressait, et pourquoi il avait à peine réagi depuis que j'avais commencé à lui en parler. Cela démontrait sûrement un manque d'intérêt. Il a continué à nier et je me suis sentie trahie : non seulement une histoire importante pour moi ne l'intéressait pas, mais il le niait et niait qu'il niait.

« J'étais de plus en plus en colère contre lui. Puis il s'est produit quelque chose. À travers ce que je ne peux qu'appeler le "voile de ma colère", j'ai été capable de voir son vrai visage. J'ai vu à quel point il était vulnérable et anxieux. En fait, il ne savait plus ni quoi dire ni quoi faire. En une seconde, le brouillard de ma colère s'est dissipé et je me suis rendu compte que mon mari était un symbole pour moi. J'ai réussi à renverser ma défense, le faux pouvoir, et à revenir à la réalité présente. Je sais maintenant d'où vient cette impression que l'on ne fait pas attention à moi et qu'on est malhonnête avec moi. Quand je me suis rendu compte que mes émotions ne concernaient pas la réalité présente, elles ont immédiatement disparu. J'ai fait des excuses à mon mari, le pauvre chou ! »

Au moment de son expérience, Maria avait déjà fait beaucoup de travail sur ses douleurs anciennes. Elle en connaissait l'origine et savait distinguer la réalité présente du passé, même quand un symbole la rattrapait. Maintenant, elle sait raisonner et ses anciennes émotions, comme son mécanisme de défense, le faux pouvoir, disparaissent d'eux-mêmes.

Ne vous attendez à pouvoir appliquer la conscience duale dès les premiers stades de votre thérapie. Vous devez d'abord passer par la régression pour découvrir l'origine de certaines émotions.

Il ne faut pas essayer d'appliquer le concept de conscience duale, ni apprendre à reconnaître un symbole dans le présent dès la première phase de la thérapie de la PRI. De telles tentatives sont dangereuses à cette étape, car elles servent de mécanisme de défense. Le raisonnement est le suivant : « Cette émotion est vieille, je n'ai donc pas besoin de la ressentir. » Les résultats ne se feront pas attendre, mais ils seront de courte durée. Tôt ou tard, votre douleur refoulée refera surface et sera bien plus forte que votre certitude qu'il s'agit d'une douleur ancienne. En fait, elle aura bientôt détruit votre beau raisonnement. Refouler vos émotions et recourir à vos mécanismes de défense (cette émotion est vieille, je n'ai pas besoin de la ressentir) au lieu de les renverser sont des stratégies peu susceptibles d'établir de nouveaux circuits neuronaux entre l'amygdale et les lobes frontaux. Votre amygdale reprendra tout simplement le dessus sur votre cerveau rationnel.

Prétexter que nous n'avons pas besoin de ressentir une émotion parce qu'elle est ancienne n'a aucun effet thérapeutique. Il s'agit là d'un mécanisme de défense cognitif qui peut avoir une certaine utilité, mais cette utilité est limitée. Ce raisonnement ne contribue pas à intégrer l'ancienne douleur, mais à la réprimer.

Il faut, pour pouvoir reconnaître que nos émotions sont anciennes, pour apprendre à en faire l'expérience (les laisser être), et pour nous dissocier de l'idée que notre douleur n'est pas causée par la situation présente, avoir atteint un niveau de conscience qui nous dévoile l'intensité de la douleur que nous avons subie pendant notre enfance, ainsi que sa cause.

Ensemble, les cinq éléments décrits ci-dessus constituent le processus de guérison. Il est toutefois crucial de comprendre que les étapes nécessaires à la guérison dépendent de la somme de travail que vous avez déjà consacrée à vos émotions anciennes, et du renversement structurel durable de vos mécanismes de défense. Une fois que vous savez quel élément du passé est la cause de vos émotions et que vous avez ressenti la douleur qu'elles provoquent, il ne vous sera plus d'aucune utilité d'accéder à répétition à cette même douleur. Au contraire, cette habitude peut vous « conditionner à pleurer ».

Si vous avez le sentiment que vous avez accédé à répétition à la même vieille douleur sans constater de changements positifs dans votre vie (si les situations et les gens continuent à être des symboles pour vous), demandez-vous si vous êtes aux prises non pas avec une émotion ancienne, mais plutôt avec un mécanisme de défense contre une vieille émotion : la défense primaire. Ce mécanisme de défense est tellement douloureux qu'il peut facilement vous faire pleurer pendant des années. Si c'est le cas, arrêtez-vous et concentrez-vous sur votre ancienne réalité. Ressentez la douleur qui y est associée, jusqu'à ce que vous puissiez passer à la prochaine étape et observer avec détachement les anciennes émotions qui vous traversent (conscience duale). Vous pouvez aussi entretenir de faux espoirs et vous dire qu'en pleurant vous pourrez évacuer votre douleur. Cette attitude indique que vous ne vous ouvrez pas complètement à votre douleur et que vous continuez à vous en défendre en entretenant de faux espoirs (si je pleure, je me sentirai mieux).

Si vous n'avez pas fait beaucoup de travail sur vos émotions anciennes et n'êtes pas habitué à accéder aux douleurs de votre enfance et à vous y abandonner, mettez d'abord l'accent sur ces aspects de la thérapie. Prenez garde de ne pas conclure prématurément que vous êtes prêt à entreprendre la cinquième et dernière étape, c'est-à-dire l'application à long terme de la conscience duale. Pour vous donner une vraie chance de guérir, vous devez d'abord vous concentrer sur les quatre premiers éléments. En passant trop tôt à la cinquième étape, qui consiste à ressentir vos émotions, vous vous priverez de cette possibilité.

Le processus de guérison repose sur trois piliers d'égale importance :

La cognition : reconnaître les symboles, les défenses, la conscience d'adulte (CA) et la conscience d'enfant (CE).

Le comportement : renverser les mécanismes de défense afin de cesser de se protéger contre une menace qui n'existe plus dans le présent.

L'émotion : s'ouvrir à son ancienne douleur et utiliser consciemment la régression.

Si vous sous-estimez ou exagérez l'importance de l'un ou l'autre de ces piliers, votre capacité de vous guérir de manière permanente en sera affaiblie à jamais (voir annexe 8).

La guérison : l'intégration de l'ancienne douleur dans la conscience de l'adulte

Le nom de cette thérapie se rapporte à son principe fondamental de guérison : la PRI (PAST REALITY INTEGRATION : intégration de la réalité passée dans la conscience d'adulte).

Figure 10. Past Reality Integration : passer du premier cercle de conscience – avec le mur du déni – au deuxième cercle – sans le mur du déni.

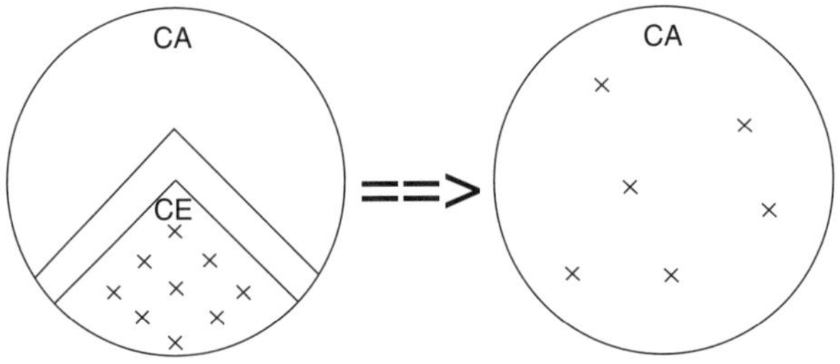

Ces deux cercles représentent notre conscience. Dans le premier cercle, le mur du déni sépare la conscience d'adulte de la conscience d'enfant. Dans notre conscience d'enfant, nous percevons notre douleur refoulée, mais il n'existe aucun contact entre notre conscience d'adulte et cette vieille douleur refoulée. La thérapie de la PRI a pour but d'intégrer notre ancienne douleur refoulée dans notre conscience d'adulte, afin que nous puissions vivre le présent pour ce qu'il est vraiment. *En faisant disparaître le refoulement et le déni (les mécanismes de défense) étape par étape*, nous laissons le contenu de notre conscience d'enfant entrer dans notre conscience d'adulte. Rassurez-vous, cela ne signifie pas que nous souffrons sans répit ; en tant qu'adultes, nous savons que nous portons en nous des souvenirs douloureux de notre enfance. Rien de plus que des souvenirs douloureux. Nous avons ressenti la douleur (émotion) ; nous avons reconnu la vérité que nous avions si longtemps niée (cognition) ; nous persistons à renverser nos défenses (comportement) ; et nous vivons maintenant de plus en plus souvent dans le présent. Les vieilles blessures se sont cicatrisées et nous pouvons vivre notre vie pleinement en adultes - les adultes que nous sommes dans le présent. Notre soi nous est de nouveau accessible.

Pendant les années où j'ai employé cette thérapie avec mes clients, j'ai très souvent été frappée par la grande efficacité de cette méthode. La thérapie de la PRI opère des changements durables dans la vie de clients très différents, dont les problèmes sont aussi très divers : problèmes amoureux, complexe d'infériorité, anxiété et peur, dépression, trouble obsessionnel-compulsif, pensées suicidaires.

Des changements impressionnants se produisent une fois que nous sommes capables :

- d'admettre, en notre for intérieur, que notre enfance nous a profondément marqués sur le plan émotionnel (affectant souvent aussi notre santé physique) ;
- de prendre la responsabilité de nos propres émotions et de cesser de blâmer les autres ;
- de renoncer à nos vieilles peurs et de nous ouvrir aux pires douleurs ;
- de persévérer dans notre travail sur nos mécanismes de défense (les reconnaître et les renverser).

Certains facteurs inhibent toutefois le processus de guérison en renforçant encore davantage le mur du déni. C'est la raison pour laquelle certaines personnes ont peine à accéder à leur ancienne douleur : elles en sont trop bien protégées. Examinons ces facteurs :

Les fumeurs et les gens qui boivent de l'alcool (en grande quantité) éprouvent des difficultés à appliquer la PRI. En effet, le tabagisme et la consommation d'alcool sont des moyens très efficaces pour réprimer les émotions, de sorte qu'ils sont très difficiles à contrer en thérapie. Toute personne sérieuse dans son désir d'entreprendre une thérapie de la PRI doit renoncer à la cigarette et à la consommation excessive d'alcool (pour plus de détail à ce sujet, voir le chapitre 6), ainsi qu'à toute autre activité qui sert à réprimer les émotions.

La thérapie de la PRI ouvre les voies vers les anciens souvenirs, notamment les émotions, les sensations et les images, les sons et même les odeurs associés à un souvenir en particulier. Ces vieux souvenirs nous deviennent alors accessibles et notre cerveau rationnel peut les traiter, ce qu'il était incapable de faire quand nous étions enfant. Les problèmes avec lesquels un enfant ne peut composer sont entreposés dans son cerveau (les souvenirs émotionnels dans l'amygdale et les souvenirs factuels dans l'hippocampe) et dans son corps (mémoire des sensations physiques). Ces vérités demeurent cachées, et seule une partie de ses souvenirs resurgissent dans sa mémoire lorsqu'il lui arrive, à l'âge adulte, de se heurter à un symbole. Le plus souvent, ce sont des sensations physiques et des émotions qui surgissent lorsqu'un événement présent revêt une valeur symbolique. La partie factuelle d'un souvenir (ce qui a été fait, comment et par qui) reste inaccessible à la conscience. Si cette partie d'un souvenir nous revenait aussi, nous saurions immédiatement que nous ressentons une douleur passée. Malheureusement, cela ne se produit pas car, comme nous l'avons vu, l'hippocampe et l'amygdale font partie de systèmes de mémoire distincts et les vieux souvenirs douloureux échappent au processus rationnel.

Pendant une régression, toutefois, il peut arriver que notre mémoire s'ouvre complètement. Dans ce cas, tous les éléments nous sont révélés : les émotions, les sensations physiques, les causes de ces émotions et, assez souvent, des images, des odeurs et des sons très réalistes liés à des événements remontant à vingt, trente, quarante ans ou plus, selon notre âge. Lorsque nous accédons consciemment au passé (avec ou sans images, sons, etc.), nous pouvons l'évacuer en faisant la distinction entre ce qui nous est arrivé – ce que nous avons ressenti alors – et ce qui nous arrive maintenant – ce que nous ressentons maintenant : cette information nouvelle est traitée et reliée à l'expérience traumatisante du passé. Nos émotions, que nous croyions trop douloureuses pour pouvoir les ressentir et que nous voulions refouler à tout prix, deviennent supportables parce qu'elles appartiennent au passé. En nous permettant de les ressentir, nous hâtons notre guérison. Lorsque nous atteignons ce point, le traumatisme du passé est correctement entreposé dans notre mémoire. Une partie de notre conscience d'enfant (une partie de notre ancienne douleur) est intégrée à notre conscience d'adulte, mais il faut pour cela que nous démantelions simultanément les mécanismes de défense qui nous en protégeaient.

Comme nous l'avons déjà vu, nous pouvons retracer, dans le fonctionnement du cerveau, ce qui s'est produit avant l'intégration de l'expérience traumatisante et ce qui s'est produit après. Les recherches de Joseph LeDoux[3] montrent le raccourci que prend le cerveau lorsqu'il évalue un danger. Pour plus de clarté et en raison de l'importance de ces découvertes sur notre vie émotionnelle - découvertes qui illustrent la PRI sur le plan neurologique –, j'aimerais résumer une fois de plus le fonctionnement du cerveau émotionnel et du cerveau rationnel.

Dans des situations qui ne sont pas menaçantes, le cerveau se sert du néocortex. Le néocortex est la partie du cerveau que l'on croit responsable de la pensée rationnelle et du raisonnement logique. Dans des situations dangereuses, cette partie plus évoluée du cerveau est contournée et l'activité cérébrale passe directement à l'amygdale. L'amygdale, un organe moins évolué du cerveau, est responsable du jugement intuitif. Lorsque le néocortex est contourné, nous sommes privés d'un traitement logique et rationnel de l'information.

Lorsque nous nous sentons menacés (qu'il s'agisse d'une menace réelle ou perçue), c'est l'amygdale (organe très instinctif) qui, au lieu du néocortex (plus rationnel), traite l'information et en extrait le sens. Par exemple, nous nous disons: « Je dois lutter, sinon je serai attaqué. » Si nous pouvions éviter de court-circuiter le néocortex et si nous le laissions traiter nos émotions, nous raisonnerions peut-être de la façon suivante: « Cette émotion découle d'un événement qui s'est produit il y a très longtemps et je n'ai aucune raison de le redouter maintenant. »

Les recherches de LeDoux sur le cerveau donnent à penser que les thérapies qui font appel uniquement au cerveau cognitif et rationnel sont incapables de changer notre mode de réaction fondamental à des stimuli menaçants sur le plan émotionnel. Dans ce cas, le traitement des signaux contourne tout simplement le néocortex, « siège du raisonnement logique », et nos réactions sont gouvernées par l'alarmiste amygdale.

Les événements que nous avons dû refouler lorsque nous étions des enfants appartiennent tous à la catégorie des stimuli émotionnels menaçants. L'amygdale perçoit comme une menace toute situation ou tout élément qui ressemble à ce qui a causé notre vielle douleur, autrement dit tout objet ou toute situation qui nous sert de symbole. Les résultats des recherches de LeDoux sur le cerveau indiquent que, confrontés à un symbole, nous court-circuitons le traitement cortical et adoptons instinctivement et immédiatement un comportement défensif. Il nous est impossible d'échapper au cercle destructif des comportements défensifs, car nous demeurons « prisonniers » de l'amygdale, qui sonne l'alarme et nous enjoint de nous protéger.

Toutefois, la régression, combinée au renversement structurel de nos mécanismes de défense, semble opérer un changement fondamental dans les voies neuronales qui traitent les événements. La régression semble nous permettre d'accéder aux connexions neuronales de la partie de notre cerveau qui abrite notre douleur refoulée, hors de portée du raisonnement rationnel. Les nombreuses personnes qui ont fait l'expérience d'une véritable régression (par opposition à pleurer sur leur enfance) peuvent témoigner du changement qui s'opère dans leurs *patterns* émotionnels une fois qu'elles se sont remémoré les vérités refoulées, sans qu'elles aient à faire d'effort conscient.

Pour arriver à cette étape, il faut beaucoup d'efforts conscients et une volonté sincère de confronter encore et encore nos anciennes douleurs et de renverser nos mécanismes de défense. Une fois que nous avons bien compris que notre ancienne douleur n'a rien à voir avec le présent et que bon nombre de nos pensées, de nos émotions et de nos comportements découlent de mécanismes de défense inconscients, notre aptitude à percevoir la réalité présente pour ce qu'elle est vraiment semble prendre le dessus de manière autonome (c'est-à-dire sans que nous ayons à investir beaucoup d'efforts dans le processus). Voici la façon dont Elsa exprime le phénomène :

> Cette thérapie m'a été très utile. C'est comme si un «vague secret destructeur» qui pesait sur ma vie avait été résolu. J'ai l'impression de pouvoir enfin vivre ma vraie vie. J'ai encore des difficultés à reconnaître mes émotions, mes pensées et mes mécanismes de défense, mais comme je sais qu'ils concernent le passé, je ne suis plus autant accablée par le sentiment d'être condamnée à l'échec. Et je réussis à examiner calmement ce qui est en train de se passer dans le présent.

Pour conclure ce chapitre, j'aimerais faire une mise en garde. Il arrive parfois, quand nos faux espoirs semblent s'être réalisés (je dis «semblent», car cela ne dure jamais longtemps), que nous nous sentions soulagés de nos symptômes pendant une courte période. Cet effet ne dure jamais longtemps et ne doit pas être confondu avec les effets de la PRI. Ceux-ci ne peuvent être obtenus qu'une fois la vieille douleur ressentie, et quand on a démantelé la structure des défenses pour les renverser une fois pour toutes. Les faux espoirs, quant à eux, se réalisent sans que nous ayons à ressentir une forte douleur ni à démanteler nos mécanismes de défense. Les sentiments amoureux ont souvent cet effet.

NOTES

1. Jeannette Meijvogel, *Paddentong, Xeno*, Groningen, 1999.
2. Dr D. van Dantzig, interview dans la revue *Psychology*, janvier 2000.
3. Joseph LeDoux, *The Emotional Brain*, Touchtone, New York, 1996.

Chapitre 4

L'AVENIR : LES ENFANTS ET LES PARENTS

Il m'arrive d'oublier que le bien existe déjà partout et se révèle. Je le vois en moi quand j'ai la bonne attitude intérieure.
JEANNETTE MEIJVOGEL[1]
(voir illustration nº 5)

Quand nos enfants sont des symboles pour nous

Si nous pouvions être suffisamment en paix avec nous-mêmes pour élever nos enfants sans qu'ils aient à refouler la vérité au sujet de leur propre enfance, des changements profonds se produiraient dans le monde tel que nous le connaissons. Et de grands changements surviendraient dans la façon dont nous vivons notre vie.

Malheureusement, la plupart d'entre nous avons encore beaucoup de chemin à parcourir pour guérir. Nous pouvons donc nous attendre à ce que nos enfants représentent souvent pour nous des symboles susceptibles de provoquer la réapparition d'anciennes douleurs, et déclenchent par conséquent nos mécanismes de défense. Une fois ces derniers activés, nous devenons incapables d'être les parents aimants que nous voulons être. C'est ainsi qu'un grand nombre d'enfants sont grondés, intimidés, punis, battus, ridiculisés ou tout simplement ignorés. Les parents exigent trop vite de leurs enfants un comportement poli et altruiste; ils les forcent à obéir, les humilient, etc. Leurs comportements sont mus par leurs propres mécanismes de défense, qui demeurent actifs tant et aussi longtemps qu'ils n'ont pas accédé à leurs propres douleurs d'enfance. Le cercle destructeur se perpétue, transmettant d'une génération à l'autre la douleur et les mécanismes de défense nécessaires pour s'en protéger.

Lors d'une thérapie de la PRI, un grand nombre de clients arrivent tôt ou tard à un triste constat: ils ont maltraité leurs enfants sans s'en rendre compte. Dans certains cas, les mauvais traitements prennent des formes cachées et subtiles, comme le chantage affectif ou le rejet. Par exemple, certains parents sentent le besoin d'être très proche de leur enfant, de tout savoir à son sujet, et ils l'étouffent de leur « affection ». De prime abord, ces parents semblent attentionnés, mais ce type de comportement peut aussi équivaloir à ce qu'on appelle « l'inceste émotionnel » (se servir d'un enfant pour satisfaire des besoins émotionnels qu'un partenaire adulte devrait normalement combler). Dans ce genre de situations, l'enfant souffre de négligence émotionnelle parce que ses parents se préoccupent, non pas de satisfaire ses besoins à lui, mais un de leurs besoins à eux – qui devrait être satisfait dans le cadre d'une relation adulte.

Dans d'autres cas, le mauvais traitement peut être plus évident, comme une punition sévère (« Va dans ta chambre et restes-y jusqu'à ce que tu sois prêt à t'excuser. »).

Qu'il s'agisse de mauvais traitements cachés ou flagrants, découvrir qu'on ne s'est pas bien occupé de ses enfants, qu'on n'a pas satisfait à leurs besoins et qu'on les a maltraités est toujours une période extrêmement douloureuse du processus thérapeutique. Malheureusement, il est impossible d'effacer les erreurs du passé. Les parents qui commencent à prendre conscience des douleurs de leur propre enfance se rendent compte avec horreur qu'ils ont infligé des douleurs semblables à leurs enfants. Lorsque cela arrive, il est utile de réfléchir aux points suivants.

1. Assumer la responsabilité de nos actes

Il est évident que nous avons réellement infligé de la douleur à nos enfants. Nous devons admettre nos erreurs et comprendre l'intensité de leur douleur. Malheureusement, rien ne peut nous consoler de cette attitude que nous avons eue envers eux. Il est terrible de penser à tout le mal que nous pouvons faire à nos enfants quand ils sont tout petits et dépendent entièrement de nous. Même des gestes en apparence anodins peuvent avoir de sérieuses conséquences sur leur bien-être émotionnel. Notre seule consolation est de savoir que nous pouvons nous guérir nous-mêmes, que nos enfants peuvent se guérir eux aussi, et que nous pouvons les aider à guérir en admettant que nous sommes responsables de leurs souffrances.

2. Admettre la vérité auprès de nos enfants

Il est très constructif d'admettre la vérité auprès de nos enfants. « Si seulement mes parents pouvaient reconnaître ce qu'ils ont fait et à quel point j'en ai souffert ! » Voilà une phrase qui revient souvent dans la bouche de mes clients. Bon nombre de gens qui découvrent la vérité au sujet des douleurs de leur enfance se heurtent au déni de leur famille. Les parents et les frères et sœurs qui nient complètement la réalité sont la norme plutôt que l'exception. Bien qu'il soit possible de nous guérir sans nous ouvrir au passé, le fait de pouvoir le faire rend les relations familiales beaucoup plus riches. Pleurer avec notre famille sur nos souffrances passées et présentes peut avoir un effet thérapeutique important sur nos relations avec eux, mais cela ne pourra jamais nous guérir des séquelles du passé.

3. Devenir sensibles à la douleur de nos enfants
Après avoir accédé à notre propre douleur, nous devenons plus sensibles à ce que vivent nos enfants; nous pouvons sentir leur douleur lorsqu'ils sont blessés, ce qui nous aide à être présents quand ils ont besoin de nous. Autrement dit, nous ne pouvons pas changer le passé, mais nous pouvons prendre conscience des effets de notre comportement dans le présent. Par exemple, la mère qui insiste beaucoup trop pour que sa fille de deux ans partage ses jouets avec d'autres enfants devrait la laisser se comporter comme une enfant de son âge – une enfant qui a seulement deux ans. À cet âge, un enfant a un fort besoin d'affirmer son identité et de distinguer clairement ce qui est à lui de ce qui ne l'est pas. Il ne veut pas partager ses jouets avec d'autres enfants. Si la mère peut respecter ce besoin de son enfant, celui-ci finira par acquérir l'empathie nécessaire pour véritablement partager avec les autres. L'enfant n'atteint ce stade de développement qu'à six ans environ.

Dans notre société, combien d'enfants ont le loisir d'être « égoïstes » jusqu'à l'âge de six ans ? En fait, ceux d'entre nous qui ont été forcés de partager bien avant cet âge développent rarement, à l'âge adulte, un *véritable* sens du partage. Force est d'admettre que rares sont les gens vraiment désintéressés, qui n'attendent rien en retour pour les services qu'ils rendent. Combien de gens sont capables d'aider quelqu'un simplement parce qu'ils en ont envie, sans attendre quoi que ce soit en retour ? Même pas un merci !

Une mère qui a accédé à la douleur que lui causait pendant son enfance la nécessité de faire passer les autres avant elle ne forcera plus son petit enfant à agir de cette façon. Elle se dira qu'il va devenir, en temps et heure, un adulte généreux.

La grossesse et la naissance

Ce que nous vivons dans le ventre de notre mère et lors de l'accouchement a une telle influence sur notre bien-être que j'aimerais m'y attarder un peu.

Des scientifiques ont démontré ce que bon nombre de mères savent intuitivement : dans l'utérus, les sens d'un fœtus de six mois sont aussi développés qu'à sa naissance. L'enfant à naître est un être conscient, qui a des émotions et une mémoire. Il peut goûter, entendre, toucher, voir et ressentir. Sa conscience est déjà développée. Des recherches menées par Dominik Purpura[2] (professeur au Albert Einstein College et directeur du laboratoire sur le cerveau) montrent que les circuits neuronaux du cerveau sont aussi développés à vingt-huit semaines que lorsque le fœtus est à terme à neuf mois. C'est la raison pour laquelle le taux de survie des prématurés augmente rapidement à la fin du deuxième trimestre.

L'enfant en gestation est capable de former des souvenirs. David Chamberlain[3] écrit : « Dans le milieu universitaire, le préjugé bien ancré voulant que nos premiers souvenirs ne soient aucunement fiables (mémoire intra-utérine, à la naissance et dans la petite enfance) est en train de s'effondrer. Selon ces universitaires, la période intra-utérine est celle où la mémoire est le moins susceptible de fonctionner. Or, les ultrasons ont permis à des psychologues visionnaires de montrer que la mémoire et les systèmes d'apprentissage sont déjà fonctionnels à ce stade. Les bébés en gestation émettent des signes démontrant qu'ils reconnaissent les rimes qui leur sont répétées tous les jours sur une période de quatre semaines. De même, immédiatement après sa naissance, l'enfant traite la voix de ses parents, des mélodies musicales, les thèmes d'émissions de télévision, les informations télévisées, les sons de sa langue maternelle, les goûts et les odeurs qu'il a connus dans l'utérus comme des stimuli familiers, appris et mémorisés pendant les semaines et les mois précédents. »

Le fœtus réagit aux signaux du corps de sa mère qui lui indiquent qu'elle va bien (rythme cardiaque régulier) ou qu'elle est stressée (hormones de stress et rythme cardiaque oppressant ou irrégulier). Il peut même anticiper le danger. Comme l'ont décrit Thomas Verny et John Kelly[4] dans leur ouvrage *Vie secrète de l'enfant avant sa naissance*, les recherches de Lieberman[5] montrent comment le bébé d'une mère qui fume devient agité (agitation mesurée par l'accélération du rythme cardiaque) chaque fois que sa mère a envie de fumer. « Elle n'a même pas besoin d'allumer une allumette ni d'approcher la cigarette de ses lèvres ; la seule pensée de fumer suffit à le rendre le fœtus agité. Naturellement, il n'a aucun moyen de savoir que sa mère fume – ou pense à fumer – mais il est assez développé intellectuellement pour associer le fait qu'elle fume à la sensation désagréable que cela produit en lui. Cette sensation est causée par la diminution de l'approvisionnement en oxygène (fumer une cigarette diminue le taux en oxygène du sang de la mère qui passe dans le placenta), ce qui est physiologiquement nocif pour lui. Toutefois, les effets psychologiques du tabagisme maternel sont peut-être plus nocifs encore, car ils causent chez le fœtus un état chronique d'incertitude et de peur. Il ne sait jamais quand cette sensation désagréable se reproduira – un état de fait qui le prédispose à une peur conditionnée profondément ancrée. »

C'est avec étonnement que l'on se rend compte de l'influence qu'a l'environnement sur ce tout petit être lové dans l'utérus. Des bruits forts et soudains le font se rouler en boule ; un goût amer dans le fluide qui l'entoure le lui fait recracher et faire la moue. Les travaux de Dennis Scott[6] ont montré que le facteur le plus dommageable pour le fœtus est le stress durable de sa mère, surtout si celle-ci ne ressent ni n'exprime de sentiments chaleureux à l'endroit de son bébé à naître. Dans le cas d'une mère à la fois très stressée et très heureuse de sa grossesse, le stress a peu d'influence sur l'enfant après la naissance. Les indicateurs de stress des bébés qui n'ont reçu ni amour ni chaleur pendant la gestation sont significativement élevés. Ils se manifestent par des pleurs continuels, le refus de téter, la contraction des muscles, etc.

Les recherches de M. Lukesch[7] et de G. Rottman[8] indiquent que le fœtus sait détecter sans équivoque l'attitude que sa mère a envers lui et envers sa grossesse. Ces études révèlent que l'attitude de la mère (tant consciente qu'inconsciente) est le facteur individuel qui a le plus d'incidence sur la santé d'un bébé. Ce sont les mères qui ont des attitudes ambivalentes ou négatives qui ont les problèmes médicaux les plus graves pendant leur grossesse. C'est chez elle qu'on trouve le taux le plus élevé d'enfants prématurés, d'un poids insuffisant et émotionnellement perturbés.

Les enfants nés de mères qui sont (consciemment ou inconsciemment) heureuses de fonder une famille sont en meilleure santé émotionnelle et physique à la naissance et pendant leurs premiers mois que les enfants nés de mères ambivalentes ou négatives ou de mères qui, en apparence, acceptent leur grossesse tout en la rejetant inconsciemment.

Au deuxième rang en importance, immédiatement après l'attitude de la mère envers son enfant à naître, vient la relation de la mère avec son partenaire. Les études du Dr Scott ont montré qu'une femme vivant une relation orageuse court 237 fois plus de risques d'avoir un enfant psychologiquement ou physiquement diminué qu'une femme qui vit une relation chaleureuse et harmonieuse.

Ces études montrent l'importance cruciale de ces premiers neuf mois de la vie. Elles reflètent parfaitement l'expérience de certains clients pendant une régression dans l'utérus. Sophie, par exemple, a senti le manque total d'intérêt émotionnel de sa mère lorsqu'elle était dans son utérus : « Elle ne se rend pas compte que c'est moi qui suis ici. Un être vivant. Elle a l'impression que je suis une pierre qui grossit dans son ventre. Elle s'inquiète des dégâts que fera la grosse pierre à son tour de taille... »

Tant les recherches que les expériences de régression comme celle de Sophie illustrent le fait que le fœtus peut sentir le manque de liens affectifs et d'amour de sa mère longtemps avant sa naissance, et que cette carence affective a une influence fondamentale sur l'opinion que l'enfant, et plus tard l'adulte, se fera de lui-même.

Dans mon expérience avec mes clients, j'ai remarqué que les enfants qui naissent sans avoir été vraiment planifiés et désirés, qui ne sont que des « accidents » de la nature, semblent souffrir à l'âge adulte du sentiment de ne pas avoir « le droit d'exister dans ce monde ». Ce terrible sentiment peut trouver son origine dans l'utérus, dans le refus de la mère de sa grossesse.

Les chercheurs d'une étude interculturelle[9] (Grèce - États-Unis, 1993) « ont examiné un groupe de 107 enfants dont la conception avait été soit planifiée, soit accidentelle. Les chercheurs ont émis l'hypothèse qu'à l'âge de trois mois, les bébés qui avaient été planifiés manifesteraient une réaction vocale différentielle plus intense à la voix de leur mère (par rapport à celle d'un étranger) que les bébés non planifiés. Leur prédiction s'est avérée exacte : les enfants planifiés avaient des capacités cognitives plus développées et étaient plus attachés à leur mère que les bébés non planifiés, comme le montraient les réactions vocales à la mère (comparativement à une femme inconnue). On peut penser que les bébés planifiés jouissent très tôt de liens très forts avec leur mère. Dans une autre étude de cohorte sur la nature subtile mais puissante des liens affectifs, 8000 femmes ont été séparées en deux groupes, selon que leur grossesse était désirée ou non désirée. Toutes ces femmes appartenaient à un groupe privilégié qui recevait très tôt des soins prénatals dans le cadre d'un programme global de soins de santé. Toutes étaient mariées et toutes auraient dû avoir une grossesse beaucoup moins à risques. Or, les statistiques de ces 8000 femmes ont révélé que les bébés non désirés avaient deux fois plus de chances que les bébés désirés de mourir au cours des vingt-huit premiers jours de leur vie. »

Il n'est pas toujours possible d'éviter le stress environnemental pendant la grossesse, mais les femmes peuvent agir préventivement. Avant de devenir enceintes, elles doivent s'appliquer à développer une attitude positive envers l'idée de fonder une famille, tant consciemment qu'inconsciemment (en accédant à leur ancienne douleur et en l'évacuant). Et, une fois enceintes, elles peuvent prendre toutes les mesures nécessaires pour favoriser le processus naturel qui consiste à former des liens affectifs avec l'enfant à naître.

L'haptonomie pendant la grossesse en est un bon exemple. L'haptonomiste enseigne aux parents comment communiquer avec l'enfant à naître par le toucher, à travers le ventre de la mère. En renforçant, par une caresse, l'intention claire d'établir un contact aimant avec l'enfant, on peut susciter facilement une réaction du fœtus. Il s'agit d'une expérience réellement extraordinaire tant pour les parents que pour l'enfant.

Si vous ne connaissez pas d'haptonomiste, prenez le temps de caresser votre ventre avec amour, en imaginant le bébé à l'intérieur. Transmettez-lui votre tendresse avec le bout des doigts, chantez-lui des berceuses ou faites-lui entendre de la musique. Tout peut être efficace. Lorsque cela est possible, il est toujours préférable d'inclure le père dans ces activités. L'élément le plus important, toutefois, est de rester constamment consciente du petit être qui grandit en vous et de lui envoyer vos pensées et vos sentiments d'amour.

Dans le meilleur des cas, la conclusion d'une grossesse est une naissance normale. Cette expérience capitale pour l'enfant a déjà fait l'objet de nombreux articles. Selon Verny et Kelly (voir note 4) : « [...] Pour la mère et pour le père, la naissance de l'enfant représente peut-être un souvenir impérissable, la réalisation du rêve de leur vie, mais pour l'enfant lui-même, il s'agit d'un événement d'une importance capitale, car il laisse à jamais son empreinte sur sa personnalité. Son entrée dans ce monde – douloureuse ou facile, douce ou violente – détermine en grande partie sa personnalité future et sa façon de percevoir le monde qui l'entoure. Qu'un être humain ait cinq, dix, quarante ou soixante-dix ans, une partie de lui regarde encore le monde avec les yeux du nouveau-né qu'il a été. Aucun d'entre nous n'échappe entièrement à la vague d'émotions qui nous submerge à la naissance. »

La naissance est le premier choc émotionnel et physique prolongé que subit un enfant. Même dans des conditions idéales, elle requiert des forces physiques colossales. Frédéric Leboyer a connu une certaine notoriété dans les années 70 quand il a lancé l'idée de la naissance sans violence. Il a tenté par son travail de sensibiliser les gens à l'importance d'aider les enfants à faire leur entrée dans le monde le plus harmonieusement possible. Il a encouragé les parents à éviter toute intervention médicale non essentielle, à baisser l'intensité lumineuse de la chambre de naissance de manière à ne pas aveugler le bébé quand il porte son premier regard sur son environnement, et à faire le moins de bruit possible afin de ne pas l'effrayer. Leboyer a insisté sur l'importance de traiter le bébé avec tendresse et amour dès ses premiers instants. Il décourage les tests non essentiels qui se font parfois tout de suite après la naissance et recommande que l'enfant soit laissé avec sa mère.

L'importance du développement dès l'apparition de solides liens affectifs entre une mère et son enfant a fait l'objet de nombreux articles. Même s'il est maintenant reconnu que la formation de tels liens ne se limite pas à la première heure de la vie, cette première heure est néanmoins très spéciale. En effet, dans la première heure après la naissance, le nouveau-né est habituellement réveillé et regarde sa mère en tétant. Il sent sa peau et entend le son familier de sa voix. Si le père, la mère et l'enfant peuvent rester seuls, cette courte période favorisera la formation de leurs liens affectifs et le bien-être émotionnel du bébé.

Il n'est pas rare que des clients fassent l'expérience d'une régression dans laquelle ils se sentent complètement abandonnés après leur naissance. Un sentiment accablant de solitude s'abat sur eux lorsqu'ils ressentent ce qu'ils ont éprouvé immédiatement après leur naissance, pendant ces moments où on les a laissés seuls. L'expérience est assez courante : la plupart des bébés sont prestement lavés, emmitouflés et déposés dans un berceau tandis que leurs parents célèbrent l'heureux événement ou que la mère, en cas de complications, reçoit des soins médicaux et que le père essaie de se remettre de l'épreuve ! Or, pendant tout ce temps, le nouveau-né est laissé à lui-même.

La naissance elle-même est une expérience difficile pour l'enfant. Comme on peut l'imaginer, quitter un endroit confiné et rempli d'un fluide tiède, où l'on était soutenu et protégé par les parois de l'utérus de sa mère, pour s'engager malaisément dans un tunnel étroit et sombre, d'où l'on sort finalement pour émerger dans un monde immense, aveuglant et froid où l'on n'a plus la sensation d'être soutenu, peut être pour une expérience traumatisante. Des études ont démontré que les bébés qui ont une naissance difficile sont plus tendus que les enfants qui ont eu une naissance facile.

Une étude menée par Adrian Raine[10] a révélé que les complications à la naissance, combinées à un fort rejet maternel, prédisposent les enfants à commettre des crimes violents à partir de l'âge de dix-huit ans environ. Dans une cohorte de plus de 4200 hommes présentant ces deux facteurs de risque, 4 % d'entre eux étaient responsables de 18 % des crimes violents (meurtre, agression, viol, vol à main armée, possession illégale d'armes à feu et menaces de violence).

Des études[11] portant sur de jeunes animaux ont démontré que l'exposition en très bas âge à un stress, même mineur, les rend plus tard dans leur vie beaucoup plus vulnérables à des changements dans leurs circuits neuronaux (changements dans le cerveau qui entraînent des modifications dans le comportement ou les sentiments) à la suite de traumatismes. C'est ce qui explique peut-être pourquoi les gens peuvent réagir très différemment à des événements traumatiques plus tard dans leur vie. Certains semblent y survivre assez bien, tandis que d'autres subissent de graves atteintes psychologiques. Une fois encore, ces découvertes montrent l'importance de la naissance et les conséquences d'une naissance difficile sur le degré de vulnérabilité aux événements traumatiques de la vie à l'âge adulte.

Une méthode d'accouchement ancienne, redécouverte assez récemment, est la « naissance dans l'eau ». La mère baigne dans de l'eau tiède (à la température du corps) pendant le travail et au moment de l'accouchement. Il y a de nombreux avantages à donner naissance de cette façon, tant pour le bébé que pour la mère. L'eau tiède aide la mère à se détendre (ce qui réduit le taux d'hormones de stress empêchant le travail). Ses contractions deviennent plus fortes et donc plus efficaces, tout en étant moins douloureuses. L'influence apaisante de l'eau tiède sur la mère l'aide à rester connectée avec son bébé pendant le travail, chose que le fœtus est capable de détecter, comme nous l'avons déjà mentionné. Toute connexion additionnelle qu'une mère peut garder avec son enfant pendant le travail et l'accouchement est très profitable pour l'enfant.

L'idée qu'il est préférable qu'un enfant naisse dans l'eau tiède plutôt que dans l'air froid ne fait pas l'unanimité. Certaines personnes pensent en effet qu'un enfant doit naître dans l'air pour qu'une nette transition se fasse entre le ventre de sa mère et la vie. Selon leur raisonnement, le passage dans l'eau tiède minimise l'écart entre l'intérieur et l'extérieur et laisse l'enfant « sans ancrage ». D'autres pensent que minimiser la difficulté de la transition hors de l'utérus est justement le principal avantage de la naissance dans l'eau. Après la longue, dure et orageuse expérience du travail et de l'accouchement, l'enfant qui naît dans l'eau ne subit pas le choc de l'air froid. Il naît dans un milieu beaucoup plus proche de celui auquel il était habitué, les seules différences étant la luminosité et l'espace.

Ma fille est née dans l'eau et j'ai été frappée par le fait qu'elle n'a pas pleuré une seule fois après sa naissance. Elle était parfaitement calme, tranquille et satisfaite quand je l'ai sortie de l'eau et lui ai donné le sein.

Comme je l'ai déjà expliqué, l'expérience de la naissance est moins douloureuse pour le bébé quand sa mère est capable de rester en contact avec lui pendant l'accouchement. Ce n'est pas toujours facile, surtout lorsque l'accouchement est douloureux. Néanmoins, toute l'attention qu'une femme peut consacrer à la communication avec son bébé à naître, ne serait-ce qu'entre deux contractions, est bénéfique pour le bébé. Comme on l'a vu, l'enfant à naître est très sensible à la force des liens affectifs entre sa maman et lui.

En régression, les gens font l'expérience consciente de leur naissance. Très souvent, ils sont habités par le sentiment d'avoir été laissés à eux-mêmes. Pour l'enfant qu'ils étaient, la naissance a été un combat solitaire et effrayant, car leur mère était accaparée par sa propre douleur.

Les lecteurs qui s'intéressent à la vie du fœtus, à la naissance et aux recherches scientifiques sur ces sujets peuvent consulter *Vie secrète de l'enfant avant sa naissance,* de Verny et Kelly. Il existe aussi d'excellents sites Web[12] où se renseigner.

En conclusion, j'aimerais encourager toute personne qui veut avoir une progéniture à se pencher sérieusement sur le sujet des besoins émotionnels et du développement de l'enfant. Sans vouloir minimiser l'importance des cours prénatals et le désir légitime d'aménager une belle chambre pour le nouveau-né, la chose la plus importante que vous puissiez faire pour votre poupon – et qui lui sera bénéfique toute sa vie – est de réfléchir à ses besoins émotionnels. Les cours prénatals sont fondamentalement muets à ce sujet, une lacune qui pourrait facilement être comblée. Les gouvernements devraient aider les futurs parents à se renseigner sur les besoins émotionnels des (petits) enfants en mettant ces aspects fondamentaux de la petite enfance au programme des cours prénatals. De cette façon, nous pourrions contribuer de manière importante à prévenir la souffrance des enfants ; des souffrances causées par une éducation bien intentionnée, mais émotionnellement nocive.

Comment dois-je élever mes enfants ?

Cette question se pose pendant le processus de guérison. Comme je viens de le mentionner, les réponses se présentent tout naturellement au cours du processus.

1. Être sensibles aux besoins de nos enfants
L'art d'être parents commence par une grande sensibilité aux besoins de nos enfants. Or, pour pouvoir faire la distinction entre nos besoins et ceux de nos rejetons, nous devons être capables de nous connecter à nos propres besoins qui n'ont pas été satisfaits pendant notre enfance. Si notre douleur à l'âge adulte nous pousse à contrôler, nous infligerons à notre enfant une structure inutilement rigide (par exemple, manger, prendre son bain ou aller au lit à la même heure tous les jours, quelles que soient les circonstances). Si notre douleur nous porte à nier tout ce qui est désagréable, nous tenterons de détourner l'attention de notre enfant chaque fois qu'il souffre ou se fait mal. Si nous avons souffert de négligence grave, nous risquons de devenir des parents étouffants qui privent leur enfant de la liberté d'explorer le monde.

En tant que parents, nous sommes souvent motivés non par les besoins de notre enfant, mais par nos besoins demeurés insatisfaits pendant notre enfance. Vous trouverez peut-être utile de noter sur papier toutes sortes de choses que vous vous surprenez à faire avec vos enfants. Vous pourrez ensuite vous demander dans quelle mesure vous répétez les expériences que vous avez vécues pendant votre enfance. Si vous n'êtes pas familier avec le travail de guérison décrit dans cet ouvrage, cet exercice pourrait être au-dessus de vos forces. Dans ce cas, je vous conseille de commencer votre travail de guérison en faisant les exercices présentés plus loin.

2. Prendre parti pour nos enfants

Dans l'éducation des enfants, les parents doivent avoir un parti pris favorable envers eux. Peu importe ce que ces derniers font ou pensent, il est essentiel de leur faire confiance et de leur manifester cette confiance ; de croire en eux et d'être de leur côté. De nombreux parents ont peur que leurs enfants deviennent « délinquants et antisociaux » s'ils ne leur imposent pas une discipline sévère dès le plus jeune âge. Le livre d'Alice Miller, *C'est pour ton bien*, décrit les ravages de cette « pédagogie toxique » sur notre pensée. Ces jugements négatifs sur la nature humaine qui contaminent notre pensée illustrent le fonctionnement de la défense primaire : dans notre for intérieur, nous nous dévalorisons ; alors, comment pouvons-nous avoir confiance en la valeur de nos enfants ?

De plus, la plupart des religions ont contribué au paradigme destructeur qui fait de nous les prisonniers d'une série de pensées et de comportements aux conséquences douloureuses en nous faisant croire que nous devons nous opposer à nos enfants au lieu de cheminer avec eux dans l'amour et la confiance. Lorsque nous prenons parti pour nos enfants, nous les aidons à s'épanouir sans les forcer à adhérer à nos normes et à nos valeurs. De cette façon, ils peuvent développer une solide confiance en eux-mêmes, au lieu d'une puissante défense primaire, comme la plupart d'entre nous l'avons fait quand nous étions jeunes.

Lorsque nous serons capables d'avoir confiance en la nature humaine et de croire que nos enfants sont fondamentalement bons et continueront de l'être si nous leur en laissons la chance, leur bonne conduite sera le reflet de leurs propres choix. Ces choix plus ou moins conscients, ils les feront de leur plein gré et non parce qu'ils ont été forcés ou manipulés, même très subtilement. Agir par choix et non par obligation ou par crainte de ce que les autres pourraient penser donne une longueur d'avance dans la vie : l'avantage d'être connecté à son soi.

3. Reconnaître nos torts envers nos enfants et leur présenter des excuses

Quand on élève des enfants, il est important de savoir reconnaître ses torts et de leur présenter ensuite des excuses. Par exemple, si je perds patience et que je me montre irritée, je m'en excuse auprès de mon fils de six ans. Si mon comportement colérique bouleverse ma fille de trois ans, je la prends sur mes genoux et je la console. Je lui dis que je suis désolée et je l'assure qu'elle n'a rien à voir avec ma saute d'humeur. Les enfants réagissent bien à ce genre d'attitude, qui leur montre que leurs parents les respectent. Ils savent aussi qu'en cas d'injustice leurs parents reconnaîtront leurs torts, leur présenteront des excuses *et* les consoleront.

Entre adultes, il est considéré comme étant de bon ton de reconnaître ses torts et de présenter ses excuses aux personnes qu'on a blessées. Comme il est triste que nous nous comportions si mal envers nos enfants et que nous ne sentions pas le besoin de faire de même avec eux !

4. Respecter toutes les émotions et laisser nos enfants exprimer les leurs

Les parents peuvent aussi contribuer au bien-être émotionnel de leurs enfants en respectant toutes leurs émotions et en leur permettant de les exprimer, sans exception. Quand nos enfants se sentent blessés, quand ils ont peur ou que les choses deviennent confuses dans leur esprit, il est important de les écouter et de les laisser exprimer pleinement leurs émotions, avant de voir s'il est possible de trouver une solution avec eux, s'ils le désirent. N'intervenez pas trop tôt ; laissez votre enfant vivre son émotion jusqu'au bout. Et, surtout, n'empêchez jamais un enfant de pleurer ! Pouvoir pleurer en présence d'un adulte empathique a des pouvoirs thérapeutiques sur un enfant.

a. *Les pleurs*

Pleurer est la seule ressource que possède un nouveau-né pour communiquer sa détresse. Il faut toujours prendre cette détresse au sérieux, car elle est pour le bébé aussi terrible qu'elle en a l'air.

On entend souvent de jeunes parents dire qu'ils laissent pleurer leur bébé environ quinze minutes avant de le prendre, parfois un peu plus, parce qu'ils se disent qu'ils ne doivent pas accourir au moindre caprice.

Commons et Miller, des chercheurs de l'université Harvard, ont démontré à quel point ce genre d'attitude peut être dommageable pour le bébé. Voici ce qu'écrit Alvin Powell[13] : « Selon Michael Commons et Patrice Miller, chercheurs au département de psychiatrie de la faculté de médecine, les parents américains devraient garder leur bébé auprès d'eux, le consoler quand il pleure et le prendre avec eux dans leur lit, où il se sentira en sécurité. Après avoir examiné les méthodes d'éducation en Amérique et dans d'autres cultures, les deux chercheurs ont conclu que la pratique très répandue qui consiste à faire dormir les bébés dans des lits séparés – ou même dans une autre chambre – et à les ignorer quand ils pleurent pourrait expliquer le nombre plus élevé d'incidents de stress post-traumatiques et de troubles paniques chez les adultes américains. Le stress de séparation que vivent les nouveau-nés engendre dans leur cerveau des changements qui feront d'eux des adultes plus sensibles au stress de la vie. *Les parents devraient savoir que laisser un bébé pleurer inutilement lui cause des dommages permanents* (c'est l'auteur qui souligne). Cette pratique modifie son système nerveux et le rend plus sensible aux traumatismes futurs. »

Les résultats de cette étude de l'université Harvard sont identiques à ceux de l'étude mentionnée plus tôt. En effet, les animaux exposés très jeunes à un léger stress sont, plus tard dans leur vie, plus vulnérables que les autres aux changements que causent les traumatismes dans leurs circuits neuronaux.

On ne pourrait trouver de meilleure raison de ne pas laisser les bébés pleurer la nuit. Si cela est possible, prenez votre enfant aussitôt qu'il pleure, le jour comme la nuit, et restez avec lui jusqu'à ce qu'il se soit calmé.

b. *La peur*

Laissez vos enfants exprimer leurs peurs et leurs émotions « irrationnelles » et prenez ces dernières au sérieux, par exemple leur peur d'être dans le noir ou d'être seuls dans leur chambre. Lorsque mes enfants ont peur, j'estime qu'ils éprouvent une émotion terrible et que je dois les soutenir au lieu de me moquer d'eux ; les apaiser au lieu de minimiser leur peur. Celle-ci a un motif réel.

c. *La colère*

La colère est une émotion que nous devrions permettre aux enfants d'exprimer librement. Certaines frustrations sont très difficiles à supporter quand on est petit et impuissant. Il est donc compréhensible que les enfants se mettent en colère de temps à autre. Il n'y a rien de mal à exprimer sa colère pourvu que cela ne fasse de mal à personne. En conséquence, l'enfant qui a le droit de laisser libre cours à sa colère doit donc être encouragé à l'exprimer d'une manière qui ne fait pas de mal à son entourage. S'il fait des colères répétées, on peut conclure à la présence d'un problème plus profond avec lequel il est incapable de composer tout seul, comme par exemple une menace, une injustice ou un sentiment d'impuissance.

Les parents sont souvent très étonnés de l'intensité de la colère et de la résistance de leur enfant à leur égard. Pourtant, la colère et la résistance ne sont-elles pas des réactions saines et naturelles quand il faut se conformer jour après jour à toutes sortes de règles et d'attentes, tout en n'ayant pratiquement aucun contrôle sur sa vie ?

5. Donner une « voix » à nos enfants

L'idée de donner une « voix » à nos enfants, proposée par Richard Grossman, Ph.D.[14], peut être utile aux parents qui cherchent des lignes directrices. Dans le cadre d'une collaboration spéciale au site Web du Natural Child Project (www.naturalchild.com), il a écrit : « Quand on élève une famille, l'un des facteurs psychologiques les plus importants est de donner une "voix" aux enfants. » Qu'entend-il par « voix » ? « Le sentiment de pouvoir agir qui réside en chacun de nous, qui nous sonne la certitude que nous serons entendus et que nous aurons une influence sur notre environnement. Les parents exceptionnels accordent à leur enfant une voix égale à la leur dès le premier jour de sa vie. Et ils respectent cette voix autant que la leur [...]. »

Comment pouvons-nous donner une « voix » à nos enfants ? Voici les trois règles à suivre :

1. Partez du principe que l'opinion de vos enfants sur le monde est aussi importante que la vôtre.
2. Dites-vous que vous pouvez apprendre autant de vos enfants qu'ils peuvent apprendre de vous.
3. Entrez dans leur univers par le jeu, les activités, les discussions ; n'attendez pas qu'ils entrent dans le vôtre pour communiquer.

Ces trois « règles » ne sont pas faciles à suivre. Les parents qui luttent encore pour faire entendre leur propre voix – en raison de blessures du passé – sont souvent incapables d'y arriver sans aide. En fait, ces parents sont susceptibles d'imposer leur voix à leurs enfants et d'exiger que ces derniers les écoutent.

Il est important d'appliquer ces règles dès la naissance de l'enfant. Un bambin apprend très tôt ce que signifie « avoir une voix », mais si la période critique passe sans que son sentiment de pouvoir agir se développe, il est parfois difficile, voire impossible, de lui inculquer cette notion [...]. Si les parents de l'enfant n'entrent pas dans son monde mais exigent plutôt qu'il entre dans le leur pour communiquer, les dommages qu'ils lui causent peuvent durer toute la vie [...]. Les enfants qui n'ont pas de « voix » deviennent des adultes doux, sensibles et sans prétention. Ils sont généreux et soucieux de leur prochain, comme en témoignent leurs activités de bénévolat dans des organisations caritatives, des refuges d'animaux, et ainsi de suite. Il leur arrive souvent de ressentir la douleur des autres comme si elle était la leur et ils sont rongés par la culpabilité lorsqu'ils sont impuissants à la soulager. Malheureusement, ces qualités sont le résultat direct du refoulement de leur « voix ». Or, rester sans voix peut faire très mal.

Le fait d'avoir une « voix » nous aide à rester en contact avec notre soi ; celui avec lequel nous sommes nés, mais que nous pouvons perdre si facilement, et en l'absence duquel nous cherchons nos références auprès des autres (nous fiant davantage à notre perception de leurs désirs ou de leurs souhaits) au lieu d'écouter notre voix intérieure.

6. Respecter l'intégrité physique de nos enfants

Je pensais cette question réglée depuis longtemps, mais malheureusement certains parents pensent vraiment avoir le droit de toucher le corps de leurs enfants de la manière qu'ils jugent, eux, appropriée à certains moments et dans certaines circonstances. La plupart des parents, mais pas tous, reconnaissent que le toucher de nature sexuelle ou érotique ne convient pas.

Voici des touchers que beaucoup de gens estiment appropriés mais qui ne le sont jamais :

– Donner une fessée à un enfant ou le frapper.

Même une petite tape sur les fesses est un signe de manque de respect qui devrait être évité en tout temps.

– Pousser, tirer, traîner un enfant ou serrer une partie de son corps.

Être poussé ou tiré par un parent irrité est, pour un enfant, une expérience humiliante qui devrait toujours lui être évitée. Serrer le bras ou la jambe d'un enfant, ou pire encore, lui comprimer le visage, ne se justifie en aucune occasion.

– L'affection physique non désirée

Certains enfants ne veulent pas que leurs parents ou qui que ce soit d'autre les embrassent, les serrent dans leurs bras, les cajolent, les caressent, etc. Il faut respecter ces désirs. Souvent, les adultes ont besoin d'être physiquement affectueux et utilisent leur enfant pour satisfaire ce besoin. Ils se sentent rejetés si l'enfant résiste et ils peuvent même se mettre en colère contre lui. Tout comme nous devons respecter les désirs d'intimité physique d'un adulte, nous devons respecter ceux de nos enfants.

En résumé : Ne touchez jamais votre enfant sans son consentement, y compris pour lui manifester des signes d'affection. Si votre enfant ne veut pas être embrassé, serré dans les bras, etc., ne le forcez pas. Respecter ses désirs est une bien meilleure façon de lui manifester votre affection.

Voici d'autres exemples de manque de respect de l'intégrité physique des enfants :

– Forcer l'enfant à faire des câlins à un parent ou à un autre adulte ; à embrasser cette personne ou à lui manifester son affection.

Trop souvent, on force les enfants à faire des câlins à papa, à embrasser maman ou à dire à grand-maman qu'ils l'aiment, etc. Forcer de jeunes enfants à être affectueux quand ils n'en ont pas envie est contre-indiqué, même si d'aucuns y voient une manifestation de gentillesse.

Un enfant doit apprendre qu'il peut manifester son affection comme il le veut, envers qui il veut et quand il le veut. Forcer un enfant à faire une démonstration d'affection est un manque de respect à son égard, qui peut nuire à son développement, notamment à sa capacité de rester connecté à son soi.

7. Pensées, pulsions et attirance sexuelles envers nos enfants

J'aimerais finalement faire quelques remarques sur les pensées de nature sexuelle qui peuvent nous effleurer l'esprit quand nous nous occupons de nos enfants. Il n'est pas inhabituel que des parents se sentent troublés devant les pensées et les sentiments qu'ils éprouvent en prenant soin de leurs enfants : en changeant leur couche, en leur donnant un bain, en leur faisant des câlins et en les caressant. Comme nous sommes confrontés directement et régulièrement au corps et aux organes génitaux de nos enfants quand ils sont encore très jeunes et ont besoin de soins physiques, il est normal que des pensées sexuelles « surgissent » dans notre esprit, et elles n'ont probablement aucune signification. Cependant, si ces pensées s'accompagnent de pulsions, aussi étrangères et malvenues soient-elles dans notre esprit conscient, comme la pulsion de toucher ou de stimuler notre enfant sexuellement, ou si nous nous sentons sexuellement excités, il est important, vital même, de nous rappeler que ces touchers sont condamnables en tout temps.

Ces penchants et ces sentiments sont dans la plupart des cas le résultat direct d'abus sexuels subis pendant notre propre enfance. Dans bien des cas, nous n'avons aucun souvenir de l'agression, qui peut s'être produite à un très jeune âge et avoir consisté « seulement » en attouchements ou en stimulation des organes génitaux. Le fantasme de toucher nos enfants de manière sexuelle ne fait pas de nous des agresseurs d'enfants. Si ces pensées vous viennent à l'esprit sans que vous ayez la moindre intention de les traduire en actes, peut-être devriez-vous tenter de vous rappeler ce qui vous est arrivé quand vous étiez enfant. Il est probable que vous ayez été au moins stimulé sexuellement soit par un parent, soit par une sœur ou un frère plus âgé. Par ailleurs, si vous vous rendez compte qu'il est possible que vous passiez à l'acte, il faut absolument solliciter l'aide d'un professionnel. Vous découvrirez probablement que vous avez été victime d'abus sexuels et il est de la plus haute importance d'éviter de faire une autre victime. Les agressions ou la « simple » stimulation sexuelles sont beaucoup plus répandues que ne veut le reconnaître la société. Un grand nombre de personnes ont besoin de se guérir de ce genre d'abus, afin de pouvoir empêcher que leurs enfants deviennent à leur tour les victimes de leur propre douleur non résolue.

Dois-je pardonner à mes parents ?

Une fois que nous avons commencé à faire notre propre travail sur nos émotions, nous comprenons de plus en plus clairement le rôle qu'ont joué nos parents pendant notre enfance. À mesure que nos souvenirs pénibles remontent à la surface, nous apprenons à relier la douleur que nous avons refoulée aux traitements que nous ont fait subir nos parents. Souvent, pendant la première phase de la thérapie, l'image que les clients se font de leurs parents est pire que celle qu'ils avaient d'eux avant d'entrer en thérapie. Certains clients peuvent même passer par une phase d'intense aversion pour leurs parents, tandis que d'autres décident de ne plus jamais les revoir. Quoi qu'il en soit, les clients se demandent souvent (question déjà soulevée au début de la thérapie) si le pardon est nécessaire à la guérison.
On peut aborder cette question sous trois angles :

1. Pardonner n'est pas essentiel à la guérison
Pour guérir, il faut ressentir son ancienne douleur, tout en reconnaissant qui en est l'auteur. Le désir de pardonner à ses parents et

d'essayer de les comprendre peut avoir un effet préjudiciable sur le processus de guérison, surtout au début de la thérapie. La compréhension et le pardon servent surtout à nous empêcher d'admettre toute la vérité sur notre passé. Or, si nous n'admettons pas entièrement la vérité sur notre passé, nous sommes incapables de la ressentir. Dans ce cas, pardonner à nos parents avant d'avoir accédé à notre ancienne réalité ne nous sera d'aucune utilité. Au contraire, cela pourrait nous nuire sérieusement.

2. **Pardonner ou ne pas pardonner n'a pas d'incidence sur la thérapie de la PRI**

La thérapie de la PRI a pour but de nous apprendre à démanteler nos mécanismes de défense afin que nous puissions nous guérir des effets des blessures du passé dans notre vie adulte et progresser vers une conscience unifiée. Notre relation actuelle avec nos parents n'est d'aucune pertinence, car elle ne peut influencer ni le passé ni les symboles que nous affrontons dans le présent. Naturellement, il est plus agréable d'avoir avec nos parents une relation adulte saine (faite de respect mutuel, d'égalité et d'ouverture), mais les adultes que nous sommes devenus peuvent se passer d'une telle relation. Nous pouvons survivre sans eux, aussi malheureuse que puisse être cette situation. C'est l'enfant que nous étions qui avait besoin de ses parents, pas l'adulte que nous sommes devenus.

3. **Rester très en colère contre nos parents prouve que nous ne sommes pas complètement guéris**

Lorsque nous restons très en colère contre nos parents, c'est souvent parce que nous utilisons le faux pouvoir pour éviter de ressentir l'ancienne douleur qu'ils continuent à faire surgir en nous. Dans ce cas, nous devons faire des efforts renouvelés pour faire face à notre ancienne douleur et la ressentir. Notre colère signifie que nos parents demeurent le symbole des parents qu'ils étaient quand nous étions des enfants. Ce phénomène est très courant et explique en partie pourquoi nos relations avec nos parents peuvent être, par moments, très chaotiques. En résumé, il n'est pas nécessaire de pardonner à ses parents pour guérir, mais toute émotion excessivement intense à leur endroit (colère ou irritation extrême, faux espoirs, indifférence, déni de tout besoin) est un signe qui nous dit clairement qu'il nous reste du travail à faire.

Dans ce contexte, il est important que nous nous rendions compte que nous pouvons nous aussi représenter un symbole pour nos parents. Par exemple, si votre mère a l'impression que vous la rejetez et si elle se défend, quoi que vous fassiez, en vous blâmant de tous ses maux, vous devriez vous demander si vous ne représentez pas un symbole pour elle. Les parents représentent constamment des symboles pour leurs enfants devenus adultes, et vice-versa. Votre père attend-il de vous que vous résolviez tous les problèmes familiaux ? Vous traite-t-il avec mépris ? Vous manque-t-il de respect parce que vous n'avez pas fait une brillante carrière ? Ce genre de comportement montre que les parents font des symboles de leurs enfants afin de combler un de leurs besoins, puis qu'ils se défendent contre la douleur de ne pas voir ce besoin satisfait.

La guérison aura une influence marquante sur de nombreuses facettes de notre vie et, par conséquent, sur notre avenir en tant qu'individus et membres de la société. Nous deviendrons de bien meilleurs parents que nous le sommes aujourd'hui, malgré tous nos efforts pour faire de notre mieux. Lorsque nous faisons de notre mieux tout en continuant à porter le fardeau de nos vieilles douleurs refoulées – ce qui nous porte trop souvent à agir de manière défensive –, nous ne pouvons pas être sensibles aux véritables besoins de nos enfants. Ce n'est qu'en guérissant notre ancienne douleur refoulée et en démantelant nos mécanismes de défense que nous pouvons reconnaître pleinement quels étaient nos besoins quand nous étions enfants, ce qu'ils sont devenus aujourd'hui, et s'il est urgent de les affronter. C'est ce cheminement qui nous aide à changer la façon dont nous élevons nos enfants, tout en permettant à ces derniers de rester en contact avec leur soi. Ainsi, nous mettons fin au cycle destructeur qui inflige de la douleur à nos enfants.

NOTES

1. Jeannette Meijvogel, *Paddentong, Xeno*, Groningen, 1999.
2. D. Purpura, « Consciousness, Behavior Today », dans *Vie secrète de l'enfant avant sa naissance*, de Verny et Kelly, Grasset, 1982.
3. David Chamberlain, Ph.D., *The Mind of Your Newborn Baby*, North Atlantic Books, Berkeley, Cal., 1998.
4. Thomas Verny, M.D., en collaboration avec John Kelly, *Vie secrète de l'enfant avant sa naissance*, Grasset, 1982.
5. Michael Lieberman, *Smoking, in Fetal Growth and Development*, par H.A. Weisman et G.R. Kerr, McGraw Hill, N.Y., 1970.
6. Dennis Scott, « Effects of different stresses, Follow-up Study from Birth of the Effects of Prenatal Stresses », *Developmental Medecine and Child Neurology*, n° 15.
7. M. Lukesh, « Psychologische Faktoren der Schwangerschaft », dissertation, Université de Salzbourg, 1975, dans *Vie secrète de l'enfant avant sa naissance (op. cit).*
8. G. Rottman, « Untersuchungen uber Einstellung zur Schwangerschaft und zur fotalen Entwiklung, Geist und Psuche », *Kinder Verlag*, Munchen, 1974, dans *Vie secrète de l'enfant avant sa naissance (op. cit).*
9. Expérience interculturelle, cité dans l'ouvrage de D.B. Chamberlain *The Mind of Your Newborn Baby (op. cit).*
10. Adrian Raine, cité dans l'ouvrage de D.B. Chamberlain *The Mind of Your Newborn Baby, (op. cit).*
11. D. Goleman, *L'intelligence émotionnelle*, op. cit.
12. Sites Web sur l'art d'être parents, la grossesse et la naissance : www.naturalchild.com (un site exhaustif contenant beaucoup d'informations intéressantes sur les bébés, les enfants et l'art d'être parents). www.birthpsychology.com (plusieurs aspects mentaux et émotionnels de la grossesse et de la naissance, articles scientifiques, récits personnels et percées récentes).
13. A. Powell. Les chercheurs de Harvard disent que les enfants ont besoin de contacts tactiles et d'attention, *Harvard Gazette*, 1998.
14. Richard Grossman, Ph.D. « Giving Your Child « Voice » : The 3 rules of parenting », publié sur le site Web www.naturalchild.com, 2000.

Voici le kit de construction d'un enfant
Utilisez-le oubliez-le battez-le
Négligez-le à votre guise
Mort mort
Peur à mort

« Kit de construction d'un enfant »

« Abysses du désir »
- besoins non comblés

« Établir le contact »
- au-delà de l'espoir de contact

« La chute »
Près de la division de la conscience

« C'est cela »
- la division de la conscience

Chapitre 5

EXERCICES PRATIQUES

Comme je l'ai mentionné dans l'introduction, je conseille au lecteur de lire entièrement ce chapitre et le chapitre 6 avant de faire les exercices qui suivent. Ce chapitre vous explicite la logique sous-tendant la conception des exercices. Ils seront plus faciles à faire dans l'ordre suggéré. Le chapitre 6 vous offrira un aperçu des obstacles auxquels vous pourriez vous heurter, ce qui vous aidera à résoudre vos problèmes si vous restez coincés en cours de route. Bonne chance !

Avant de commencer la description des exercices, permettez-moi de résumer toutes les stratégies auxquelles nous avons recours pour nier la douloureuse vérité au sujet de notre enfance. Si vous pensez ne pas avoir besoin de faire ces exercices parce que votre enfance n'a pas été tellement malheureuse, passez à l'exercice suivant. Parmi les remarques ci-dessous, attardez-vous sur celles qui peuvent avoir trait à votre enfance. De cette façon, vous pourrez déterminer quel est votre degré de déni. Ce résumé est tiré de *Reclaiming Your Life* :

Minimiser

Vous minimisez lorsque, connaissant la vérité, vous essayez de vous convaincre qu'elle a eu moins d'impact qu'elle n'en a eu en réalité. Les personnes qui minimisent se disent :

« D'autres ont eu bien plus de difficultés que moi. »

« Je sais qu'un tel, une telle... mais cela n'est pas arrivé souvent. »

« Je n'y ai jamais fait attention. »

« Cela ne me dérangeait pas vraiment. »

« Je n'étais jamais à la maison, cela ne m'a donc pas affecté. »

Résister

Vous résistez lorsque, connaissant la vérité, vous essayez de vous persuader qu'elle n'a aucune incidence sur votre vie adulte. Les personnes qui résistent disent des choses comme :

« Cela s'est passé il y a très longtemps. »

« Le passé, c'est le passé ; maintenant, c'est le présent. »

« Il y a longtemps que je n'y pense plus (ou que j'ai fait la paix avec eux).

« Je le sais depuis des années ; je veux juste vivre ma vie maintenant. »

« Je n'ai plus rien à faire avec eux. »

« C'est ce qui s'est passé, on n'y peut rien. »

Omettre/bloquer

Lorsque vous omettez ou bloquez, vous vous rappelez seulement les moments agréables de votre enfance ; vous avez peu de souvenirs, ou pas du tout. Les personnes qui omettent ou bloquent sont susceptibles de dire :

« Je n'en ai aucun souvenir. »

« Je ne me rappelle pas qu'il y ait eu des problèmes. »

« J'ai eu une enfance merveilleuse, nous faisions des voyages, etc. »

Équilibrer

Lorsque vous équilibrez, vous connaissez la vérité, mais vous pensez que le « mauvais » est compensé par le « bon ». Ce faisant, vous pouvez dire :

«Je sais qu'un tel, une telle... mais je m'en suis sorti indemne.»
«Cela m'a rendu plus fort (m'a fait du bien).
«Nous n'avons jamais manqué de rien.»
«Je pouvais toujours me tourner vers maman (ou papa).»
«Je savais [ou nous savions] qu'ils nous aimaient.»
«C'est bon pour le caractère.»
«Ce sont quand même de bonnes personnes.»

Excuser/justifier
Dans cette forme de déni, vous reconnaissez l'ancienne réalité, mais trouvez des explications pour la justifier. Vous vous surprenez à dire:
«Je le méritais.»
«Tout le monde le faisait à l'époque.»
«C'était tout ce qu'elle connaissait [ou tout ce qu'il connaissait].»
«Nous savions qu'ils nous aimaient, mais ils étaient incapables d'exprimer leur amour pour nous.»
«Ils ont fait de leur mieux.»

Avez-vous trouvé une ou deux catégories de déni que vous êtes enclin à utiliser pour nier la vérité au sujet de votre enfance? Si vous comprenez que ces phrases expriment un déni de votre ancienne vérité et de ses effets sur votre vie actuelle, vous pouvez poursuivre votre lecture. Si, au lieu d'exprimer un déni, ces phrases ont du sens pour vous, je vous conseille de relire [ou de lire] l'ouvrage de Jean Jenson avant de continuer.

Prendre la responsabilité de nos émotions

Une fois le cadre théorique compris, l'étape suivante consiste à commencer à se surveiller quotidiennement. L'esprit est tellement ancré dans sa «routine» qu'il faut, au début, beaucoup de détermination et de discipline personnelle pour se surveiller constamment.

Nous ne sommes pas habitués à nous observer: «Qu'est-ce que je fais? Quelles sont mes émotions?»; «Qu'est-ce que je cherche à obtenir ou à éviter en me comportant comme ceci ou comme cela ? » ; « Quand ai-je commencé à avoir de tels sentiments ? » Nous vivons plus ou moins impulsivement et, quand les choses tournent mal, nous en faisons porter le blâme à notre entourage, au monde entier, au destin, ou même à Dieu !

Les recherches de Jones et Nisbett[1] ont montré que nous sommes tous portés à adopter cette attitude fondamentale. L'acteur est enclin à expliquer son comportement en raison de facteurs externes, tandis que l'observateur est porté à expliquer le comportement de l'acteur en fonction de caractéristiques intrinsèques. Cet effet peut même jouer dans le cas d'un comportement « positif ». Par exemple, un homme offre un cadeau à sa maîtresse. Impressionnée, celle-ci le remercie de sa gentillesse, de sa délicatesse, de sa générosité – et fait allusion discrètement à son daltonisme... Lui, de son côté, se dit (sans en faire la remarque à sa maîtresse) qu'il a acheté la robe *très* colorée parce qu'il savait qu'elle serait désappointée, et peut-être même en colère, s'il ne lui offrait rien. Mais comme il n'avait pas le temps de courir les magasins pour trouver un cadeau idéal, il s'était rabattu sur une robe aux couleurs affreuses.

Le scandale du Watergate en est un autre exemple. Un grand nombre des personnes impliquées dans cette affaire ont affirmé qu'elles ne faisaient que suivre les ordres, tandis que les « gros bonnets » affirmaient qu'ils avaient agi dans l'intérêt national. Bref, tous les acteurs ont trouvé des facteurs atténuants extérieurs. Mais au cours de l'été 1974, une majorité de citoyens – observateurs par médias interposés – estimaient que les participants étaient foncièrement malhonnêtes, avides de pouvoir et paranoïaques. Les observateurs insistaient sur des facteurs intrinsèques. » C'est ce qu'on appelle l'effet acteur-observateur.

Pour que la thérapie de la PRI nous guérisse, nous devons commencer par contrecarrer cette tendance en cherchant en nous-mêmes la cause primaire de notre comportement et de nos réactions. Même dans le cas d'un événement dont nous ne sommes pas responsables, – comme lorsqu'une auto nous éclabousse en passant dans une flaque d'eau boueuse – nous devons chercher en nous-mêmes le pourquoi et le comment de nos réactions.

Imaginez cette situation : un autobus passe à toute vitesse dans une grosse flaque et vous éclabousse de boue. Comment vous sentez-vous, que faites-vous ? Prenez un instant pour imaginer la scène et votre réaction la plus probable.

La colère

Certains d'entre nous voient rouge, brandissent un poing dans la direction du chauffeur et l'invectivent. Si vous vous mettez en colère dans ce genre de situation, vous pensez sans doute que tout le monde ferait comme vous en pareilles circonstances. Or, ce n'est pas le cas, car nous réagissons tous différemment à diverses situations.

La peur

D'autres éprouvent de la crainte. Si une personne est prise au dépourvu devant ce type de situation, si elle a l'impression d'être la victime d'un chauffeur d'autobus agressif, elle peut ne plus se sentir en sécurité dans la rue. Si c'est votre cas, vous ne songez même pas à exprimer votre colère au chauffeur, car vous vous dites qu'il pourrait vous répondre brutalement. Vous pourriez aussi vous dire que tout le monde réagit de cette façon.

Le blâme

D'autres se reprochent d'avoir marché trop près du bord du trottoir. Ils se reprochent de ne pas avoir remarqué les flaques d'eau, de ne pas avoir pensé qu'une voiture ou un autobus pouvait les éclabousser. Après tout, on ne peut pas demander à un chauffeur d'autobus de se préoccuper des flaques d'eau et des piétons ! Il vaut mieux qu'il garde les yeux sur la route !

Le déni

D'autres personnes se demandent, elles, pourquoi il faut en faire tout en plat. Il pleut, on est toujours éclaboussé, d'une manière ou d'une autre, et les vêtements finissent par sécher ! Pas la peine d'en faire une montagne !

Vous voyez ? Nous réagissons tous, et comme nos réactions nous semblent logiques, nous nous étonnons lorsque des gens réagissent différemment devant la même situation. Nous oublions qu'en fin de compte, nos réactions reflètent notre façon intrinsèque de composer avec la réalité. Pour que la thérapie de la PRI soit efficace, nous devons être disposés à accepter entièrement l'idée de notre propre responsabilité. Si nous continuons à nous leurrer et à ne voir dans nos actes qu'une réaction naturelle à ce qui se passe dans le présent, nous ne saurons pas reconnaître les symboles auxquels nous nous heurtons.

En conséquence, chaque fois que nous ressentirons un malaise, nous continuerons à croire qu'il est attribuable aux faits et aux gestes d'une personne dans le moment présent (ou dans un passé très récent).

Si vous voulez vous guérir, oubliez cette idée IMMÉDIATEMENT. Assumez la responsabilité de vos émotions et de vos actes. Alors, seulement, vous pourrez prendre le contrôle de votre processus de guérison. Tant et aussi longtemps que vous vous sentirez à la merci du comportement des autres, il vous sera impossible de commencer à travailler sérieusement à votre bien-être émotionnel. Demandez-vous ceci. Si je crois que mes émotions sont causées par les faits et les gestes des autres, comment puis-je vraiment prendre ma vie en main ?

Compte tenu de l'importance de cette question, je vous suggère de fermer les yeux et d'y réfléchir pendant quelques minutes : « Suis-je vraiment prêt à assumer la responsabilité de mes émotions ? Pas une ou deux fois, mais tout le temps ? » Observez ce qui se passe dans votre corps quand vous vous posez cette question et vous aurez une idée de la résistance que vous opposez à cette notion. Lorsque vous vous sentirez vraiment disposé à franchir cette difficile étape, fermez les yeux de nouveau et faites un vœu : « Je suis la seule personne responsable de toutes mes émotions, et c'est ce qui va me permettre de *me* guérir. » Prenez le temps de ressentir, dans toutes les cellules de votre corps, la puissance de ce vœu, son authenticité et votre propre détermination. Puis attaquez-vous aux exercices.

Le travail de base

Cet exercice est le fondement du processus de guérison. Si vous suivez toutes les étapes et si vous les appliquez assidûment, tel qu'il est décrit ci-dessous, vous constaterez que certains changements commencent à s'opérer en vous. Toutefois, ces changements pour le mieux ne peuvent survenir que si vous faites preuve d'application lorsque vous faites l'exercice. La plupart des gens abordent de nouveaux projets avec enthousiasme, mais ont peine à tenir leurs bonnes résolutions. Comme dans bien d'autres aspects de la vie, c'est la persévérance qui présidera à votre réussite. Si vous suivez fidèlement mes conseils, vous remarquerez très vite des améliorations, et c'est ce qui vous motivera à poursuivre le voyage.

Première étape : La préparation

Pour vous aider à repérer les parties du texte qui constituent des instructions précises, nous les avons mises en italique.

Avant de passer aux étapes suivantes, vous devez non seulement avoir une idée générale de ce que sont les défenses et de la façon dont elles se manifestent, mais vous devez aussi pouvoir reconnaître vos propres défenses et voir comment elles se manifestent dans votre vie de tous les jours. La lecture du chapitre 2 vous a sans doute été utile, mais j'ai également conçu trois tests pour vous aider à distinguer la conscience d'adulte de la conscience d'enfant (annexe 1), à bien cerner le déni des besoins, les faux espoirs, le faux pouvoir, ainsi que la défense primaire et la peur (annexe 2), et à reconnaître vos propres défenses (annexe 3).

Faites les tests dans l'ordre qui suit:
Annexe 1 – Distinction entre la conscience d'adulte et la conscience d'enfant;

Annexe 2 – Distinction entre le déni des besoins, les faux espoirs, le faux pouvoir et la peur;

Annexe 3 - Test pour déterminer le profil de vos mécanismes de défense.

Distinction entre la conscience d'adulte et la conscience d'enfant
Si vous obtenez un résultat peu élevé à ce test (moins de 15 bonnes réponses), reportez-vous au chapitre 2 et relisez-le. Prenez soin de le lire lentement pour avoir le temps de bien assimiler toutes les informations qu'il contient. Il est important de pouvoir distinguer entre les énoncés qui reflètent une réalité adulte et ceux qui reflètent la réalité d'un enfant.

Test pour distinguer les mécanismes de défense
Si vous obtenez un résultat plutôt faible (moins de 12 bonnes réponses), reportez-vous au chapitre 2, relisez-le et refaites le test. Si vous avez l'impression de mieux comprendre ce que sont les mécanismes de défense, vous êtes prêt à passer à la deuxième étape : la mesure de base.

Le test pour distinguer les différents mécanismes de défense et le test pour déterminer le profil de vos mécanismes de défense peuvent vous aider à mieux saisir d'abord les mécanismes de défenses en général, puis les vôtres en particulier.

Il est important que vous sachiez reconnaître vos réactions de défense avant de tenter de déterminer votre mesure de base. Si vous avez toujours des difficultés à le faire après avoir lu le chapitre 2 à deux reprises, faites l'exercice suivant avant de continuer :

À un moment précis de la journée, prenez le temps de relire les phrases défensives contenues dans les annexes 2 et 3. Voyez si, pendant la journée, il s'est produit un incident qui vous a fait penser une de ces phrases ou quelque chose de semblable. Par exemple, une remarque comme « je suis toujours étonnée d'apprendre que les gens m'aiment bien » a une parenté indéniable avec « je ne m'attends pas à ce qu'on m'aime » ou « je n'arrive pas à croire qu'on m'invite à cette soirée », et ainsi de suite. Continuez à faire cet exercice tous les jours jusqu'à ce que vous preniez conscience de tous ces moments où vous vous mettez sur la défensive.

Certaines de nos défenses sont tellement bien intégrées à l'image que nous nous faisons de nous-mêmes que nous sommes incapables de les voir pour ce qu'elles sont. En fait, il est toujours difficile de les reconnaître toutes par nous-mêmes. Il est parfois utile de consulter un thérapeute qui connaît la PRI afin qu'il nous aide à voir tous nos angles morts.

Voyons le cas de Joanne, une femme qui a une vie sociale très active. Elle reçoit beaucoup et accepte toutes les invitations qu'on lui fait. Elle est autant appréciée comme hôtesse que comme invitée. Tous ses week-ends sont occupés par des réceptions et des activités mondaines. Même après une dure semaine de travail, il n'est pas rare qu'elle donne une réception ou prenne part à quelque soirée. Elle se couche rarement avant une ou deux heures du matin. Elle a trente-cinq ans et est aussi populaire et sociable qu'à quinze ans. C'est sa personnalité.

Il y a de fortes chances que Joanne ne voie pas de mécanisme de défense dans sa vie sociale effrénée. Ce style lui plaît et plaît à ses amis. Hélas, son nouvel amoureux aime être au lit à 22 heures. C'est son problème, pas le sien… !

Il se peut malgré tout que ce tourbillon d'activités soit une manifestation d'un mécanisme de défense – comme le déni des besoins ou les faux espoirs. Si Joanne participe à toutes ces activités sociales dans l'espoir d'obtenir quelque chose, ne serait-ce que de l'attention, de la chaleur, de l'intimité, etc., elle pourrait être en proie à de faux espoirs. Si elle s'agite afin d'éviter des responsabilités, ou une réelle intimité avec son amoureux, par exemple, il peut s'agir de déni des besoins.

Comme on peut le voir, un comportement en apparence « normal » peut, lorsqu'on y regarde de plus près, n'être rien d'autre qu'une défense.

Acceptez d'examiner tous vos faits et gestes, vos pensées, vos sentiments et vos convictions. Vos défenses pourraient être beaucoup plus nombreuses que vous ne l'imaginez. Quand vous affirmez ou pensez: « Je suis tout simplement comme ça », prenez conscience qu'un mécanisme de défense intrinsèque pourrait être à l'œuvre.

Deuxième étape : La mesure de base

Pour pouvoir constater des changements, il faut d'abord observer l'état actuel des choses. Ce n'est qu'après cet examen que l'on peut tenter de le modifier. Cette première évaluation du degré de votre comportement est ce qu'on appelle la mesure de base.

Pendant deux semaines, remarquez tous les incidents qui provoquent en vous une réaction défensive ; déni des besoins, faux espoirs, faux pouvoir, défense primaire ou peur. Notez le type de défense que vous avez utilisé, en quoi consistait votre comportement défensif et quel incident l'a provoqué – le symbole. Vous pouvez utiliser les pages suivantes pour noter vos observations de base. Voici quelques exemples.

Défense	Comportement	Symbole
Faux pouvoir	J'étais furieuse et j'ai cherché querelle à mon mari.	Mon mari qui ne ramasse pas ses affaires.
Faux espoirs	J'essaie d'impressionner ma mère en faisant méticuleusement le ménage.	Ma mère et son œil critique.
Déni des besoins	J'ai fait comme si tout allait bien alors que j'avais besoin d'aide.	J'ai déjà demandé à un ami de m'aider à repeindre la maison, mais il refusé.
Défense primaire	J'ai quitté la réception en me sentant stupide et convaincu que personne ne m'aimait.	Les autres invités m'ont ignoré.
Faux espoirs	J'essaie de convaincre mon frère de mes bonnes intentions.	Mon frère qui m'accuse d'être égoïste.
Défense primaire	Je reste silencieux pendant une réunion, car j'ai l'impression de ne rien avoir à ajouter.	Mes collègues parlent comme s'ils savent toujours tout.

Défense	Comportement	Symbole
Faux pouvoir	J'écris une lettre de protestation au conseil municipal.	Le conseil municipal est corrompu.
Déni des besoins	Je ne dis pas à mon patron que je veux une augmentation de salaire.	Mon patron est autoritaire et critique.
Peur	Je n'avoue pas à un ami ce que je ressens.	Mon ami sûr de lui qui ne supporte pas la critique.

Défense	Comportement	Symbole

Troisième étape : Le renversement des défenses

Après avoir observé assidûment vos comportements défensifs pendant deux semaines pour établir votre mesure de base, vous aurez une assez bonne idée des situations qui sont pour vous des symboles et qui, par conséquent, touchent une corde sensible (que vous en ayez conscience ou non) et provoquent en vous une réaction de défense. Rappelez-vous le diagramme du chapitre 2 (figures 4 et 6, p. 69) qui montre qu'une réaction défensive est le signal qu'une ancienne douleur a été réveillée par un symbole. Pour guérir, nous devons apprendre à ne plus nous défendre pour éviter de ressentir notre ancienne douleur et à nous désidentifier de nos comportements défensifs. Ainsi, notre mur du déni n'aura plus de raison d'être et nous pourrons intégrer notre ancienne douleur dans notre conscience d'adulte. En renversant nos défenses, nous accédons à notre ancienne douleur et entreprenons le processus qui consiste à nous désidentifier de l'illusion créée par nos défenses qui nous retient prisonniers.

Une fois que vous saurez reconnaître vos symboles et le mécanisme de défense qu'ils provoquent, vous pourrez déterminer comment renverser ce mécanisme de défense. Reprenons les exemples de la deuxième étape (p. 154) et voyons comment vous pourriez renverser le mécanisme de défense en cause. Parfois, il suffit de ne rien faire pour le renverser ; parfois, il faut faire exactement le contraire. Voici quelques exemples.

Défense	**Comportement**	**Symbole**
Faux pouvoir	J'étais furieuse et j'ai cherché querelle à mon mari. *Renversement: ne rien dire.*	Mon mari qui ne ramasse pas ses affaires.
Faux espoirs	J'essaie d'impressionner ma mère en faisant méticuleusement le ménage. *Renversement: ne pas faire de ménage particulier.*	Ma mère et son œil critique.
Déni des besoins	J'ai fait comme si tout allait bien alors que j'avais besoin d'aide. *Renversement: exprimer clairement à quel point j'ai été déçu.*	J'ai déjà demandé à un ami de m'aider à repeindre la maison, mais il a refusé.
Défense primaire	J'ai quitté la réception en me sentant stupide et convaincu que personne ne m'aimait. *Renversement: rester à la réception.*	Les autres invités m'ont ignoré.
Faux espoirs	J'essaie de convaincre mon frère de mes bonnes intentions. *Renversement: ne pas expliquer mes faits et gestes.*	Mon frère qui m'accuse d'être égoïste.
Défense primaire	Je reste silencieux pendant une réunion, car j'ai l'impression de ne rien avoir à ajouter. *Renversement: participer quand même à la réunion.*	Mes collègues parlent comme s'ils savent toujours tout.
Faux pouvoir	J'écris une lettre de protestation au conseil municipal. *Renversement: ne pas écrire cette lettre.*	Le conseil municipal est corrompu.

Défense	Comportement	Symbole
Déni des besoins	Je ne dis pas à mon patron que je veux une augmentation de salaire. *Renversement: expliquer à mon patron que je mérite une augmentation de salaire.*	Mon patron est autoritaire et critique.
Peur	Je n'avoue pas à un ami ce que je ressens. *Renversement: le lui dire*	Mon ami sûr de lui qui ne supporte pas la critique.

Veuillez noter que renverser nos défenses n'est pas la même chose que renverser notre comportement. Renverser notre comportement peut nous faire passer d'une défense à une autre. Par exemple, si vous avez pour défense de ne rien dire quand quelqu'un vous offense, répliquer pourrait correspondre, dans votre cas, à un passage du faux pouvoir - déni des besoins (ou faux espoirs) au faux pouvoir (colère). Cela dépend de vos émotions. Si le renversement que vous faites vous aide à accéder à la douleur sous-jacente, c'est que vous avez réussi à renverser votre défense. Si vous vous sentez mieux, c'est que vous avez renversé votre comportement et non votre défense, c'est-à-dire que vous êtes simplement passé d'une défense à une autre.

Maintenant, faites l'exercice suivant et voyez si vous pouvez choisir un comportement qui pourrait vous aider à renverser vos défenses et à accéder à votre ancienne douleur.

– Je lui ai dit qu'il était idiot de se conduire de la sorte.
– Je n'ai téléphoné à personne; tout le monde est tellement occupé dans la vie.
– Je lui ai envoyé un autre courriel juste pour m'assurer que je n'avais pas fait d'erreur.
– Je me suis fâché quand mon amie m'a critiquée.
– Je suis resté à la maison toute la journée; je me sentais trop vulnérable pour sortir.
– Je n'ai pas mentionné ce qui s'est passé, je ne veux pas y penser.

– J'évite tout le temps de lui dire ma façon de penser.
– Je ne lui offrirai pas de cadeau, car il ne m'en offre jamais.
– Je ne peux pas supporter de rester seule, il faut que je sorte ou que j'invite quelqu'un à venir me voir.
– Je dis toujours que je vais bien. De toute façon, cela ne regarde personne.
– J'ai besoin d'organiser et de ranger mes affaires, sinon je ne me sens pas à l'aise.
– Quand une chose me déplaît, je me replie sur moi-même.

Réponses:
– Ne dites rien.
– Prenez le téléphone et appelez quelqu'un.
– Ne communiquez pas, attendez sa réaction.
– Ne dites rien et écoutez attentivement la critique.
– Sortez.
– Parlez-en.
– Dites-le-lui.
– Achetez-lui un cadeau.
– Restez seule, n'appelez personne.
– Dites à vos amis comment vous vous sentez.
– N'organisez rien et ne rangez rien.
– Restez attentive et parlez de ce qui vous déplaît.

Si vous pensez avoir une idée juste de ce que j'entends par renverser ses défenses (ne plus se protéger contre son ancienne douleur, mais essayer d'y accéder délibérément), déterminez quel comportement pourrait représenter un renversement de vos défenses. Dressez une liste de vos symboles, en vous servant d'abord des notes que vous avez prises pour votre mesure de base; peut-être contiennent-elles cette information. La plupart des symboles et des réactions défensives refont surface plus d'une fois. Notez vos principaux symboles, puis ajoutez vos principales réactions défensives. Complétez votre liste en inscrivant le comportement opposé. Vous pouvez utiliser le formulaire de la page suivante. Comme il s'agit d'un outil important avec lequel vous aurez à travailler, remplissez-le de manière aussi exhaustive que possible. Vous y reviendrez probablement plusieurs fois pour y noter quelles défenses vous avez cessé d'utiliser.

Faites un nombre suffisant de photocopies de cette page pour suivre les indications (inscrivez tous les symboles que vous avez remarqués lorsque vous avez déterminé votre mesure de base).

Lignes directrices pour renverser ses défenses

Symbole	*Réaction défensive*	*Comportement renversé*
Accuser mon frère.	Expliquer mes bonnes intentions.	Ne rien dire.

Une fois que vous avez déterminé quels comportements constituent un renversement de vos défenses, appliquez-vous à recourir à ces nouveaux comportements et à les surveiller attentivement.

Observez tous vos comportements le plus sérieusement possible; notez tout symbole (personne ou situation) qui se présente et observez votre tendance naturelle à vous défendre contre les émotions qu'il pourrait faire surgir en vous. Notez brièvement ce que vous avez accompli pendant la journée.

Notez:

1. Dans quelles situations symboliques ou avec quelles personnes symboliques êtes-vous parvenu à renverser vos défenses?
2. Dans quels cas ou avec quelles personnes en avez-vous été incapable?

Puis, à un moment bien précis de la journée, asseyez-vous et résumez ce qui vous est arrivé ce jour-là. Notez les symboles auxquels vous avez été confronté pendant la journée; notez quelles ont été vos réactions et indiquez si ces réactions constituent un renversement de vos défenses. Faites cet exercice pendant deux semaines. Vous pouvez utiliser le formulaire indiqué.

N.B. Le renversement des défenses a pour but de nous faire accéder à notre ancienne douleur et non de nous apprendre de nouvelles compétences ou des comportements d'adaptation. Les gens ont souvent cette fausse impression. Pour être certain que vous faites bien du renversement de vos défenses, posez-vous les questions suivantes.

Le renversement m'aide-t-il à accéder à mon ancienne douleur ou, au contraire, sert-il à me réconforter? Dans le deuxième cas, vous avez probablement renversé votre comportement mais pas vos défenses, ce qui vous a fait passer d'une défense à une autre, par exemple du déni des besoins au faux pouvoir. *C'est seulement lorsque vous accédez à l'ancienne douleur qui sous-tend vos défenses que vous pouvez avoir la certitude que ce sont vos défenses que vous avez renversées et non votre comportement.*

Quelle est la chose que j'ai le moins envie de faire dans une telle situation? La réponse à cette question montre habituellement s'il y a renversement de vos défenses, ou pas. Notez que vous pouvez très bien renverser vos défenses en ne faisant rien de plus que vous ouvrir le plus possible au symbole, et aux effets qu'il a sur vous lorsque vous ne vous en défendez pas.

Faites un nombre suffisant de copies de cette page pour faire l'exercice pendant deux semaines.

Troisième étape : Renverser ses défenses

Symbole	**Réaction**	**Renversement des défenses**
Accuser mon frère	Expliquer mes bonnes intentions.	Non
Mon patron	Lui dire que je mérite une augmentation de salaire.	Oui
Jour 1		

Au bout de deux semaines, évaluez votre habileté à renverser vos défenses. Était-ce difficile ? Avez-vous constaté que certaines réactions défensives étaient plus faciles à renverser que d'autres ? Était-ce plus facile que vous ne le pensiez au début, et à mesure que les semaines passaient ? Si vous vous rendez compte que vous n'avez pas réussi à renverser certaines de vos défenses, ne désespérez pas. Ce n'est pas une tâche facile. Vous devez faire preuve de patience et de persévérance. Continuez à vous observer, reconnaissez honnêtement toutes les fois où vous vous défendez, et essayez à nouveau de renoncer à votre comportement défensif et de renverser la défense qui y est associée.

Quatrième étape : Accéder à son ancienne douleur et s'y ouvrir

Nous ne renversons pas nos défenses pour apprendre de nouvelles façons de composer avec nos difficultés. La thérapie de la PRI ne vise pas à nous apprendre de nouvelles compétences pour nous aider à nous adapter à nos problèmes. Dans la mesure du possible, nous devons même éviter de prendre cette avenue, surtout au début, non pas pour rendre la thérapie plus difficile qu'elle ne l'est déjà, mais pour éviter de recourir à de nouvelles compétences afin d'endormir notre ancienne douleur lorsqu'elle refait surface. Ce n'est qu'en accédant à notre ancienne douleur que nous aurons la possibilité de guérir. Toutes les astuces auxquelles nous pourrions avoir recours pour composer avec nos problèmes nous priveraient de cette chance. Notre douleur demeurerait refoulée et nous continuerions à agir de manière défensive chaque fois que nous nous heurterions à de nouveaux symboles.

Faisons tout de suite le travail nécessaire à notre guérison, ne le reportons pas. Notre vie est plus difficile qu'elle ne devrait l'être, et cela depuis trop longtemps déjà. Il est merveilleux d'observer les changements positifs qui se produisent dans la vie des gens qui font de la PRI. Leurs relations s'améliorent, ils trouvent de meilleurs emplois, ils sont plus aimants dans leurs rapports avec leurs enfants, ils deviennent plus énergiques, plus sûrs d'eux.

Après avoir appliqué la PRI, voici comment Tom décrit le changement qui s'est produit en lui : « Je me sens vraiment plus solide physiquement. » Il a réellement plus de « présence » qu'avant ; il occupe plus d'espace. Il est très étonné du changement d'attitude de ses collègues à son égard. Avant sa thérapie, il ne se sentait pas très respecté au travail. Aujourd'hui, il a remarqué que ses collègues tiennent compte de ses opinions et de ses idées quand il prend la parole lors de réunions. Il n'a rien fait consciemment pour tenter de gagner leur respect ; il a découvert qu'un effet secondaire naturel se produit quand on ressent son ancienne douleur et qu'on renonce à ses défenses.

Jane, une autre cliente, recourt de moins en moins souvent à son comportement obsessif-compulsif depuis qu'elle a accédé pour la première fois à la vérité au sujet de son enfance. Elle avait fait beaucoup de travail sur ses émotions, mais elle n'était pas arrivée à renoncer à son déni et avait continué à nier que ses parents étaient responsables des douleurs ressenties dans son enfance. Son déni était très fort, car la vérité était trop douloureuse. Lorsqu'elle a finalement réussi à admettre la pénible réalité, son comportement obsessif-compulsif a disparu pendant un certain temps. Ce changement lui a paru tellement naturel qu'elle ne s'en est pas rendu compte avant la séance de thérapie suivante. La disparition de ce comportement n'était cependant pas encore définitive, car Jane n'avait pas encore accédé à la peur et à la douleur d'avoir perdu sa mère, à cause de graves problèmes émotionnels, ce qui expliquait en grande partie son comportement compulsif.

Tout ce qui précède est en fait une introduction à la quatrième étape : accéder à son ancienne douleur et s'y ouvrir. Cette partie du travail est sans doute la plus difficile, et j'espère que l'exemple de ces clients vous permettront de traverser aisément ce processus, même s'il est douloureux. Les résultats ne sont pas garantis, surtout si vous tentez d'y arriver sans l'assistance d'un thérapeute. Néanmoins, vos efforts vous aideront à franchir une autre étape sur le chemin de la guérison.

Pendant la troisième étape, le renversement des défenses, vous avez sans doute commencé à vous ouvrir davantage à vos émotions.

Peut-être avez-vous remarqué que vous vous sentiez vulnérable et en proie à des douleurs émotionnelles plus intenses qu'à l'habitude. N'oubliez pas que c'est le mur du déni qui vous empêche de ressentir votre ancienne douleur. En renversant vos défenses, vous abattrez ce mur et commencerez inévitablement à ressentir votre ancienne douleur.

Observez quotidiennement vos réactions et notez vos émotions tout au long de la journée. Concentrez-vous sur les personnes ou les situations qui ont valeur de symbole pour vous ; au lieu de réagir comme à l'habitude, appliquez votre comportement renversé, puis ouvrez-vous à toutes les émotions qui remontent à la surface. Ne passez pas à l'acte, mais ressentez vos émotions avec le plus d'intensité possible.

Il est essentiel que vous preniez conscience que la douleur que vous ressentez est la douleur originale de l'enfant que vous étiez. La douleur que vous éprouvez n'est pas une douleur qui ressemble à votre ancienne douleur ou qui s'en rapproche ; c'est votre vieille douleur elle-même, cette douleur que l'enfant que vous étiez a été forcé de refouler et qui réapparaît maintenant à travers des symboles. Ressentir une douleur alors qu'elle est encore reliée à un symbole n'a pas un effet thérapeutique ; au contraire, elle ne sert qu'à renforcer le déni de votre ancienne réalité. Vous devez donc ressentir la douleur comme si elle était présente (comme *elle vous paraît* présente) tout en sachant qu'elle est ancienne. Faites cet exercice même s'il vous semble contre-nature et erroné.

Remplissez le formulaire qui suit une fois par jour pendant trois semaines. Pendant ces trois semaines, évaluez ce que vous avez réussi à faire et notez les difficultés auxquelles vous vous heurtez. Vous arrive-t-il souvent de ne pas réussir à reconnaître ou à renverser vos défenses ? Vous arrive-t-il souvent de vous laisser aller à ressentir la douleur qui remonte à la surface ? Observez-vous attentivement, prenez des notes et apprenez par l'analyse ce que vous faites bien ou moins bien.

Faites un nombre suffisant de copies de cette page pour faire l'exercice pendant trois semaines.

Quatrième étape : Accéder et s'ouvrir à une vieille douleur

Exemple :

Symbole	**Réaction**	Renversement des défenses Oui/Non	Ancienne émotion
Ami qui ne m'aide pas à peindre la maison	Montrer sa déception	Oui	Immense solitude de l'enfant qui ne reçoit pas d'aide

Symbole	**Réaction**	Renversement des défenses Oui/Non	Ancienne émotion

J'espère qu'une fois ces trois semaines passées, vous aurez découvert que vous pouvez vous ouvrir à votre ancienne douleur. Si vous réussissez à franchir toutes ces étapes (peut-être avec l'aide d'un thérapeute faisant de la PRI), vous ferez assurément des progrès. Le chemin peut être cahoteux à l'occasion, mais il faut persévérer. Une fois que vos problèmes les plus graves auront changé pour le mieux, il est important que vous continuiez à vous observer. Des réactions défensives et d'anciennes douleurs peuvent encore surgir de temps à autre.

Demeurer constamment consciente de mes faits et gestes, de leurs motifs, de mes sentiments, de mes pensées, de mes sensations physiques, etc., est devenu pour moi une seconde nature. De cette façon, je peux (habituellement) reconnaître rapidement les symboles auxquels je me heurte et (habituellement) renverser ma défense. Comme mon utilisation du mot « habituellement » a pu vous le faire remarquer, je ne réussis pas toujours à reconnaître et à renverser immédiatement mes défenses. Par exemple, mon mari continue d'être un symbole pour moi ; je me mets en colère contre lui ou j'ai peur d'aborder certaines questions avec lui. Habituellement, cependant, je prends conscience du symbole. Je peux alors cesser de m'identifier à ma défense et me comporter de manière plus constructive. Dans mon esprit, la PRI est un processus à vie qui consiste à former l'observatrice que je suis. Cette observatrice note tous mes faits et gestes, mes pensées, mes croyances, etc. En m'observant moi-même, j'ai pu démythifier l'illusion qu'il me faut absolument me défendre contre ce qui m'est arrivé dans le passé ; je peux vivre davantage dans le présent, comme l'adulte que je suis maintenant.

Cinquième étape : Relier sa douleur au passé

Une dernière étape peut vous être utile, une fois les quatre premières franchies. Vous savez reconnaître vos réactions défensives ; vous avez conscience qu'un symbole a provoqué votre réaction défensive ; vous avez renversé votre défense et vous vous êtes ouvert à votre ancienne douleur tout en sachant qu'elle appartient au passé.

La cause de notre ancienne douleur se cache dans notre passé et il est habituellement possible de la retracer. La méthode utilisée pour retracer l'origine d'une émotion s'appelle la régression. Dans le cadre d'une thérapie de la PRI, la régression est un processus grâce auquel nous retournons consciemment à l'état émotionnel de l'enfant que nous avons été. Autrement dit, dans notre esprit, nous redevenons l'enfant que nous étions à un moment précis dans le temps. Cela signifie que nous pouvons ressentir les émotions que cet enfant aurait dû éprouver s'il n'avait pas senti le besoin impérieux de refouler la vérité. Pendant une régression, des images très détaillées de notre enfance peuvent resurgir, par exemple, des images très claires et en couleur du visage de notre mère quand elle était jeune, ou des images de la chambre dans laquelle nous dormions quand nous étions un enfant. En général, les images qui nous viennent à l'esprit sont liées au souvenir émotionnel particulier auquel nous accédons pendant une régression donnée. Il en va de même des sons, des odeurs et des sensations physiques. Il est très étonnant que nous puissions accéder pendant une régression à un aussi grand nombre de détails sensoriels concernant des événements qui se sont produits il y a très longtemps.

Cependant, les images n'apparaissent pas toujours dès la première fois. Il n'y a donc pas lieu de vous inquiéter si elles manquent à l'appel. Vous avez peut-être ressenti certaines anciennes émotions tellement souvent qu'elles sont difficiles à relier à une situation en particulier. Un enfant qui a été négligé émotionnellement à longueur de journée éprouve des difficultés, en tant qu'adulte, à relier sa douleur à un événement en particulier. Comme la situation était habituelle, aucun événement en particulier ne lui vient à l'esprit. Ces émotions s'appellent des « émotions contextuelles ». Il n'y a rien d'inquiétant à ne pas pouvoir relier une émotion en particulier à une situation passée bien précise. Il est du reste improductif de s'acharner à chercher un lien précis s'il n'en existe pas. Dans ces cas, ressentez votre vieille douleur tout en vous rappelant qu'elle est ancienne et découvrez qui vous l'a causée et pour quelle raison. Il est important de savoir qui a fait ou n'a pas fait quelque chose. Par exemple, une personne qui souffre de solitude peut découvrir que sa mère l'a négligée émotionnellement parce que ses tâches ménagères la tenaient trop occupée. Elle peut donc connaître l'auteur ou la cause de sa douleur sans faire de lien avec une situation en particulier.

Dans de nombreux cas, cependant, les anciennes émotions qui refont surface se rapportent à des situations précises. Il est utile de voir si vous pouvez vous identifier à ces situations.

— Lorsque vous ressentez votre ancienne douleur, concentrez-vous sur elle et laissez l'émotion vous ramener en arrière dans le temps. Demandez-vous : « Où ai-je déjà ressenti cette émotion ? » *Concentrez-vous sur l'émotion* et non sur le processus rationnel de recherche, car vous risqueriez alors de vous déconnecter de votre émotion. Pour faire cet exercice, certaines personnes préfèrent s'étendre, souvent dans un endroit sombre et tranquille. Expérimentez et trouvez ce qui vous aide à vous connecter à vos émotions.

— Lorsque vous accédez à vos émotions, des situations, des images ou des associations anciennes peuvent vous revenir à l'esprit.

— Si c'est le cas, laissez-vous être l'enfant que vous étiez à cette époque ; commencez par imaginer l'enfant que vous étiez dans cette situation.

— Voyez ensuite si vous êtes capable d'entrer dans le corps de cet enfant, au lieu de le regarder.

— Soyez conscient de ce qui se passe, des personnes présentes et de leurs faits et gestes, tout en vous concentrant continuellement sur ce que vous (l'enfant que vous étiez) ressentez.

— Demandez-vous si vous avez besoin de quelque chose dans cette situation particulière. « De quoi ai-je besoin ? »

— Demandez-vous de qui vous avez besoin pour combler ce besoin. Habituellement, ce sera votre père ou votre mère.

— Puis, acceptez de reconnaître que vous n'avez pas reçu ce dont vous aviez besoin et ouvrez-vous aux sentiments qui remontent à la surface.

Gardez à l'esprit que bon nombre de gens ont des difficultés à parcourir cette cinquième étape seuls. En fait, la plupart des gens ont besoin de l'aide d'un thérapeute expérimenté en PRI pour arriver jusqu'à l'ancienne connexion. J'insiste sur un thérapeute de la PRI, car d'autres thérapies qui utilisent la régression (thérapie de la régression, hypnose, visualisation, psychanalyse « moderne », thérapie Pesso, recherche de l'enfant en soi, pour n'en nommer que quelques-unes) tentent de s'en servir pour « corriger le passé ». Une fois le patient en régression, on l'incite à imaginer qu'il obtient maintenant ce qui lui était refusé alors, par exemple que sa mère comble tous ses besoins. On peut aussi encourager l'adulte qu'il est devenu aujourd'hui à intervenir pour aider l'enfant qu'il était alors.

Comme je l'ai déjà mentionné, la thérapie de la PRI estime cette attitude préjudiciable au processus de guérison. Personne ne peut modifier le passé. Ce qui est fait est fait et les effets du passé demeurent. De plus, en demandant à un client de combler ses besoins pendant une régression, on alimente de faux espoirs. La thérapie lui donne l'illusion qu'il peut obtenir maintenant ce dont il a eu besoin, tout en lui transmettant le message qu'il en a besoin maintenant (sinon, pour quelle raison l'inciterait-on en thérapie à s'imaginer qu'il l'obtient ?). Cette méthode renforce le déni (faux espoirs : je peux obtenir maintenant ce dont j'avais besoin alors) et, par conséquent, la tendance à réagir à des symboles. Autrement dit, le thérapeute nie l'ancienne réalité de son client - soit qu'un de ses besoins n'a jamais été comblé - en sous-entendant que ce besoin existe toujours dans le présent et qu'il peut le satisfaire symboliquement. En fin de compte, cette technique empêche le client de ressentir son ancienne douleur avec intensité. Or, c'est là une phase essentielle de la guérison. Naturellement, si votre thérapeute vous demande d'imaginer que votre mère vous prend dans ses bras tout de suite après vous avoir fait accéder à votre ancienne douleur, qui découle du manque de chaleur de votre mère, cette pensée rassurante aura pour effet de vous faire sortir de votre douleur.

Pour que la régression soit un outil de guérison, vous devez avoir une conscience duale de votre douleur passée et de la réalité présente (à ne pas confondre avec la technique spécifique de conscience duale). Lorsqu'on emploie la régression comme on le fait dans de nombreuses thérapies, on coupe court à la conscience de l'ancienne douleur et on déforme la réalité présente (il est faux de croire qu'on a besoin maintenant de ce dont on avait besoin alors). Lorsqu'une émotion est tellement douloureuse qu'il faut la refouler, nous ne pouvons pas la traiter de la même façon que d'autres événements de notre vie. Si nous ne la faisons pas passer du présent à un événement passé et fini - un souvenir -, elle continue à influencer notre façon d'être dans le présent. Or, comme nous sommes conscients de cette émotion, nous concluons qu'elle appartient au présent. C'est une erreur. Nous ressentons cette émotion parce que notre conscience, qui n'a pas encore eu le temps de la traiter, l'attribue à la réalité présente. Pour pouvoir traiter une émotion correctement et la replacer dans son contexte, c'est-à-dire « dans la réalité passée », nous devons être à même de faire l'expérience de la conscience double : être simultanément conscients de la réalité présente (cela n'est pas en train de se produire maintenant, peu importe ce que je peux ressentir ou penser) et de notre ancienne douleur. C'est en raison de l'intensité de la douleur qu'elle nous a causée que cette émotion n'a pas été traitée lorsqu'elle aurait dû l'être. Pour guérir, nous devons donc la ressentir pleinement dans le moment présent. Une thérapie qui écourte ce processus ne guérit pas toute la douleur refoulée, de sorte qu'elle continue à influencer notre bien-être présent.

Chaque fois que vous parvenez à accéder à une ancienne douleur, attardez-vous-y le plus longtemps possible. Notez quelle est l'ancienne réalité à laquelle l'émotion vous ramène chaque fois que vous parvenez à la relier à un événement en particulier. Si elle a un lien avec une ambiance plus générale dans laquelle vous baigniez souvent, écrivez qui a fait ou n'a pas fait ceci ou cela.

Faites un nombre suffisant de photocopies de cette page pour votre usage personnel.

Cinquième étape : Relier de vieilles émotions à leur origine

Exemple :

Symbole	**Ancienne émotion**	**Origine passée (qui, quoi, quand, comment)**
Ami qui n'écoute pas mes soucis.	Immense impuissance, sentiment que la vie n'a pas de sens.	Ma mère n'a pas fait attention à mon besoin d'être protégé le premier jour d'école.

Il est important que vous notiez par écrit ce que vous découvrez au sujet de votre réalité passée. Les émotions et les prises de conscience qui surviennent pendant une régression peuvent facilement nous échapper plus tard. On dirait que le refoulement n'est que temporairement désactivé pendant une régression et qu'il doit être « rescellé » après. Si cela ne se produit pas, il y a de fortes chances que le refoulement reprenne le dessus. Une fois que vous aurez rempli de nombreuses pages en faisant les exercices conseillés dans ce livre, gardez cette bonne habitude jusqu'à ce que vous arriviez au point où vous aurez automatiquement conscience de vos émotions et de leur cause, la plupart du temps.

Le concept de « ressentir de manière désidentifiée » a été développé récemment. Il est expliqué en détail dans *Illusions*. En résumé, cette façon de ressentir une ancienne douleur exige que nous la laissions nous envahir complètement (que nous la laissions devenir la plus forte et la plus immense possible), tout en observant simultanément la scène dans ses moindres détails. Lorsque nous faisons l'expérience de notre ancienne douleur du point de vue d'un observateur, nous la ressentons de « manière désidentifiée ».

Comparons cette façon « désidentifiée » de ressentir de vieilles douleurs avec la manière « identifiée ». Lorsque nous ressentons une douleur de manière « identifiée », nous sommes complètement envahis par cette douleur, qui nous dépasse, et nous sommes incapables de continuer à la considérer du point de vue de l'observateur.

Lorsque nous ressentons notre ancienne douleur de manière désidentifiée, nous la laissons s'exprimer dans toute son intensité, sans lui opposer la moindre résistance et, en combinant cette expérience avec le renversement des défenses, nous pouvons travailler à son intégration.

NOTES

1. Wegner et Vallacher, Implicit Psychology, Oxford University Press, New York, 1980.

Chapitre 6

SITUATIONS ET DÉFIS PARTICULIERS

Les cinq étapes présentées dans le chapitre 5 expliquent comment on peut appliquer la thérapie de la PRI sur une base presque quotidienne. Cependant, cette pratique ne va pas toujours de soi. Vous trouverez dans ce chapitre des situations et des défis particuliers auxquels vous pourriez être confronté, ainsi que des suggestions pour faire face à la situation.

« Je ne ressens rien. »

Même si vous manquez d'émotivité en général, vous êtes néanmoins conscient que certaines choses dans votre vie sont problématiques. Si ce n'était le cas, vous ne seriez pas en train de lire cet ouvrage. Vous devez donc reconnaître que vous utilisez probablement un mécanisme de défense derrière lequel se cache votre douleur. L'exercice suivant est souvent révélateur : observez-vous attentivement au cours de la journée et demandez-vous à de nombreuses reprises (au moins 10 fois pour commencer): « Qu'est-ce que je ressens en ce moment même ? » Vos réponses seront sans doute vagues, au début, mais en persévérant, un nouveau pan de vérité deviendra apparent chaque fois que vous répondrez à la question. Si vous constatez que vous ne ressentez « rien », prenez un moment pour y réfléchir plus en profondeur. Vous éprouvez sûrement quelque chose, même si la sensation est très floue. S'il vous arrive régulièrement de penser que vous ne ressentez à peu près rien, essayez d'évaluer néanmoins l'émotion que vous ressentez à ce moment-là sur une échelle allant de 5 (émotion très positive) à 0 (émotion neutre) à -5 (émotion très négative):

très positive	neutre	très négative
5	0	-5

De cette manière, vous pourrez commencer à différencier vos émotions. En général, les gens constatent, au début, qu'ils se sentent soit légèrement positifs, soit légèrement négatifs. Et en y regardant de plus près, ils s'aperçoivent qu'ils sentent quelque chose, après tout !

Allez au plus simple ! Ne vous inquiétez pas si vous avez l'impression de vous sentir légèrement au-dessus ou en dessous du point neutre. Continuez à évaluer vos émotions selon l'échelle ci-dessus. Notez ce que vous ressentez, mais ne compliquez pas les choses en vous interrogeant sur la « cause » d'une émotion, ou sur ce qu'elle « cache ». Concentrez-vous uniquement sur ce que vous ressentez au moment précis où cela se produit.

Au bout d'un certain temps, vos émotions deviendront probablement mieux définies, plus profondes qu'un simple sentiment positif ou négatif. On peut, par exemple, se sentir heureux ou malheureux, tendu ou détendu, effrayé ou en sécurité, blasé, enthousiaste, en colère, serein, etc.

Mettez-vous au travail ! Demandez-vous 10 fois par jour, ou une fois toutes les heures, ce que vous ressentez exactement ; prenez un moment pour noter vos réponses. Pour ne pas oublier de le faire, faites sonner votre réveil à heures fixes, toutes les heures, si cela est possible.

En notant par écrit ce que vous ressentez, vous donnez plus de sérieux à votre tâche, tout en prenant conscience de ce que vous éprouvez avec plus d'acuité. En outre, écrire ce que vous ressentez vous force à vous concentrer sur vos émotions. Or, plus on se concentre, plus les choses deviennent claires ! Si vous faites cet exercice avec toute la rigueur voulue, vous constaterez assez rapidement que vous êtes de plus en plus conscient de vos émotions.

Dans le même esprit, il peut vous être utile de vous demander, avant de faire quoi que soit, comment vous vous sentez par rapport aux petites choses de la vie. Le matin, par exemple, demandez-vous si vous avez envie de vous lever. Vaquez à vos occupations habituelles, mais demandez-vous, avant d'entreprendre quoi que ce soit, comment vous vous sentez. Continuez tout au long de la journée à vous demander si vous avez envie ou non d'aller travailler ; de déjeuner avec un ami ; d'assister à une soirée, etc. Notez rapidement vos réponses, qu'elles soient négatives ou positives. Consignez-les par écrit pour les deux raisons exposées plus haut : cela donne plus de sérieux à votre tâche et vous prenez davantage conscience de ce que vous éprouvez, car vous êtes forcé de vous concentrer sur vos émotions. Et rappelez-vous que si cet exercice vous rend plus conscient de vos émotions, il ne vise nullement à vous faire prendre des mesures particulières. Celles-ci viendront plus tard.

En général, les gens qui ne savent pas très bien ce qu'ils veulent et ce qu'ils ressentent sont des gens qui ont été forcés de couper très tôt la connexion entre leur cœur et leur esprit, car prendre conscience de leurs émotions et de leurs désirs leur aurait fait plus de tort que de bien. Ils les ont donc refoulés dès leur plus tendre enfance, car ils les auraient empêchés d'être l'enfant que leurs parents voulaient qu'ils soient. Dans l'espoir d'être cet enfant et d'obtenir l'amour, les soins et l'attention dont ils avaient besoin, ils ont sacrifié leurs désirs et leurs émotions. Lorsqu'ils y accèdent, une fois adultes, ces besoins et ces émotions leur semblent tellement menaçants qu'ils déclenchent en eux un mécanisme de survie. Pour éviter que vos mécanismes de défense ne vous influencent pendant que vous faites cet exercice, sachez que vous pouvez avoir conscience de vos émotions et de vos désirs sans être forcés d'agir.

Un autre facteur qui peut vous empêcher d'être conscients de vos émotions est l'abus ou la simple consommation d'alcool ou de drogues. Si vous buvez pour oublier temporairement des émotions douloureuses ou pour combattre le stress, renoncez à cette mauvaise habitude. L'alcool vous coupe de vos émotions.

La cigarette aussi est un facteur très inhibant à cet égard, chose que beaucoup de gens ignorent. Le tabac cause une très forte dépendance. Il y a peu de gens qui réussissent à ne fumer qu'une fois de temps à autre. Contrairement à l'alcool, le tabac cause une dépendance immédiate chez la grande majorité des gens qui commencent à fumer. « Il est beaucoup plus facile de devenir dépendant de la cigarette que de l'alcool ou des barbituriques, dit le Dr Hamilton Russell, chercheur au London Institute of Psychiatry. Il suffit qu'une personne fume quatre ou cinq cigarettes pendant son adolescence pour qu'elle ressente le besoin de fumer régulièrement et devienne dépendante du tabac. » De tous les fumeurs, seuls trois ou quatre pour cent peuvent être considérés comme n'ayant pas de dépendance – c'est-à-dire qu'ils n'éprouvent pas le désir de fumer tous les jours. Certains disent que la cigarette crée une dépendance aussi forte que l'héroïne. Patricia Allisson[1] écrit : « L'ex-Surgeon General (directeur des services de santé publique) des États-Unis, C. Everett Koop, a confirmé ce que l'on savait depuis longtemps : le tabagisme est une dépendance à une drogue : la nicotine. La nicotine contenue dans le tabac cause une dépendance aussi forte que l'héroïne ou la cocaïne. » Des recherches ont démontré qu'il est aussi difficile d'arrêter de fumer pour de bon que d'arrêter de consommer des drogues illégales. Allison ajoute : « C. Everett Koop[2] affirme que, à l'instar des héroïnomanes ou des cocaïnomanes, les nicotinomanes consomment leur drogue d'une manière compulsive, développent une tolérance et ont des symptômes de sevrage quand ils tentent de briser leur habitude. Bien qu'un grand nombre de fumeurs arrêtent de fumer par eux-mêmes, ils affichent un taux de rechute aussi élevé que les personnes dépendantes de drogues illégales. »

La nicotine est un stimulant. Elle appartient à la même famille pharmacologique que la cocaïne et les amphétamines. Si la nicotine crée une dépendance aussi forte, c'est, entre autres raisons, parce son action est double. Elle agit à la fois comme stimulant et comme dépresseur; elle crée en quelque sorte un état de vigilance détendue. Contrairement aux amphétamines et à l'héroïne, la nicotine ne nous stimule ni ne nous déprime suffisamment pour nous empêcher de fonctionner normalement. Son effet est juste assez puissant pour nous calmer un peu, ou pour nous remonter le moral au cours d'une soirée manquée. Autrement dit, comme n'importe quelle autre drogue, la nicotine nous sert de psychotrope. Si le tabac crée une telle dépendance, c'est parce que la nicotine, en plus de ses effets physiques, engourdit les émotions d'une manière très efficace. Allison déclare: « Nous apprenons à dépendre de la cigarette pour composer avec nos émotions. Elle nous procure un sentiment de sécurité quand nous sommes anxieux; elle nous aide à nous sentir moins seuls quand nous nous sentons isolés; elle nous calme quand nous sommes irrités ou en colère; elle nous occupe quand nous nous ennuyons; et elle nous donne une bouffée d'énergie quand nous nous sentons à plat. Les fumeurs ne sont pas habitués à faire face à la vie – et à ses douleurs émotionnelles, ses frustrations, ses déceptions, ses ennuis et même ses moments d'exaltation – sans les effets calmants de la nicotine. »

Selon Allison, il existe un lien entre le tabagisme et la douleur de l'enfance: « [...] l'attachement d'une personne à la cigarette dépend de plusieurs facteurs: son enfance et sa personnalité [...] et des progrès qu'elle a accomplis dans la résolution de ses problèmes émotionnels. J'ai travaillé avec de nombreuses personnes dont l'attachement à la cigarette est enraciné dans un passé traumatique [...] ces personnes utilisent la cigarette comme un médicament qui engourdit la douleur. » Elle ajoute: « Les gens qui ont eu une enfance saine [...] ont moins de difficultés à vaincre leur dépendance par eux-mêmes. Pour eux, renoncer à la cigarette est une question de réajustement et non une expérience déchirante. » Le tabagisme est de toute évidence une dépendance psychologique et émotionnelle, en plus d'être une dépendance physique. Il n'est pas étonnant que le tabac ait été comparé à l'héroïne comme inhibiteur des émotions.

De nombreuses personnes sont très étonnées d'apprendre qu'une cigarette a un effet inhibiteur aussi puissant sur les émotions. En fait, c'est une chose que peu de gens savent, surtout à l'extérieur des États-Unis. Ce pouvoir qu'a la cigarette contribue sans doute à expliquer pourquoi le désir de fumer reste aussi vif même après des années d'abstinence. En effet, il n'est pas rare que des gens recommencent à fumer lorsqu'ils traversent une grande épreuve, même après avoir passé des années et des années sans fumer.

Si vous êtes fumeur, vous devriez songer sérieusement à arrêter de fumer si vous souhaitez entreprendre une thérapie de la PRI. Ayant été moi-même fortement dépendante de la cigarette pendant quinze ans, je sais à quel point il est difficile d'arrêter de fumer. Cependant, je sais aussi que c'est possible, et je puis vous affirmer que cela n'aura aucun effet sur votre vie - sauf un effet bénéfique sur votre santé, votre degré de tension et votre capacité de vivre vos émotions.

Si vous souhaitez arrêter, efforcez-vous de ressentir le besoin, le manque de nicotine. Dites-vous que ce n'est pas vous, mais un « monstre de nicotine » (ou quelque autre entité) qui s'est emparé de vous et tente de vous faire croire que VOUS êtes en manque. Autrement dit, dissociez-vous de ce manque sur le plan cognitif.

La cigarette agit surtout comme stimulant et non comme relaxant, comme beaucoup de gens le pensent. Par conséquent, le tabac ne relaxe pas, bien au contraire. La sensation de détente que ressent le fumeur s'apparente au soulagement que ressent « le drogué qui a sa dose ».

Ensuite, ressentez le manque dans votre corps. Où le ressentez-vous, ce manque ? Pendant combien de temps se fait-il sentir ?

Vous constaterez sans doute que votre sensation de manque commence quelque part dans le ventre et remonte jusqu'à la bouche, un peu comme une vague. Elle dure quelques minutes, puis elle se résorbe d'elle-même. Concentrez-vous sur cette sensation physique pendant tout le temps qu'elle dure, tout en prenant conscience, de manière rationnelle, qu'il ne s'agit ni d'un besoin ni d'un manque que ressent votre corps, mais d'autre chose, une chose qui ne fait pas partie de vous et à laquelle vous vous identifiez à tort : une accoutumance potentiellement mortelle. Laissez vos vieilles blessures de l'enfance refaire surface et prenez conscience que ces émotions (anxiété, solitude, désespoir, désillusion, etc.) ne sont que de vieilles émotions de l'enfance. J'espère que vous saisirez la chance qui vous est offerte. Si vous voulez arrêter de fumer, le livre de Patricia Allison vous sera sans doute utile, car la méthode qu'elle préconise s'accorde bien avec les concepts de la PRI décrits plus haut.

Lorsque vous pourrez déterminer de façon satisfaisante ce que vous voulez et ce que vous ne voulez pas et que vous aurez généralement conscience de vos émotions, vous pourrez commencer à faire le travail de base – c'est-à-dire la première étape, décrite dans le chapitre 5.

« Je me sens constamment déprimé, comme si j'avais un gros nuage au-dessus de la tête »

Dans la PRI, on considère la dépression et les sentiments de déprime comme des mécanismes de défense contre les émotions douloureuses. L'état dépressif n'a rien à voir avec la douleur qui doit être ressentie, qu'elle soit un phénomène nouveau ou qu'elle dure depuis des années. Comme la colère, la dépression est une émotion qui nous protège en nous empêchant de ressentir les émotions que nous devrions ressentir. Imaginez que votre chien meurt écrasé sous une voiture. Si vous tombez dans la déprime, dans le sens où vous vous laissez gagner par l'engourdissement, le découragement, l'apathie, l'indifférence, et ainsi de suite (ce qui définit la dépression clinique), c'est parce que vous supprimez les véritables émotions que vous devriez normalement ressentir. En revanche, si votre dépression s'exprime par de la tristesse, des larmes et un sentiment de perte, vos émotions sont adéquates. Il est important de faire une distinction entre les deux significations que peut avoir l'expression « Je suis déprimé ». Si vous éprouvez de la tristesse et de la peine, vous êtes connecté à vos émotions. Laissez-les s'exprimer jusqu'à ce qu'elles disparaissent d'elles-mêmes. Si vous ne ressentez qu'apathie et indifférence, soyez vigilants. Vous devez découvrir ce qui se passe, c'est-à-dire ce que cache votre « dépression ». Quelles émotions votre dépression vous empêche-t-elle de ressentir ? Si vous souffrez de sentiments de dépression depuis des années, essayez de faire l'exercice qui suit, aussi difficile soit-il.

Demandez-vous :

1. Quand la « dépression » a-t-elle commencé exactement ?
2. Qu'est-il arrivé juste avant qu'elle ne commence ?
3. Qu'est-ce que cela me fait ? Comment ce qui s'est passé influence-t-il ma vie ?

Concentrez-vous sur ce qui s'est passé avant que ne s'installent vos sentiments d'engourdissement et d'abattement et interrogez-vous sur l'impact réel que l'événement (ou les événements) a eu sur vous.

4. Qu'avez-vous ressenti réellement ?
– des sentiments de colère ;
– des sentiments de désespoir ;
– des sentiments négatifs envers vous-mêmes ;
– de vifs sentiments de douleur.

5. Si ce que vous avez réellement ressenti est de la colère (faux pouvoir – la colère étant un mécanisme de défense), posez-vous la question suivante : « Contre quoi est-ce que je me protège ? » Si cette question ne vous aide pas à découvrir l'émotion que vous refoulez, demandez-vous : « Qu'est-ce que je veux exprimer par cette colère ? » La réponse à cette question vous donnera des indices sur la cause de votre douleur. Par exemple, si vous avez envie de dire : « Imbécile, pourquoi ne cesses-tu pas de m'importuner ? Laisse-moi tranquille ! », vous saurez que la douleur qui a fait surface est liée à une personne qui n'a pas respecté vos limites, qui vous a persécuté ou qui a gâché votre plaisir, d'une façon ou d'une autre. Vous devez sentir quelle est la vieille réalité qui explique vos émotions.

6. Si ce que vous avez ressenti réellement était du désespoir (de faux espoirs qui s'envolent), demandez-vous ce que vous espériez.

Qu'est-ce que vous souhaitiez tant obtenir ? Cet exercice vous révélera un besoin de votre enfance qui n'a pas été comblé, et il vous conduira à la douleur. Voici un exemple. Une personne se sent déprimée parce que sa tentative de parler à ses parents a encore échoué ; elle se rend bien compte que ses sentiments de dépression cachent des sentiments de désespoir. « C'est désespérant, se dit-elle, ils ne comprendront jamais ce que j'essaie de leur dire. » En se demandant ce qu'elle espère obtenir en parlant à ses parents, elle découvrira le besoin insatisfait de son enfance, qui pourrait être, en l'occurrence : « J'espérais qu'ils me comprennent et qu'ils cessent de me critiquer. » Cette réponse révèle la douleur de l'enfant, une douleur qui découlait des critiques qu'on lui faisait et de son sentiment d'être incompris.

7. Si les véritables émotions qui sous-tendent votre dépression sont des émotions négatives envers vous-mêmes (défense primaire), concentrez-vous sur ces émotions et demandez-vous : « De quoi ai-je réellement besoin lorsque je ressens ces émotions ? » En général, le besoin renvoie une image symétrique de la défense primaire. Par exemple, si une critique vous dévalorise complètement, cette défense primaire cache le besoin d'être traité avec respect, comme quelqu'un « qui compte », quelqu'un qu'on apprécie. Ce sentiment révèle un besoin non comblé et la vieille réalité. Enfant, vous avez probablement été traité d'une façon qui vous faisait comprendre que vous n'aviez pas beaucoup d'importance aux yeux de vos parents.

8. Si vous avez ressenti beaucoup de douleur, abandonnez-vous à cette douleur et découvrez ce qu'elle signifie.

9. Dans tous les cas, une fois que vous avez déterminé la douleur que cache la défense par la dépression, laissez-vous aller à ressentir cette douleur ; concentrez-vous sur le vieux besoin non comblé de votre enfance et sur l'ancienne réalité qui a empêché qu'il soit comblé (par exemple : mes parents ne m'accordaient pas beaucoup d'attention, etc.).

Si vous souffrez depuis très longtemps de profonds sentiments de dépression, vous aurez peut-être des difficultés à découvrir la vieille douleur contre laquelle vous vous défendez. Si vos tentatives pour la découvrir demeurent vaines, il serait utile de solliciter l'aide d'un professionnel.

« Je suis en colère et je crois que cela me fait du bien ! »

De nombreuses thérapies considèrent qu'il est sain et souhaitable, pour guérir, de ressentir dans le présent les sentiments de colère que nous inspire le mal qu'on nous a fait lorsque nous étions enfant. Pendant les séances de thérapie, on encourage les patients à se mettre à l'écoute de leur colère et à l'évacuer en frappant un oreiller, ou en hurlant, etc. On leur demande souvent : « Où se situe votre colère ? » Si une personne ne ressent aucune colère face à ce qui lui est arrivé, on considère qu'elle est en phase de déni, auquel cas on l'encourage parfois à écrire à ses parents une lettre pleine de colère (qu'elle ne leur enverra pas). Par différents moyens, le thérapeute cherche à faire comprendre au client qu'il est sain et nécessaire de se connecter à sa colère et de l'exprimer.

Depuis les années 50, cependant, soit depuis que les psychologues ont commencé à vérifier les effets de la catharsis[3] (expression complète et aboutie de la colère), les résultats ont montré encore et encore qu'il ne servait à peu près à rien d'exprimer sa colère dans le but de la surmonter. En fait, laisser sortir sa colère ne sert, semble-t-il, qu'à l'exacerber. Quoi qu'il en soit, exprimer sa colère peut procurer un sentiment de satisfaction en raison de la nature exaltante de cette émotion. À l'inverse de la tristesse, la colère réveille l'énergie et peut même avoir un effet vivifiant. C'est sans doute parce que la colère est une émotion facile à justifier (nous nous sentons généralement justifiés d'être en colère) que l'on pense généralement qu'elle est incontrôlable ou, du moins, qu'elle ne doit pas être refoulée, puisqu'il est bon de l'exprimer.

Selon la théorie de la PRI, la colère est une façon de nier ses véritables émotions. Chaque fois que nous nous sentons fâchés ou irrités, sans exception, c'est parce qu'un symbole a déclenché notre colère. Ce symbole nous rappelle de vieilles blessures et, au lieu de les ressentir pour ce qu'elles sont, nous utilisons la colère ou l'irritation comme moyen de défense (faux pouvoir). Chaque fois que nous nous disons que nos sentiments de colère ou d'irritation sont sains et parfaitement appropriés dans les circonstances, nous ne faisons que renforcer notre « mur de déni ». Or, plus notre mur de déni est solide, plus il nous faut du temps pour nous guérir. Il est contraire au processus de guérison de nous mettre en colère contre un symbole du présent ou contre des gens qui font partie de notre passé. Cela ne sert qu'à camoufler les véritables émotions que nous devons ressentir.

Il n'y a qu'une exception : en cas de réelle menace physique immédiate. Dans un tel cas, la colère, comme la peur, est une réaction d'adaptation. Lorsque notre bien-être est menacé, nous devons agir : lutter (colère) ou fuir (peur). Par exemple, si nous croisons un animal dangereux en faisant de la randonnée dans une région sauvage, il convient de nous éloigner (fuite) ou de nous défendre (lutte), si l'animal attaque. Nous agirons de même si la menace vient d'un être humain. S'il est impossible de fuir, il faut lutter pour se défendre. Dans toutes les autres situations, la colère donne un faux sentiment de puissance qui procure un bien-être temporaire, mais elle finit invariablement par être improductive. Nous avons peine à reconnaître et à admettre que la colère est un mécanisme de défense, car nous estimons généralement qu'elle est justifiée. L'illusion que crée la colère est très puissante. Nous y croyons fermement. Si quelqu'un ou quelque chose nous fait voir rouge, nous sommes convaincus que toute personne saine d'esprit réagirait exactement comme nous. Nous sommes déterminés à tenir notre bout. « Je vais leur montrer », nous disons-nous, pour renforcer notre conviction.

Cela ne veut pas dire que notre conscience d'adulte doit nécessairement nous disposer à tout accepter. Cependant, les choses que nous désapprouvons ont un impact émotionnel stérile lorsque nous sommes irrités ou en colère. Lorsqu'il émane de la conscience d'adulte, l'état émotionnel demeure relativement neutre. Par exemple, imaginez ce que vous ressentiriez si vous deviez faire une tâche désagréable, comme laver la vaisselle le lendemain d'un souper entre amis. Vous ne vous acquitteriez sans doute pas de cette corvée avec joie, mais vous ne rechigneriez pas non plus. Voici un autre exemple : imaginez que vous faites la file et que quelqu'un passe devant vous. Cette injustice vous inspire une colère que vous pouvez réprimer ou extérioriser. Or, sachez que le sentiment d'être traité injustement et l'émotion qu'il provoque trahissent la réapparition de vieilles blessures contre lesquelles vous vous défendez par la colère. Lorsque vous traitez une situation avec votre conscience d'adulte, elle peut être désagréable ou ne pas l'être – par exemple, quand vous lavez la vaisselle en rêvant à votre nouvel amour. Dans le deuxième cas, vous laissez calmement la personne passer devant vous ou vous lui faites tout bonnement remarquer qu'elle devrait prendre sa place dans la file, ce qui « corrige » la situation.

Le premier pas dans la bonne direction consiste à renoncer à la conviction que votre colère est justifiée. C'est une chose difficile à faire et notre esprit peut aisément opposer une forte résistance à l'idée de renoncer à avoir raison. Nous sommes convaincus d'être dans notre bon droit : « J'ai raison, vous avez tort. » Cependant, il est important que vous vous questionniez sur les raisons de votre colère ou votre irritation. Qu'est-ce qui vous cause le plus de détresse ? Quelle douleur se cache derrière votre colère ? En agissant ainsi, vous aurez de bien meilleures chances de faire face à la situation de manière constructive ; vous pourrez le faire grâce à votre force intérieure, et vous ne compterez plus sur les sentiments de puissance illusoires engendrés par le mécanisme de défense qu'est le faux pouvoir.

« Je ne me souviens pas de mon passé »

Il n'est pas inhabituel que des clients aient peu de souvenirs de leur enfance. Il arrive parfois que tous les souvenirs antérieurs à un certain âge semblent inaccessibles. Cela signifie habituellement que l'enfant a dû refouler une grande partie de ce qui s'est passé dans sa vie, et qu'il (et l'adulte qu'il est devenu) a eu recours au mécanisme de défense que l'on appelle déni des besoins. L'enfant qui se sert souvent de ce mécanisme de défense pour nier la réalité est généralement considéré comme un « enfant facile ». Il s'amuse seul ; il obéit assez facilement aux demandes qui lui sont faites ; il n'est pas exigeant ; il ne se met pas dans le pétrin ; et ainsi de suite. Bon nombre de parents y verraient un enfant modèle. Cependant, ce genre de comportement est plus souvent une illustration du déni des besoins : l'enfant apprend très tôt à ne pas faire de vagues en se déconnectant de ses émotions ou de ses besoins.

Alice Miller décrit très clairement ce processus dans son livre, *Le drame de l'enfant doué*. Elle explique que l'enfant ressent le besoin de développer une fausse identité. Un enfant qui utilise ce mécanisme de défense a très peu de souvenirs de son enfance. Si c'est votre cas, vous trouverez sans doute utile de noter autant de souvenirs que possible sur votre vie familiale. Réfléchissez aux questions énumérées ci-dessous et prenez des notes. Ces souvenirs peuvent en faire surgir d'autres et vous permettre de retrouver de plus en plus de détails sur votre enfance.

Décrivez vos parents tels qu'ils vous apparaissaient lorsque vous étiez enfant :

– Comment vous traitaient-ils, comment traitaient-ils vos frères et sœurs et comment se conduisaient-ils l'un envers l'autre ? Jouaient-ils avec vous ? Vous mettaient-ils au lit ? Vous lisaient-ils des histoires pour vous endormir ? Vous chantaient-ils des berceuses ? Vous faisaient-ils des câlins et vous prenaient-ils sur leurs genoux ?

– Que faisaient-ils de leur temps ? Étaient-ils souvent avec leurs enfants ? Lequel des deux fixait les règlements ? Lequel des deux les faisait respecter ? Vos parents buvaient-ils ? Fumaient-ils ? Qui était présent le matin au petit-déjeuner ?

– Vous habilliez-vous tout seul le matin ? Que mangiez-vous ? Comment vous rendiez-vous à l'école ? Qui était présent lorsque vous rentriez de l'école ? Que se passait-il à table ? Qui était présent ? Que se passait-il après le dîner ?

– Aviez-vous des vêtements préférés ? Des vêtements que vous détestiez ? Qui décidait ce que vous deviez porter ? Comment était votre école ? De quels enseignants vous souvenez-vous et en quelle année étiez-vous ? De quels amis vous souvenez-vous ? Quelle était votre activité préférée à l'école ? En dehors de l'école ?

– À quels moments vous souvenez-vous d'avoir été heureux ? Malheureux ? Qu'est-ce qui comptait pour vous ? Que pensez-vous que vos parents attendaient de vous ? Que se passait-il pendant les week-ends et les vacances ? Faisiez-vous des sorties et des excursions avec vos parents ? Vous emmenaient-ils en vacances ? Quels étaient les sujets dont vous pouviez discuter et ceux qui étaient tabous ? Qu'arrivait-il lorsque vous vous faisiez mal physiquement ? Lorsque vous souffriez émotionnellement ? Aviez-vous la permission d'inviter des amis à la maison ? Comment vos parents traitaient-ils vos copains ? Y avait-il des disputes à la maison ? Arrivait-il qu'on taquine, ridiculise ou humilie quelqu'un ? Qu'arrivait-il lorsque les enfants se disputaient entre eux ? Y avait-il des secrets dans la famille ? Vos parents avaient-ils des liaisons extraconjugales, etc.

Essayez de vous souvenir d'autant de détails pratiques que possible. Vous vous remémorerez un plus grand nombre de souvenirs en les notant par écrit. Faites un dessin de la maison ou des maisons dans lesquelles vous avez grandi, comme le conseille Jean Jenson dans *Reclaiming your Life*.

« Je n'arrive pas à connecter mes émotions à la vieille réalité »

Une fois que vous les aurez déconnectées du symbole, vous aurez peut-être des difficultés à reconnecter vos émotions à la vieille réalité. Certains clients constatent que leurs émotions disparaissent dès qu'ils essaient de les déconnecter de l'incident qui les a fait surgir. En thérapie de la PRI, il est important de ressentir pleinement les émotions qu'un événement présent fait surgir en nous, tout en reconnaissant qu'il n'en est pas la cause réelle. Nous devons prendre conscience que celle-ci se trouve dans notre enfance. Si vous constatez que vous perdez le contact avec une émotion dès que vous essayez de la déconnecter du symbole, essayez la technique suivante : tout en ressentant l'émotion telle qu'elle est, soit connectée au symbole, pensez à une image de la réalité passée dont vous savez qu'elle est connectée à cette émotion. Si vous sentez qu'elle se résorbe pendant que vous faites cet exercice, remettez-vous à penser au symbole et laissez l'émotion vous submerger à nouveau. Une fois que vous avez ressenti l'émotion aussi intensément que possible, revenez à l'image de votre réalité passée, comme s'il s'agissait d'une diapositive, jusqu'à ce que l'émotion s'estompe. Retournez alors au symbole, et ainsi de suite...

Par exemple, imaginez que votre patronne se conduit de telle sorte que vous avez l'impression d'être complètement rejeté. Elle vous donne nettement l'impression qu'il n'y a rien que vous puissiez faire pour rétablir le contact. Or, dans la vieille réalité dont vous avez conscience, votre mère n'accordait pas la moindre attention à l'enfant que vous étiez. À vos yeux, la situation était totalement désespérée. Vous ne pouviez rien faire pour attirer son attention. L'enfant que vous étiez était laissé entièrement à lui-même. Dans l'exemple ci-dessus, votre patronne est le symbole qui fait surgir en vous le sentiment de solitude absolue. Commencez par ressentir pleinement cette émotion envers votre patronne. Superposez ensuite sur cette émotion la diapositive de vous-même, enfant, seul dans un coin, assis sur le sol, et personne en vue. À mesure que l'émotion s'estompe, repensez à votre patronne qui vous rejette maintenant, etc.

Cette technique de va-et-vient entre les images peut être très efficace lorsqu'on l'applique jusqu'à ce que l'émotion ne surgisse plus lorsqu'on évoque le symbole.

« Comment puis-je savoir si mes souvenirs sont vrais ? »

Depuis quelques années, un débat fait rage dans certains milieux entre ceux qui croient en la validité des souvenirs refoulés et ceux qui n'y croient pas. La plupart des gens ont entendu parler de victimes d'inceste chez qui le souvenir des abus subis ne refait surface que lorsqu'elles arrivent à la trentaine ou même plus tard. Le concept des « faux souvenirs » (une expression contradictoire puisque le mot souvenir renvoie à un événement qui a eu lieu) a amené beaucoup de personnes à douter des souvenirs qu'elles pensent se rappeler au sujet de leur passé.

Notre mémoire consciente semble effectivement fonctionner de manière très sélective. Nous ne nous souvenons que de certaines choses et nos souvenirs sont souvent teintés par nos croyances, nos défenses et l'image que nous avons de nous-mêmes. En vieillissant, nous nous rendons compte que nous ne pouvons pas toujours être certains que nos souvenirs sont exacts et véridiques.

Les choses semblent différentes en ce qui concerne les douleurs refoulées. Si j'en crois mon expérience de thérapeute et de cliente, les images et les émotions qui surgissent pendant une régression sont très claires, très fortes et souvent inattendues, et elles donnent l'impression d'être tout à fait véridiques. C'est un peu comme si ces événements avaient été « gelés » dans leur état original. Lorsqu'ils « dégèlent » pendant une régression, ils surgissent sans que la moindre interprétation ne les déforme.

Ce phénomène est particulièrement frappant lorsqu'on observe le langage corporel des clients pendant une régression. Leur corps se met à bouger comme il le faisait autrefois. Par exemple, un homme qui a été forcé de faire des fellations lorsqu'il était enfant peut sentir les muscles de sa bouche se contracter et ses lèvres s'ouvrir à son insu. Ces mouvements musculaires sont totalement involontaires. Ils sont impossibles à contrôler consciemment et ils ne cessent que lorsque la régression prend fin. Autre exemple : pendant une régression, une femme qui a été battue presque à mort pendant son enfance sent la vie sortir de son corps, jusqu'au collapsus. Ce n'est qu'en interrompant délibérément la régression et en se laissant aller à ressentir pleinement son émotion qu'elle peut mettre fin à un état qui n'a pas été induit par sa volonté consciente.

Notre corps semble emmagasiner les traumatismes dans leur forme originale. Mon travail avec de nombreux clients et mon travail sur moi-même m'ont appris que le corps ne ment jamais. Il nous dit la vérité si nous voulons bien l'entendre. Notre esprit peut nous berner. Nos émotions peuvent nous jouer des tours, mais notre corps est incapable de mentir. Tout thérapeute ou toute personne qui a fait l'expérience de méthodes de thérapie axées sur le corps peut le confirmer.

Les régressions ne permettent pas toutes de faire surgir des souvenirs profonds du corps, comme dans les cas d'inceste ou de graves châtiments corporels. Lorsque le traumatisme que nous avons subi ne nous inflige pas de douleurs ou de sensations physiques directes, nous comprenons néanmoins, intuitivement, que la régression nous a fait accéder à la vérité, car les images et les émotions qui surgissent en nous sont tellement vives, profondes et inattendues qu'il est impossible que nous les ayons imaginées consciemment. Une véritable régression est sans équivoque pour la personne qui en fait l'expérience. Lorsque nous nous contentons simplement de parler du passé, nous ne pouvons qu'émettre des hypothèses sur notre enfance et sur les émotions que nous avons éprouvées. Ces hypothèses peuvent être vraies ou sembler vraies, mais nous ne le sentons pas au plus profond de nous-mêmes. Seule une régression permet de ressentir pour de vrai.

« Ça me fait beaucoup trop peur »

La thérapie de la PRI a quelque chose d'effrayant. Pour notre conscience d'enfant, il est absolument terrifiant de renoncer aux mécanismes de défense de notre enfance. Notre conscience d'enfant ne se rend pas compte que nous sommes maintenant des adultes, que notre vie passée est terminée et que nous sommes devenus aptes à connaître la vérité sur notre enfance. Notre conscience d'enfant nous amène à penser et à ressentir comme si nous étions toujours en proie à notre vieille douleur ; elle pense que nous avons encore besoin de protection contre la vérité, et elle en fait une question de vie ou de mort, comme ce l'était pour l'enfant que nous étions. Notre conscience d'enfant demeure la même. Elle fonctionne comme au temps de notre enfance, à l'époque où tout semblait éternel et où les choix étaient impossibles, à l'époque où nous refoulions la vérité sur nos émotions et sur notre vie, car les admettre nous aurait tués. Lorsque nous essayons de renoncer à nos défenses pour accéder à de vieilles douleurs refoulées, il ne faut donc pas s'étonner que notre conscience d'enfant s'exclame, alarmée : « Non, non, ne t'ouvre pas à ces émotions car elles te tueront ou te mèneront à la folie ; arrête pendant qu'il en est encore temps. Sauve-toi avant qu'il ne soit trop tard ! »

Comme nous ne reconnaissons pas, au début, que ces signaux d'alarme viennent de la dernière ligne de défense - le barbelé de la peur -, nous sommes tellement effrayés que nous réagissons à l'avertissement et résistons à notre douleur en recourant à un mécanisme de défense. Nous ne nous rendons pas compte qu'il s'agit d'un vieil avertissement et que l'émotion que nous essayons de repousser émane d'un événement passé, un événement qui remonte à très très longtemps. La peur fonctionne comme un marqueur. Elle nous indique la direction à suivre pour accéder à notre vieille réalité. Suivez cette direction, faites la sourde oreille à votre peur, et vous pourrez accéder à votre douleur refoulée et l'assimiler.

Il y a deux exceptions à cette règle. Il ne faut pas nous aventurer sur cette voie si cela peut nous menacer physiquement, auquel cas nous devons au contraire nous protéger. En outre, il faut éviter d'affronter notre peur lorsqu'il est financièrement dangereux de le faire - par exemple si nous risquons d'y laisser notre emploi et le salaire dont nous avons besoin. Nous devons écouter notre peur, mais éviter le danger.

Une cliente, Laura, raconte avoir eu particulièrement peur, un soir. Elle s'est étendue sur son lit pour essayer de laisser cette peur l'envahir le plus possible. Elle l'a sentie devenir de plus en plus forte, craignant un moment qu'elle n'atteigne un seuil insupportable. Puis elle s'est souvenue qu'il n'y a aucun danger à céder à des émotions. Elle s'est donc laissée aller et n'a plus résisté. Elle s'est demandé ce qui lui faisait le plus peur; il lui a semblé que sa peur devenait une boule dans sa poitrine, qui poussait contre sa gorge, comme pour sortir. Lorsqu'elle l'a sentie passer à travers son visage et son crâne, elle a pensé pendant un moment qu'elle allait mourir. Quelques instants plus tard, elle se sentait très soulagée et parfaitement vivante. Elle a refait l'expérience, mais sa peur n'a plus jamais atteint la même intensité. Cet exercice l'a énormément aidée à accepter ses vieilles douleurs, à avoir confiance en elle et à être authentique dans le présent. Il l'a libérée de cette peur qui l'avait hantée quotidiennement.

Tim a vécu une expérience comparable. Il a éprouvé une peur très profonde devant une émotion énorme qui, dans son cas, a pris naissance dans ses orteils et s'est amplifiée de plus en plus en remontant vers son visage. Lorsqu'il a senti l'émotion atteindre son cou, il lui a semblé qu'elle était devenue une chape mouillée et très lourde qui allait l'étouffer si elle lui recouvrait la tête. En son for intérieur, cependant, il savait qu'il ne courait aucun danger réel et que l'émotion qui lui faisait peur était exactement l'émotion à laquelle il devait céder, ce qu'il a fait. L'expérience n'a duré que quelques secondes, et l'émotion qu'il éprouvait s'est estompée d'elle-même. Le lendemain, il était libéré de la peur chronique qui l'avait accompagnée jusque-là.

Ces deux exemples sont plutôt extrêmes. Nous n'avons pas tous besoin de surmonter une peur aussi intense que celle de Laura et de Tim, et l'expérience physique n'est pas toujours aussi pénible. Les cas de Laura et de Tim sont intéressants parce qu'ils montrent qu'il n'y a aucun danger à nous laisser aller à ressentir notre peur, quelle que soit son intensité, ou les vieilles émotions contre lesquelles elle nous préserve.

La peur des fantômes, des extraterrestres, des esprits et autres entités semble aussi trouver son origine dans les douleurs refoulées de l'enfance. Des clients qui réagissaient d'une manière presque phobique lorsqu'ils se trouvaient dans l'obscurité se sont totalement libérés de cette manie en élucidant la véritable cause des peurs de leur enfance. Dans le cas de Lynne, par exemple, la peur de l'obscurité servait à refouler une douleur bien réelle : ni sa mère ni son père n'avait pu lui apporter la sécurité émotionnelle et physique dont elle avait besoin lorsqu'elle était petite.

Ces anecdotes montrent bien que la peur est une défense contre de vieilles douleurs. La peur semble servir de mécanisme de défense et nous cacher la vérité au sujet de notre enfance. Comme nous l'avons vu, une peur très intense peut nous détourner de notre but et nous empêcher de découvrir la vérité au sujet de notre enfance. Pour qu'une vérité nous soit révélée, nous devons aller jusqu'au bout de notre peur ; nous devons nous demander ce qui nous terrifie le plus et imaginer que nous sommes en face de cette chose terrifiante.

Lorsque nous cédons à la peur, aussi intense soit-elle, celle-ci finit inévitablement par être remplacée par une autre émotion. Lorsque notre peur, qui est le dernier mécanisme de défense auquel nous ayons recours pour préserver notre refoulement et notre déni, ne réussit plus à nous effrayer, nous sommes envahis par la solitude, la tristesse ou quelque autre profonde douleur de l'enfance. Ces autres émotions étant beaucoup moins terrifiantes, il est souvent plus facile de s'y laisser aller.

N'oubliez pas que malgré l'intensité de votre peur, vous êtes en sécurité tant et aussi longtemps qu'une menace physique ou financière immédiate ne pèse pas sur vous. Il n'est pas dangereux de ressentir une vieille douleur, pourvu que vous-même et votre thérapeute sachiez qu'il s'agit d'une vieille douleur. Même si vous ne sentez pas qu'elle appartient au passé, votre conscience, elle, le sait.

« Je me sens mal dans ma peau »

Nous essayons souvent de repousser le plus loin possible toutes les pensées et les émotions qui appartiennent à notre mécanisme de défense primaire. En dépit de nos efforts, ces émotions se manifestent malgré tout : nous nous sentons inadéquats ; nous avons l'impression d'être des monstres ; nous avons honte de nous ; et ainsi de suite. Les personnes sujettes à des états dépressifs (qui se traduisent non pas par de la tristesse, mais par de l'indifférence, de l'apathie ou un sentiment de vide) sont plus souvent en proie au mécanisme de défense primaire que la plupart des gens.

Si vous constatez qu'il vous arrive souvent d'être extrêmement critique envers vous-même ou de sentir que la vie est « trop lourde à porter », vous avez peut-être intérêt à accorder une attention particulière à votre mécanisme de défense primaire. Commencez par noter toutes les fois, au cours d'une journée, où vous vous dénigrez. Écrivez les reproches que vous vous faites et les mots durs que vous vous adressez. Après avoir fait cet exercice pendant une semaine ou deux, dressez une liste de ces critiques, qu'il s'agisse de pensées ou d'émotions. Notez ensuite une image-miroir de ces pensées et de ces émotions. Vous verrez ainsi à quoi ressemble votre ancienne réalité.

Par exemple :

Pensée ou émotion représentant une défense primaire	**Ancienne réalité**
Je suis une personne méprisable.	On m'a souvent traité comme si j'étais un enfant difficile.
Il faut que je le fasse moi-même, mais	J'avais besoin que quelqu'un d'autre le fasse à ma place.
Je ne peux pas, c'est au-dessus de mes forces,	mais il n'y avait personne pour le faire à ma place.
Je ne vaux rien.	On m'a traité comme si je ne valais rien.
Je serai toujours seul.	J'étais seul dans ma famille.
Personne ne m'aime.	Mes parents ont souvent manifesté de l'aversion pour l'enfant que j'étais.
Je ne réussis jamais rien.	Mes parents n'accordaient aucune valeur à ce que je faisais.
Je suis stupide.	J'ai été traité comme si j'étais incapable de contribuer à quoi que ce soit.
J'ai honte de moi-même, de mon corps, etc.	On m'a traité comme si je n'avais aucun talent, aucune qualité.

Voici comment fonctionne le mécanisme de défense primaire: tant que nous nous concentrons sur nos lacunes, nous n'avons pas à nous concentrer sur les lacunes des personnes de notre entourage (nos parents, lorsque nous étions enfants, par exemple). Il nous aurait été trop douloureux de prendre conscience de leurs insuffisances, car cela aurait privé l'enfant que nous étions de l'espoir de voir sa situation changer. Des observations cliniques démontrent que la forme que prend le mécanisme de défense primaire est un reflet presque exact de la façon dont l'enfant a été traité; il révèle les messages négatifs qu'il a reçus directement ou indirectement, ainsi que l'impact de ces messages. Plus un enfant a été mal traité pendant son enfance, plus son autodénigrement est prononcé. Plus les abus subis sont graves, plus le mécanisme de défense primaire s'intensifie, comme s'il voulait en contrer la force. Les abus ne sont pas nécessairement de nature sexuelle ou physique. La négligence émotionnelle et la violence verbale ont également des effets dévastateurs et peuvent conduire au développement d'une défense primaire très tenace.

Voyons le cas de Laurent, dont la mère était occupée soit à des tâches ménagères, soit à des travaux de traduction qui lui permettaient de gagner sa vie. Laurent n'avait ni frères ni sœurs. Son père, qui était au chômage, passait la majeure partie de son temps à l'extérieur de la maison, à discuter avec des voisins sans emploi. Laurent a grandi dans la solitude la plus totale. Bébé, il rampait sur le plancher et s'installait sous la table où sa mère travaillait. Il espérait qu'elle lui jette un coup d'œil, qu'elle lui accorde un peu d'attention, mais elle ne le faisait jamais. Jusqu'à la puberté, Laurent a donc passé presque tout son temps seul; il était seul émotionnellement, et très souvent seul physiquement. Aujourd'hui, Laurent, adulte, est victime d'une défense primaire hyperdéveloppée, qui lui fait croire qu'il n'est pas à la hauteur, qu'il ne le sera jamais, que tout est de sa faute, et ainsi de suite. Il a été alcoolique pendant des années. Ayant vécu de nombreuses relations très difficiles, il a passé bon nombre d'années sans partenaire. Son enfance a eu sur lui des effets dévastateurs, même s'il n'a pas été victime d'abus physiques ou sexuels.

« Comment puis-je faire la distinction entre un besoin ancien et un besoin adulte ? »

Il nous arrive souvent d'éprouver le besoin très vif de faire ou d'avoir quelque chose. Mes clients me demandent souvent comment distinguer un besoin d'enfant d'un besoin d'adulte. La solution la plus simple consiste à nous demander si nous pouvons survivre même si ce besoin n'est pas satisfait. J'imagine qu'en nous posant cette question à tout propos, nous finirons par conclure que bon nombre de nos besoins sont des besoins d'enfant. En fait, de la nourriture, des vêtements et un abri sont les seuls besoins essentiels pour survivre à l'âge adulte, rien de plus !

Voici les choses dont nous pouvons nous passer, bien qu'elles fassent partie de notre nature fondamentale : le sexe ; l'intimité émotionnelle et la compagnie ; la procréation ; la sécurité ; et une activité qui donne un sens à la vie. Si vous constatez qu'il y a sur cette liste des choses qui ne font pas partie de ce que vous souhaitez avoir dans la vie, vous avez sans doute intérêt à travailler sur vous-mêmes pour vous mettre à l'écoute de vos besoins. Peut-être y a-t-il à l'œuvre, chez vous, un puissant mécanisme de faux pouvoir et de déni des besoins. Je m'explique.

Le sexe

Notre corps est fait de telle manière que les rapports sexuels sont, normalement, une expérience très agréable. Naturellement, ce n'est pas toujours agréable, pour diverses raisons. Cependant, si vous avez l'impression que vous pourriez aisément vous passer de relations sexuelles ou si c'est ce que vous désirez secrètement, vous refoulez sans doute quelque chose. Demandez-vous quelles sont les émotions qui surgissent en vous lorsque vous faites l'amour ou cédez au désir de votre partenaire d'avoir un contact sexuel. Ces émotions tirent fort probablement leur origine de votre enfance. D'autre part, si vous avez l'impression d'avoir constamment besoin de faire l'amour, vous vous servez peut-être du sexe pour éviter de ressentir la blessure laissée par des besoins insatisfaits pendant votre enfance, comme des besoins d'amour, d'attention, d'acceptation, etc. Permettez-vous de ressentir les émotions qui surgissent en vous la prochaine fois que vous aurez « besoin » de faire l'amour, mais n'agissez pas sur ce besoin. Voyez ensuite si cela ne cache pas un ancien besoin qui n'a pas été satisfait pendant votre enfance.

L'intimité émotionnelle et la compagnie

Les humains ne sont pas des êtres solitaires. Nous avons toujours vécu en groupes et nous dépendons les uns des autres pour notre survie. Dans le monde numérique moderne, nous devenons de plus en plus indépendants, mais nous ne le sommes pas encore au point où notre besoin fondamental d'intimité et de compagnie a été éliminé. Ici encore, si vous avez l'impression que vous pourriez vivre sans intimité émotionnelle et sans compagnie, vous devez vous mettre à l'écoute de vos besoins. En revanche, si vous avez l'impression de constamment avoir besoin d'intimité émotionnelle et de compagnie, comme dans le cas du sexe, vous cherchez probablement à combler un besoin resté insatisfait pendant votre enfance.

La procréation

Même si le monde est déjà surpeuplé, la pulsion de se reproduire et d'avoir une progéniture est une force fondamentale. Elle l'est du reste chez toutes les formes de vie. En fait, la pulsion de se reproduire est aussi importante pour la survie des espèces que l'instinct de survie individuel est important pour la survie de l'individu. Les personnes qui choisissent consciemment de ne pas avoir d'enfants sont généralement, et souvent à leur insu, victimes de leur propre enfance. Ce choix peut découler de causes nombreuses – du sentiment que l'enfance est une étape terrible à la peur d'assumer la responsabilité d'élever des enfants. Si vous avez toujours rejeté l'idée d'avoir des enfants, demandez-vous ce qui se cache derrière ce choix. À l'inverse, un désir obsessif d'avoir des enfants est également le signe d'un mécanisme de défense contre une ancienne douleur.

La sécurité

La plupart des gens recherchent un environnement qui est sain physiquement. C'est la raison pour laquelle notre monde compte tant de réfugiés. Si vous constatez que les activités dangereuses vous attirent (la descente en rappel, l'escalade de parois rocheuses, le parachutisme, le saut à l'élastique, la spéléologie et ainsi de suite), demandez-vous si ces activités servent à refouler la peur ou quelque autre sentiment désagréable de votre conscience.

Une activité qui donne un sens à la vie

Peu importe ce que nous faisons dans la vie, nous essayons pour la plupart de faire quelque chose d'utile, quelque chose qui compte. Rares sont les gens qui trouvent le bonheur à s'adonner à une activité qui n'a aucune importance à leurs yeux. Une forte pulsion semble nous pousser à faire quelque chose de notre vie, à nous épanouir et à nous investir dans ce que nous faisons. Si vous vous contentez de passer vos journées à fixer le plafond ou si votre vie est une inlassable quête de plaisir, demandez-vous ce qui se passe en vous et contre quelle douleur vous cherchez à vous protéger.

Je n'ai pas mentionné le besoin d'amour. L'amour est un mot qui peut avoir de nombreuses significations. Pour des raisons de clarté, je n'ai pas inclus l'amour dans la liste des besoins adultes afin de pouvoir être aussi précise que possible dans le présent contexte.

Personnellement, je crois que l'amour est, en fin de compte, la seule chose que nous recherchons toute notre vie, et qu'il est finalement la seule chose qui compte. Toutes nos autres quêtes et aspirations ne servent que ce but : l'amour, même si nous ne nous en rendons pas toujours compte. Il est important de faire une distinction entre aimer quelqu'un (ou être aimé de quelqu'un) et aimer ce que nous obtenons de cette personne. Nous confondons souvent ces deux concepts, que nous appelons tous deux « amour ». Voyons de plus près la signification que cachent ces concepts.

Comme je l'ai mentionné brièvement dans l'introduction, nous comprenons difficilement comment il se fait que nos parents nous aient dit à de nombreuses reprises qu'ils nous aimaient quand nous étions enfants alors que notre vérité intérieure nous dit autre chose. Ici, parents et enfants ont en tête des notions différentes, mais ils utilisent le même mot : « amour ». Par exemple, une mère se rappelle combien elle aimait cajoler son tout-petit et lui faire des câlins lorsqu'elle se sentait seule, combien elle appréciait ces précieux moments passés en sa compagnie. Elle se souvient combien elle était fière de son petit, parce qu'il était mignon, doué, charmant et bien élevé, ce qui voulait dire qu'elle était une bonne mère. Elle repense souvent à ces jours heureux et se souvient « combien » elle aimait son enfant. Mais lui, l'enfant devenu adulte, s'est forgé une autre réalité. Sur le plan émotionnel, il se souvient surtout d'avoir été terriblement seul parce que sa mère avait souvent l'esprit ailleurs. Il se souvient que, lorsqu'elle s'occupait de lui, elle était parfois très exigeante. Elle ne comprenait ni ses désirs ni ses besoins et s'impatientait souvent. L'enfant adulte sent une énorme peur le submerger dans certaines situations sociales où il craint le jugement des autres. Il comprend maintenant que c'est une manifestation de son ancienne peur, qui découle de l'attitude critique de sa mère envers le petit enfant qu'il était.

Cet exemple illustre comment parent et enfant peuvent avoir une idée totalement différente de ce qu'a été le passé. De toute évidence, il y a un énorme écart entre la réalité passée de l'enfant apeuré et la réalité de la mère fière de son rejeton.

Lorsque nous utilisons le mot amour, il est crucial de garder à l'esprit que l'amour n'a rien à voir avec la satisfaction de nos propres besoins, comme dans l'amour que la mère ci-dessus dit porter à son petit. Aimer quelqu'un, que ce soit un adulte ou un enfant, consiste à combler ses besoins à lui, ou à elle. Lorsqu'on aime véritablement quelqu'un, on a le désir et la volonté de comprendre ses désirs et ses besoins et de l'aider à les combler. Il s'agit en fait d'amour inconditionnel : nous aimons l'autre, c'est-à-dire que nous nous concentrons sur ses besoins et non sur les nôtres, sans spéculer sur ce que nous allons obtenir en retour. Lorsque nous aimons inconditionnellement, nous continuons à combler les besoins de l'autre même si nous n'obtenons rien en retour ou, pis encore, même si l'autre nous fait mal. Demandez-vous qui vous aimez de cette façon. Qui est la personne dont vous continueriez à combler les désirs et les besoins même si vous n'obteniez plus rien en retour ? Cette question risque de vous entraîner dans une remise en question. Il faut admettre que nous utilisons souvent le mot amour dans le sens de la satisfaction de nos propres besoins.

Une femme peut aimer passer du temps avec son amoureux parce qu'elle se sent extrêmement bien lorsqu'il lui dit combien elle est merveilleuse. Cela ne signifie pas qu'elle l'aime. Et elle risque d'être très mécontente s'il décide de passer un week-end seul ou si la fréquence de ses compliments diminue. Une mère peut aimer habiller ses jeunes enfants et leur accorder beaucoup d'attention sur le plan physique, mais cela ne veut pas dire qu'elle les aime. Elle ne les aime pas lorsqu'elle les laisse pleurer, seuls dans le noir, parce qu'elle se dit qu'ils doivent apprendre à surmonter leur peur de l'obscurité.

Très souvent, nous croyons aimer une personne parce que nous aimons ce que nous obtenons d'elle ; nous croyons l'aimer parce qu'elle nous préserve de la solitude. Pour l'aimer vraiment, cependant, il nous faudrait d'abord connaître ses désirs et ses besoins. Cette conception de l'amour est difficile à saisir et à accepter : en général, lorsque nous « aimons » une personne, nous en obtenons quelque chose, par exemple le plaisir ressenti lorsqu'elle satisfait nos désirs. Nous sommes attentifs et nous lui disons des choses gentilles afin qu'elle pense que nous sommes bons, aimables, désirables et dignes d'amour. Nous cherchons en fait à satisfaire nos vieux besoins, ce qui ne signifie nullement que nous « aimons » l'autre.

Aimer véritablement, y compris nos propres enfants, n'est possible que lorsque nous habitons notre conscience d'adulte, c'est-à-dire lorsque nous sommes libérés de la pulsion qui nous ordonne de satisfaire les anciens besoins qui régissent notre conscience d'enfant. Si vous constatez que votre amour pour les autres est principalement lié à la satisfaction de vos propres besoins, sachez que votre conscience d'enfant a pris le dessus et que vous essayez de combler de vieux besoins insatisfaits. Autrement dit, vous recourez au mécanisme de défense qui consiste à entretenir de faux espoirs. C'est ce mécanisme de défense qui explique pourquoi nous « planons » aussi haut lorsque nous sommes amoureux, convaincus que nos faux espoirs deviendront réalité. Il explique aussi pourquoi la désillusion nous gagne avec le temps : nos faux espoirs sont déçus parce qu'il est impossible de combler, aujourd'hui, des besoins de l'enfance.

Il y aurait bien d'autres choses à dire au sujet de l'amour. Cependant, il n'entre pas dans le propos du présent ouvrage de s'étendre sur ce sujet, qui est, en fin de compte, d'une nature plutôt spirituelle.

Si vous estimez que vous avez des besoins (et non des désirs) autres que ceux qui ont été mentionnés, il s'agit sans doute de besoins de l'enfance. On peut reconnaître un besoin par son intensité. Si vous ressentez un besoin impérieux qui n'entre pas dans les catégories ci-dessus, il s'agit incontestablement d'un besoin d'enfant. Or, les besoins d'enfant sont, par définition, impossibles à combler. Ce sont de faux espoirs qui vous font croire que vous pouvez les combler. Croire en cette illusion ne sert qu'à renforcer votre mur de déni et à entraver votre processus de guérison.

« Mais c'est ce qui m'arrive maintenant ! »

Nous laissons souvent tomber cette petite phrase lorsque nous ne voulons pas renoncer à un symbole, lorsque nous ne voulons pas admettre qu'il n'est pas la cause de nos émotions, mais plutôt le déclencheur qui les fait resurgir. Pour laisser agir un symbole, nous devons reconnaître que nous y réagissons en tant que tel. Pour y parvenir, il faut renoncer à tout espoir d'obtenir jamais ce dont nous croyons avoir besoin. Dans notre réalité d'adulte, nous pouvons nous passer du besoin que le symbole déclenche en nous, mais nous sommes portés à croire ce que nos sentiments nous disent. Nous devrions pourtant savoir que tout besoin autre que les besoins fondamentaux déjà énumérés est un besoin de l'enfance demeuré insatisfait à cette époque.

Tant que nous utilisons un symbole à notre insu, nous sentons implicitement qu'il existe encore une possibilité que notre besoin insatisfait soit comblé. Notre conscience d'enfant ne renonce ni au besoin ni à l'espoir qu'il soit comblé. L'enfant que nous étions avait des besoins et, dès que nous nous retrouvons dans notre conscience d'enfant, nous croyons qu'ils sont encore réels. Dès que vous croyez qu'une chose n'est pas ancienne mais qu'elle appartient au présent, demandez-vous si l'intensité de vos émotions est proportionnelle à l'événement.

Imaginez la situation suivante : votre mari vient de vous quitter et vous vous sentez dévastée. Vous avez l'impression que la vie ne vaut plus la peine d'être vécue. Aussi pénible que soit le départ de votre mari, il est probable que le sentiment affreux que vous ressentez indique que votre séparation a réveillé d'anciennes douleurs. La profondeur de votre désespoir n'est pas proportionnelle à ce qui vous est arrivé. Aussi terrible que soit la perte d'un être qu'on aime, elle ne prive pas la vie de son sens. Les enfants que vous aimez sont toujours là, de même que les amis qui vous sont chers, et le travail qui vous procure de grandes satisfactions. Et si ce n'est pas le cas, vous trouverez autre chose pour redonner un sens à votre vie. C'est l'enfant que vous étiez qui a l'impression que la vie perd tout son sens lorsque ses pourvoyeurs de soins l'abandonnent ; l'enfant que vous étiez en serait littéralement mort.

Lorsqu'une personne se trouve dans sa conscience d'enfant, elle a souvent des difficultés à déterminer ce qui se passe réellement dans le moment présent. Qu'est-ce qui est vrai ? Elle ne sait pas si elle doit se fier à ses perceptions : « Mon employeur songe-t-il à me congédier ? Mon thérapeute veut-il se débarrasser de moi ? Mes amis disent-ils du mal de moi ? Ma famille m'évite-t-elle ? Ne se soucie-t-elle plus de moi ? Mon partenaire cherche-t-il à se venger ? » Dans tous ces exemples, il y a confusion quant aux intentions des autres. Cette personne se sent blessée par les autres, et elle croit que les émotions qu'elle éprouve sont vraies. Grâce au travail de thérapie de la PRI, cependant, elle est suffisamment sensibilisée pour ne plus en être certaine.

En vous servant des connaissances que vous avez acquises, vérifiez si vous avez raison de soupçonner qu'une personne donnée songe ou pourrait songer à faire une chose qui vous déplaît. Posez-lui la question d'une manière non défensive. Essayez de vous renseigner sur ses intentions en gardant l'esprit ouvert. Lorsqu'on garde l'esprit véritablement ouvert, on ne fait pas nécessairement confiance à des émotions illusoires, et l'on est disposé à croire l'autre personne. C'est ainsi que l'on peut décider de quoi est faite la réalité présente. Si vous demandez à votre partenaire s'il cherche à se venger et qu'il vous répond « non », croyez-le. Si vous lui posez la question de manière ouverte, sans être agressive ni sur la défensive, il y a de fortes chances que vous obteniez une réponse honnête.

Si vous êtes incapable de croire aux réponses que vous obtenez de vos partenaires, de votre patron ou de vos amis, demandez-vous si l'enfant que vous étiez doutait constamment de ce que les adultes lui disaient, et s'il devait constamment se tenir sur ses gardes pour parer à un danger imprévu. Commencez par travailler sur votre sentiment d'insécurité avant de chercher à vérifier la réalité. Vous déterminerez ainsi ce qui appartient à votre présent et ce qui découle de votre réalité d'enfant.

« Comment puis-je empêcher mes émotions de s'estomper rapidement ? »

Certains clients trouvent utile de se munir d'un magnétophone pour enregistrer leurs paroles. Il est souvent difficile de s'asseoir et d'essayer de ressentir des émotions. Il est beaucoup plus facile de les décrire à mesure qu'elles surgissent. Essayez de parler librement, à partir de l'état émotionnel que vous vivez. Ne vous censurez pas. Voici un exemple : « Je me sens seule, comme si personne au monde ne se souciait vraiment de moi. Tout mon entourage peut très bien continuer à vivre sans moi. J'ai la gorge serrée. Les larmes me montent aux yeux. Pourquoi n'y a-t-il personne qui m'aime ? J'ai envie de hurler. (Cris.) Aidez-moi, aidez-moi. Où es-tu ? J'ai besoin de toi, maman, maman, maman... ! ». (Pleurs.)

Cet exercice peut être très utile. En faisant remonter à la surface les émotions que nous éprouvions enfant, nous pouvons remonter à la source de ce qui nous arrive. Laissez vos émotions refaire surface, puis cédez-y du mieux que vous le pouvez.

Vous pouvez aussi faire cet exercice par écrit. Notez vos émotions au lieu de les enregistrer. Écrivez exactement ce que vous diriez sous forme narrative.

« C'est impossible ! Pas tous les jours ! C'est trop pour moi, il faut que je travaille ! »

Il y a des moments où il n'est pas souhaitable d'explorer pleinement ses émotions, par exemple au bureau, dans un lieu public ou lors d'une soirée. En général, cependant, nous pouvons quitter les lieux et nous rendre aux toilettes pour nous retirer et penser à ce qui nous arrive. Nous pouvons même fuir une situation pour ne pas avoir à refouler notre douleur. Si vous assistez à une soirée, vous pouvez rentrer chez vous. Cependant, soyez honnête quant au motif de votre départ : s'il s'agit d'un mécanisme de défense contre un sentiment de douleur, restez ; si vous voulez éviter de neutraliser vos émotions, partez.

Dans les cas où vous ne pouvez pas partir ou vous isoler momentanément, par exemple si vous avez de jeunes enfants qui ont besoin de vos soins, stockez l'émotion dans votre mémoire jusqu'à ce que vous ayez le temps d'y revenir. Vous pourrez ainsi faire face à vos anciennes douleurs à un moment plus opportun. Prenez soin, cependant, de ne pas agir ainsi pour vous défendre contre ces douleurs.

La plupart des gens qui font de la PRI n'ont aucune difficulté à vaquer à leurs occupations quotidiennes et à s'acquitter de leurs responsabilités. Il est parfois difficile de s'occuper d'un bébé qui pleure lorsqu'on a envie de pleurer soi-même, mais cela est possible. Pendant un certain temps, vous serez peut-être moins sociable et moins dynamique qu'à l'habitude, mais ne vous tracassez pas, c'est normal. Laissez les choses suivre leur cours. Consacrez plus d'attention à ce qui se passe en vous. Si vous avez pris l'habitude de vous protéger en vous concentrant presque exclusivement sur des choses extérieures, le changement risque d'être brutal. Ne vous faites pas de souci. Concentrez-vous sur vos responsabilités et sur les soins à donner aux personnes ou aux enfants qui dépendent de vous. S'il vous reste du temps, gardez-le pour vous.

Pour diverses raisons, vous éprouverez peut-être des difficultés à faire une thérapie de la PRI en solo. Essayez de voir les exercices et les conseils présentés ici comme des trucs utiles pour votre thérapie ou sa préparation. Même si vous ne réussissez pas à maîtriser tous vos démons, vous profiterez des connaissances que vous avez acquises chaque fois que vous les appliquerez.

NOTES

1. Patricia Allison et Jack Yost, *Hooked but not helpless : kicking the nicotine addiction,* Bridge City Books, Portland, Oregon, 1996.
2. C. Everett Koop, « Does cigarette smoking cause stress ? » *American Psychologist,* vol. 54, n° 10, 1999.
3. S.K. Mallick et B.R. McCenless, « A Study of Catharsis Agression », *Journal of Personality and Social Psychology,* n°4, 1966, tel que cité dans *Emotional Intelligence,* de D. Goleman, 1996.

Chapitre 7

ILLUSTRATIONS DU PROCESSUS

Pensée parallèle

Si vous réussissez à suivre les indications décrites au chapitre 5 dans « Exercices pratiques » (le travail de base) et à persévérer, vous verrez des changements se produire. Pour la première fois sans doute, vous vous rendrez compte de ce que vous ressentez dans certaines situations, et vous prendrez conscience des mécanismes de défense que vous utilisez. Vous vivrez sans doute des expériences très révélatrices. Ce chapitre vous offre des conseils précis sur la façon de vous y prendre pour découvrir votre réalité passée en examinant tous les petits détails du présent. Il s'agit en fait de la technique appelée « pensée parallèle ».

Souvenez-vous de la définition du « symbole » : un élément (situation ou personne) qui nous rappelle inconsciemment le passé. Cela signifie que, d'une certaine façon, le symbole représente soit un événement similaire qui s'est produit dans votre passé, ou le contraire exact de cet événement. Dès que nous approfondissons les caractéristiques d'un symbole, nous y découvrons des éléments de notre passé. En outre, notre réaction au symbole, dans le présent, est révélatrice de notre passé. Le symbole nous fait passer inconsciemment de notre conscience d'adulte à notre conscience d'enfant et aux mécanismes de défense que nous utilisions quand nous étions enfant. Nous percevons le symbole et nous y réagissons comme si nous vivions dans la réalité de notre enfance et non dans celle du moment présent. L'observation attentive de votre réaction et des particularités d'un symbole, telles que vous les percevez, vous aidera à retrouver votre réalité passée. L'exemple ci-dessous est tiré d'une séance de thérapie.

Cliente : Je suis terrifiée chaque fois que je dois me produire devant un auditoire. Je tremble intérieurement. J'ai l'impression que je ne m'y ferai jamais. Je n'en peux plus.
(La cliente vient de décrire le symbole – se produire devant un groupe – et les vieilles émotions qu'il fait surgir en elle.)
Thérapeute : Qu'avez-vous envie de faire lorsque vous ressentez ce malaise ?
(La réponse à cette question révèle la façon dont la cliente se défend contre une ancienne douleur.)
Cliente : Je me sens tellement nerveuse que je tremble intérieurement. Je voudrais devenir invisible.
(Voilà le mécanisme de défense que la cliente est encline à utiliser pour contrer cette douleur particulière : elle l'évite, son mécanisme de défense étant la peur.)
Thérapeute : Qu'est-ce qui vous donne envie d'agir de la sorte ?
(La thérapeute essaie de sonder la signification particulière du symbole.)
Cliente : J'ai l'impression de ne pas être à la hauteur. C'est comme s'il y avait une espèce d'échelle de mesure et que je me retrouvais tout en bas.
(Cette réponse révèle un détail au sujet du passé de la cliente ; de toute évidence, on l'a comparée à quelqu'un d'autre dans le passé.)
Thérapeute : De quel genre d'échelle parlez-vous ? Que mesure-t-on à l'aide de cette échelle ?
(Ici encore, la thérapeute essaie d'obtenir des détails plus précis sur le symbole, c'est-à-dire sur la réalité passée.)

Cliente : Cette échelle détermine la mesure dans laquelle les gens réussissent à faire ce que l'auditoire attend d'eux. J'ai peur du jugement. (Cette réponse fait apparaître une enfant qui avait très peur du jugement de ses parents, très peur de ne pas être à la hauteur de leurs attentes.)
Thérapeute : Que ressentiriez-vous si on vous jugeait de manière négative ?
(La thérapeute cherche encore une fois à obtenir plus de détails sur les émotions que le symbole fait surgir.)
Cliente : J'ai peur de laisser paraître mes émotions lorsque ma performance n'est pas à la hauteur. Ça se voit toujours lorsque je suis nulle. Réussir parfaitement tout ce que je dois faire est ma raison de vivre. (Cette réponse montre clairement ce que vivait l'enfant que cette cliente a été. Chacune de ses phrases donne un aperçu de sa réalité passée. Les mots « réussir » et « parfaitement » révèlent le mécanisme de défense, soit les faux espoirs, qui a aidé cette cliente à survivre. Même sa raison de vivre est directement liée à ses faux espoirs. Autrement dit, si ses faux espoirs s'effondraient - parce que sa performance n'est pas parfaite - elle n'aurait plus de bonnes raisons de vivre. C'est la réalité de l'enfant qu'elle a été.)
Thérapeute : Que ressentez-vous lorsqu'on vous juge sévèrement et que vous laissez paraître vos émotions ?
(La thérapeute essaie de découvrir la douleur qui se cache derrière le comportement de la cliente.)
Cliente : Je me sens très vulnérable, comme si je savais que je ne serai jamais à la hauteur ; j'ai l'impression de ne pas avoir le droit d'exister. (Ici encore, nous avons un aperçu de la réalité passée.)

Jusqu'ici, les réponses à ces quelques questions visant à en apprendre davantage sur le symbole et la réaction qu'il suscite chez la cliente nous ont fourni passablement d'information sur l'enfant qu'elle a été, sur ce qu'elle a vécu à l'époque et sur ses stratégies de survie. Selon toute apparence, ses parents avaient des standards très élevés qu'elle était incapable d'atteindre. Il y avait d'autres personnes qui semblaient être à la hauteur. L'enfant qu'elle était a fait un rapprochement entre déni et performance, et son mécanisme de défense, les faux espoirs, l'a amenée à vouloir tout faire parfaitement. Elle a l'impression de n'avoir le droit d'exister que lorsqu'elle fait tout à la perfection. Ce mécanisme de défense masque sa grande peur de laisser paraître ses émotions, c'est-à-dire de s'effondrer lorsqu'une critique négative démolit tous ses faux espoirs. Sa conscience d'enfant perçoit une terrifiante menace (son sentiment de ne pas avoir le droit d'exister la fait trembler intérieurement) et elle préférerait disparaître plutôt que d'attendre que le jugement tombe. En conséquence, elle troque le mécanisme de défense des faux espoirs pour un autre, soit le déni des besoins ou la peur.

Un thérapeute vérifiera toujours si les pensées parallèles concordent. Dans le cas ci-dessus, par exemple, chaque pensée parallèle est véritablement un reflet du passé. Il est toujours étonnant de voir des parallèles aussi évidents entre un symbole présent et la réalité passée. Cependant, il faut une écoute assez attentive pour les noter, et cette tâche demeure un grand défi.

Voyons un autre exemple tiré d'une séance de thérapie. Chaque remarque de la cliente est suivie par ce qu'elle révèle :

– un mécanisme de défense (déni des besoins, faux espoirs, faux pouvoir, défense primaire ou peur) ;

– l'ancienne douleur ;

– la façon dont la cliente a été traitée par ses parents ; l'ancienne réalité ;

– le symbole ; il reflète l'ancienne réalité et il se manifeste simultanément avec l'ancienne réalité.

Cliente : Lors d'une réunion, j'ai essayé de m'expliquer devant mes collègues, mais ça n'a pas marché du tout. J'avais l'impression qu'ils ne comprenaient rien à ce que j'essayais de leur dire (symbole/ancienne réalité). Ils m'ont regardée de manière très étrange (symbole/ancienne réalité).
Thérapeute : Quel effet cela vous a-t-il fait ?
Cliente : J'avais l'impression qu'ils me prenaient pour une folle (ancienne douleur) et que j'avais perdu la maîtrise de moi-même (défense primaire). Je pense que je devrais garder mon sang-froid (faux pouvoir).

Thérapeute : Quelle émotion avez-vous ressentie ?
Cliente : Une très grande peur (peur). J'avais l'impression d'exploser intérieurement (faux pouvoir). Je n'arrivais plus à penser ni à parler. Je me sentais étourdie et au bord de la panique (peur). Malheureusement, je ne voyais pas comment me sortir de cette impasse (échapper à la peur est impossible).
Thérapeute : Qu'est-ce qui vous a fait croire qu'ils vous prenaient pour une folle ?
Cliente : Leur façon de me regarder, avec un tel mépris (ancienne réalité), comme si j'étais différente des autres (ancienne réalité).
Thérapeute : De quelle façon pensez-vous qu'ils vous trouvent différente des autres ?
Cliente : Ils me croient folle, hors de contrôle (ancienne réalité). Ils ont raison : je suis folle (défense primaire).

Les commentaires de cette cliente révèlent les émotions que lui inspirait une personne dans son passé, en l'occurrence son père, lorsqu'elle essayait de parler de ses émotions ou de sa vision des choses. Son père n'avait que mépris pour l'enfant qu'elle était ; il lui donnait même l'impression qu'elle était folle et différente des autres membres de la famille. Naturellement, elle n'était ni folle ni différente, mais il avait réussi à lui faire croire qu'il y avait vraiment quelque chose qui clochait chez elle. Pour se défendre contre la douleur d'être injustement jugée par son père, elle a adopté la défense primaire, ce qui lui fait croire qu'elle est folle, différente des autres, et qu'elle n'a aucune maîtrise de ses actes. Elle n'a pas de faux espoirs ; il n'y a en elle que la défense primaire et la peur, qui révèlent ce qu'elle a vécu enfant : on ne lui a jamais donné la chance d'espérer pouvoir changer la situation. Arrivée à l'âge adulte, il ne lui reste plus qu'à essayer de refouler la douleur et à nier la réalité en se blâmant elle-même, ce que font la défense primaire et à la peur, les deux mécanismes de défense qui lui permettent d'entretenir l'illusion qu'elle peut encore s'échapper.

Si vous voulez découvrir les parallèles qui existent entre vos symboles du présent et votre ancienne réalité, notez ce que vous ressentez à l'égard d'une situation donnée et soulignez ensuite les parallèles entre le présent et le passé. Par exemple, imaginez la situation suivante : vous avez une conversation téléphonique avec une très bonne amie, mais après avoir raccroché, vous ressentez une impression très désagréable, qui persiste. Vous essayez d'écrire ce qui s'est passé. Votre texte pourrait ressembler à ceci.

J'étais au téléphone avec Marie. Au début, je me sentais bien. J'apprécie les conversations que nous avons ensemble. Soudain, elle m'a dit quelque chose qui m'a fait l'effet d'un coup de poing dans l'estomac. « J'étais très contente de te voir la semaine dernière. Tu sembles aller très bien ces temps-ci. Ta bonne humeur faisait plaisir à voir, car il y a des jours où tu es plutôt sombre. » Le coup a porté très fort. Sombre ? Elle est folle. On ne m'a jamais dit une chose pareille ! Je suis sérieuse, certes, mais je suis pétillante et pleine d'énergie. Que veut-elle dire ? Elle m'a vraiment bouleversée. Je me suis toujours senti en sécurité avec elle. J'ai toujours cru qu'elle avait de bonnes intentions à mon égard. Je me sentais protégée et en sécurité avec elle. Maintenant, je me sens trahie. J'ai l'impression qu'elle me dit, après toutes ces années, que je ne suis pas bien telle que je suis. Elle n'aime pas mon côté sombre. Elle veut que je sois gaie, de bonne humeur ! J'ai l'impression qu'elle m'a jugée et condamnée ; je ne trouve pas grâce à ses yeux et son amitié pour moi est conditionnelle, partielle. Elle ne me laisse pas être qui je suis réellement. Pendant toutes ces années, je lui ai fait confiance ; je me sentais en sécurité avec elle et j'avais l'impression qu'elle m'acceptait totalement. J'avais toujours cru en son acceptation inconditionnelle. Elle m'a porté un coup tellement inattendu. « Il y a des jours où tu es plutôt sombre ! » Cette phrase n'arrête pas de me trotter dans la tête.

Voyez si vous pouvez souligner les parallèles. Recherchez :

– le symbole ;

– l'ancienne douleur ;

– les mécanismes de défense : déni des besoins, faux espoirs, faux pouvoir, défense primaire et peur ;

– l'ancienne réalité, la façon dont cette femme a été traitée lorsqu'elle était enfant ;

– les anciens besoins insatisfaits ; voyez aussi si vous pouvez trouver dans ses propos l'ancien besoin de son enfance, c'est-à-dire l'ancien besoin de l'enfant qu'elle était, qui n'a jamais été comblé ;

– Reprenez le même texte, soulignez les parallèles et déterminez la catégorie à laquelle ils appartiennent. Une fois cet exercice terminé, vérifiez vos réponses en les comparant au texte annoté ci-dessous.

J'étais au téléphone avec Marie. Au début, je me sentais bien. J'apprécie les conversations que nous avons ensemble. Soudain, elle m'a dit quelque chose (symbole) qui m'a fait l'effet d'un coup de poing dans l'estomac (ancienne douleur). Elle m'a dit: «J'étais très contente de te voir la semaine dernière. Tu sembles aller très bien ces temps-ci. Ta bonne humeur faisait plaisir à voir, car il y a des jours où tu es plutôt sombre (symbole).» Le coup a porté très fort (ancienne douleur). Sombre ? Elle est folle. On ne m'a jamais dit une chose pareille (faux pouvoir) ! Je suis sérieuse, certes, mais je suis pétillante et pleine d'énergie. Que veut-elle dire (faux pouvoir) ? Elle m'a vraiment bouleversée. Je me suis toujours sentie en sécurité avec elle. J'ai toujours cru qu'elle avait de bonnes intentions à mon égard (ancien besoin insatisfait). Je me sentais protégée et en sécurité avec elle (ancien besoin insatisfait). Maintenant, je me sens trahie (ancienne réalité). J'ai l'impression qu'elle me dit, après toutes ces années, que je ne suis pas bien telle que je suis (ancienne réalité). Elle n'aime pas mon côté sombre. Elle veut que je sois gaie, de bonne humeur ! J'ai l'impression qu'elle m'a jugée et condamnée ; je ne trouve pas grâce à ses yeux et elle ne m'accepte comme amie que de manière partielle et conditionnelle. Elle ne me laisse pas être qui je suis réellement (ancienne réalité). Pendant toutes ces années, je lui ai fait confiance ; je me sentais en sécurité avec elle et j'avais l'impression qu'elle m'acceptait totalement. J'ai toujours cru en son acceptation inconditionnelle (ancien besoin insatisfait). Elle m'a porté un coup tellement inattendu (ancienne réalité). «Il y a des jours où tu es plutôt sombre !» Cette phrase n'arrête pas de me trotter dans la tête.

Presque tout est souligné. Ainsi va la vie : presque tout ce que nous disons sur un symbole reflète clairement le passé, de manière très détaillée. Il n'est pas étonnant que la pensée parallèle soit très révélatrice, car toutes les anciennes douleurs déclenchées par un symbole nous précipitent dans notre conscience d'enfant, ce qui fait réapparaître nos défenses. Nous passons de la réalité de l'adulte que nous sommes à la réalité de l'enfant que nous étions. Or, l'enfant que nous étions perçoit, sent, parle et réagit directement en fonction de la réalité passée. Voyons un autre exemple soumis par une cliente. Ici encore, lisez le texte, puis soulignez les parallèles et classez-les dans la catégorie appropriée.

Mon travail me tient très occupée. J'ai beaucoup à faire et lorsque je rentre à la maison je retrouve mes quatre enfants qui réclament mon attention. Je suis heureuse de les voir, mais j'ai parfois des difficultés à trouver suffisamment d'énergie pour jouer avec eux comme ils le voudraient. Il y a aussi ce collègue qui exige énormément d'attention de ma part. Il n'arrête pas de m'envoyer des télécopies contenant toutes sortes de questions : puis-je m'expliquer plus en détail ? Puis-je m'occuper de ce problème particulier ? Pourquoi n'ai-je pas fait ceci ou cela ? et ainsi de suite. Il me rend folle. Ça m'irrite tellement. Il a tout son temps et il ne se rend pas compte que je n'ai pas le loisir de lui écrire des pages et des pages de réponses et d'explications. Il y a des moments où il est tellement égoïste ! Si je ne lui donne pas la réponse qu'il attend, il se fâche et m'accuse d'être insensible, indifférente. Je me sens tellement frustrée, comme si je ne faisais jamais rien comme il faut. Il insiste constamment. J'ai l'impression que ça frôle la persécution, qu'il faudrait que je m'excuse pour qu'il me fiche la paix. J'ai parfois envie de lui dire d'aller se faire voir ou de harceler quelqu'un d'autre, mais je ne peux pas. Nous travaillons ensemble ; nous sommes liés et je dois l'endurer. Je ne peux pas ignorer le problème ; il ne me le permet pas. Je ne peux pas lui dire que je suis désolée, car je ne le suis pas. Je ne peux pas laisser paraître mon irritation, car cela ne servirait qu'à empirer les choses ; je m'enfoncerais encore plus profondément dans ce bourbier de blâme et de négativité. Je me sens désespérée et impuissante.

Avant de regarder les réponses, essayez de trouver vous-même les parallèles. Voyez si vous pouvez reconnaître le symbole, les mécanismes de défense, l'ancienne réalité, les anciens besoins insatisfaits et l'ancienne douleur.

Mon travail me tient très occupée. J'ai beaucoup à faire et lorsque je rentre à la maison je retrouve mes quatre enfants qui réclament mon attention. Je suis heureuse de les voir, mais j'ai parfois des difficultés à trouver suffisamment d'énergie pour jouer avec eux comme ils le voudraient. Il y a aussi ce collègue qui exige énormément d'attention de ma part (symbole/ancienne réalité). Il n'arrête pas de m'envoyer des télécopies *contenant toutes sortes de questions (symbole) : Puis-je m'expliquer plus en détail ? Puis-je m'occuper de ce problème particulier ? Pourquoi n'ai-je pas fait ceci ou cela ? et ainsi de suite (symbole). Il me rend folle (faux pouvoir). Ça m'irrite tellement (faux pouvoir). Il a tout son temps et il ne se rend pas compte que je n'ai pas le loisir de lui écrire des pages et des pages de réponses et d'explications. Il y a des moments où il est tellement égoïste ! Si je ne lui donne pas la réponse qu'il attend, il se fâche et m'accuse d'être insensible, indifférente (ancienne réalité). Je me sens tellement frustrée, comme si je ne faisais jamais rien comme il faut (défense primaire). Il insiste constamment. J'ai l'impression que cela frôle la persécution, qu'il faudrait que je m'excuse pour qu'il me fiche la paix (ancienne réalité). J'ai envie de lui dire d'aller se faire voir ou de harceler quelqu'un d'autre (faux pouvoir), mais je ne peux pas. Nous travaillons ensemble ; nous sommes liés et je dois l'endurer (ancienne réalité). Je ne peux pas ignorer le problème ; il ne me le permet pas (ancienne réalité).* Je ne peux pas lui dire que je suis désolée, car je ne le suis pas. *Je ne peux pas laisser paraître mon irritation, car cela ne servirait qu'à empirer les choses ; je m'enfoncerais encore plus profondément dans ce bourbier de blâme et de négativité (ancienne réalité). Je me sens désespérée et impuissante (ancienne douleur).*

Ici encore, avez-vous remarqué que tout ce que la personne dit au sujet du symbole est un reflet du passé ? La personne ou l'objet que nous transformons en symbole est plutôt éloigné de notre réalité adulte. Par exemple, il est impossible de savoir si le collègue de la cliente ci-dessus est véritablement égoïste, exigeant et accusateur. Cependant, il y a dans l'ancienne réalité de cette cliente une personne qui a dû se conduire de la sorte avec l'enfant qu'elle était. Dans le présent, nous ne pouvons interpréter correctement le comportement d'une personne que si nous l'observons à partir de notre conscience d'adulte, et seulement si nous n'avons pas fait d'elle un symbole.

Pour nous guérir des effets douloureux du passé, il ne sert à rien de savoir si l'autre personne se conduit réellement comme nous le percevons. Il nous suffit d'inverser nos mécanismes de défense, de ressentir la douleur qui refait surface et de la connecter au passé.

Servez-vous de cette technique pour mieux comprendre ce qui se passe en vous lorsque vous vous heurtez à un symbole particulier. Commencez par écrire tout ce qui s'est passé, en détail; notez tout ce qui a été dit ou fait. Ajoutez-y les émotions que vous avez ressenties et décrivez-les de manière détaillée. Qu'auriez-vous voulu faire? Qu'auriez-vous voulu dire? Pour découvrir son passé, il est absolument essentiel de maîtriser la pensée parallèle; on peut alors explorer son ancienne réalité avec sa conscience d'adulte et inverser ses mécanismes de défense. Aussitôt que vous maîtrisez suffisamment la pensée parallèle, essayez de ressentir la douleur qu'un symbole particulier fait surgir en vous et inversez vos défenses. Si votre douleur surgit pendant que vous notez l'effet que le symbole produit sur vous, prenez le temps de la ressentir. Comme il n'est pas facile d'accéder à ses anciennes douleurs, les quelques exemples de la PRI donnés ici vous seront sans doute utiles. Ils vous donneront une idée de la façon de vous y prendre pour vous remémorer une douleur passée, notamment en vous indiquant les questions que vous devez vous poser. N'oubliez pas que vous devez rester conscient à la fois de la réalité passée et de la réalité présente; pouvoir ressentir une douleur dans le présent en sachant qu'elle est ancienne est un important facteur de guérison.

La régression selon la technique de la PRI

Cliente: J'ai eu un problème avec mon ex-mari, avec qui j'ai encore une relation très étroite. C'était très désagréable. J'ai mis par écrit ma propre version de notre mariage et la façon dont je l'ai perçu. Je n'ai vraiment pas poussé jusqu'à l'extrême. J'ai écrit cela quand il s'est plaint que nous n'étions pas assez proches. Il aurait voulu que nous nous rapprochions davantage. Je lui ai dit qu'il faudrait pour cela que nous soyons tous les deux totalement honnêtes et ouverts l'un envers l'autre. J'ai ajouté que s'il voulait que nous nous rapprochions, il fallait absolument qu'il connaisse ma perception de ce qui s'était passé plus tôt. S'il était disposé à écouter, s'il voulait bien entendre tout cela et s'il se rendait compte qu'il comprenait sans avoir besoin d'écouter, nous pourrions vivre une relation plus étroite. Je lui ai dit que je ne voyais pas d'autre moyen de nous rapprocher. Il m'a dit qu'il était d'accord, et il a même pleuré un peu en pensant à la douleur qu'il m'avait infligée involontairement lorsque nous étions encore mariés. Je lui ai donné mon texte à lire. En le regardant partir, j'ai su que ce n'était pas ce qu'il aurait fallu faire, mais il était déjà parti. Je ne pouvais plus l'arrêter.

Au bout de quelques mois, il m'a fait parvenir une note brève dans laquelle il jouait à la victime et réfutait tout ce que j'avais écrit: « Ce que tu as écrit n'est pas vrai et cela me fait très mal », me disait-il dit. Maintenant, il est très fâché, et cela dure depuis six mois. Ce n'est que la semaine dernière qu'il a communiqué de nouveau avec moi au sujet de toute cette affaire. Il m'a dit que nous devions parler. Je lui ai répondu par télécopieur que nous aurions sans doute intérêt à renoncer à essayer de nous convaincre mutuellement de nos opinions, car cela ne menait nulle part. Voici ce qu'il m'a répondu: « Parfait, mais là n'est pas le problème; le problème est que tu m'as cruellement insulté, que tu as commis une énorme injustice et que tu m'as profondément blessé - toutes ces choses que tu as écrites... ne sont pas vraies, mais nous devrions nous parler malgré tout. Je suis libre dimanche. »

Voilà ! C'est ce qui est arrivé. Je me sens complètement impuissante, et tellement exaspérée ! Jamais il ne mentionne mes sentiments ou les raisons pour lesquelles je lui ai donné ce texte à lire. Je ne cherchais nullement à le faire souffrir ou quoi que ce soit du genre. C'est vraiment menaçant, c'est ce que je ressens, oui vraiment...

Thérapeute : Comment vous êtes-vous sentie lorsque votre mari vous a téléphoné pour vous dire qu'il vous avait envoyé une télécopie ?

Cliente : (confuse) Je ne sais pas, comment pourrais-je le décrire... Je crois qu'il s'agit de peur entremêlée de colère. J'avais envie de l'envoyer promener, de lui dire que je n'avais pas besoin de tout cela. J'avais très peur.

Thérapeute : Aviez-vous une idée de l'origine de cette peur ?

Cliente : Oui, j'ai le sentiment qu'il me traite comme si je n'étais pas crédible. J'ai l'impression d'être poursuivie en justice et que mon procès ne s'arrêtera que lorsque justice sera faite.

Thérapeute : Pendant que vous m'expliquez tout cela, ressentez-vous cette émotion ?
Cliente : Oui, j'ai l'impression que mon cœur bat plus vite et j'ai la nausée.
Thérapeute : Essayez d'imaginer ce qui va se passer lorsque vous le rencontrerez, dimanche. Que fera-t-il ?
Cliente : (se met à pleurer) Ça me fera mal comme avant. (Sanglots.)
Thérapeute : Le laisserez-vous faire ?
Cliente : (Pleurs.)
Thérapeute : Vous résignerez-vous ?
Cliente : C'est un énorme casse-tête.
Thérapeute : Voyez-vous quelque chose qui se passe dans le passé ?
Cliente : Je me sens paralysée, immobilisée. Je n'ai rien fait.
Thérapeute : Voyez-vous où vous êtes ?
Cliente : Une cour intérieure, un espace quelconque ; je vois de vagues images, je pense que ce sont mes parents.
Thérapeute : Gardez cette émotion.
Cliente : (Pleurs.)
Thérapeute : De quoi avez-vous besoin ? En avez-vous une idée ? Voyez-vous ce que c'est ?
Cliente : Qu'on me laisse tranquille.
Thérapeute : Pouvez-vous les regarder et leur dire cela ?
Cliente : Laissez-moi tranquille ! Laissez-moi tranquille ! (Sanglots.) Laissez-moi tranquille ! Allez-vous-en, je vous en prie... J'ai tellement peur. (Sanglots incontrôlés.)
Cliente : Ils n'arrêtent pas. (Elle continue à pleurer.)
Thérapeute : Que se passe-t-il maintenant ?
(La cliente commence à haleter.)
Cliente : Je sens des picotements dans les bras. Je crois que je fais de l'hyperventilation.
Thérapeute : Exact.
Thérapeute : Sentez-vous toujours la même terreur ?
Cliente : Je veux seulement qu'ils s'en aillent.
Thérapeute : Oh, ils n'arrêteront jamais, jamais. Ils sont infatigables.
Cliente : (Pleurs. Au bout d'un moment, elle se met à respirer plus lentement et cesse de pleurer.)

Thérapeute : Comment vous sentez-vous maintenant ?
Cliente : Étrange.
Thérapeute : Pouvez-vous ouvrir les yeux ?
Cliente : Très étrange, je ne me suis jamais sentie comme cela.

Quelques jours plus tard, cette cliente est allée voir son ex-mari pour discuter de ce qu'elle lui avait écrit au sujet de leur mariage. Elle m'a dit que malgré les propos de son ex-époux et malgré le peu de considération (aucune, en fait) dont il avait fait preuve, elle était demeurée calme, forte et dans sa conscience d'adulte pendant toute la rencontre. La régression montre comment la cliente a réussi à accéder à sa douleur en imaginant ce qui lui faisait tellement peur – se rendre au domicile de son ex-mari. À partir de ce moment-là, elle n'a plus eu de difficulté à accéder aux émotions de peur intense déclenchées par un sentiment de constante persécution. Même si elle n'a pas accédé à des images concrètes pendant sa régression, les émotions intenses qui ont surgi en elle l'ont aidée à comprendre en partie son degré de peur généralement très élevé – plus particulièrement sa peur des gens. Cette expérience entièrement nouvelle s'est révélée utile par la suite pour l'aider à composer avec d'autres peurs.

Voyons un autre exemple de régression. Notez comment la thérapeute aide sa cliente à accéder à ses émotions.
Cliente : Depuis deux semaines, je me sens très déprimée à l'idée de trouver un emploi. Malgré mon diplôme, je n'ai pas les compétences voulues pour travailler dans mon domaine. Je n'ai pas ce qu'il faut.
Thérapeute : Est-ce là une émotion qui est nouvelle pour vous ?
Cliente : Non.
Thérapeute : Quel sens donnez-vous à cette émotion ?
Cliente : Ce que je fais en général n'est jamais tout à fait à la hauteur. Je n'ai rien à offrir. C'est aussi une émotion très lourde, comme si je faisais constamment des erreurs.
Thérapeute : Que se passe-t-il en vous lorsque vous en parlez ?
Cliente : J'essaie de sentir ce qui se passe en moi. Depuis deux semaines, j'essaie de comprendre d'où vient cette émotion, mais je n'arrive pas à l'exprimer en mots.

Thérapeute : Parlons de la dernière fois où vous avez éprouvé cette émotion.
Cliente : C'était lundi. J'avais une entrevue pour un emploi. Je me sentais totalement inadéquate. Il faut dire que je me sens inadéquate en me levant le matin, même si je n'ai pas d'entrevue.
Thérapeute : Parlez-moi de cette entrevue. Vous vous souvenez de ce que vous ressentiez ? C'était votre première entrevue pour un emploi qui vous aurait vraiment plu, n'est-ce pas ? Fermez les yeux. J'aimerais voir si nous pouvons vous ramener à ce moment-là.
Je veux que vous vous voyiez, assise devant la personne qui vous questionne, et que vous sentiez que c'est la première fois que vous aspirez vraiment à un travail, celui dont vous êtes en train de parler. Aviez-vous des espoirs d'obtenir ce poste, même avant d'avoir obtenu l'entrevue ?
Cliente : Des espoirs ?
Thérapeute : Quelqu'un vous a indiqué cette entreprise, n'est-ce pas ?
Cliente : J'espérais que l'interviewеuse soit compréhensive, et que tout aille bien ; j'espérais aussi qu'elle ait des choses positives à dire à mon sujet à la personne qui m'a recommandée.
Thérapeute : Je veux que vous vous imaginiez en pleine entrevue et que vous entendiez ce que vous dit l'intervieweuse. Comment vous sentez-vous lorsqu'elle vous dit qu'elle ne voit rien dans votre C. V. qui lui semble pertinent ?
Cliente : Je me dis que n'importe quel autre candidat a plus à offrir que moi, que mes arguments ne valent pas grand-chose.
Thérapeute : Que vous arrivera-t-il si vous ne réussissez pas à être à la hauteur ?
Cliente : Je n'arriverai jamais à rien dans ma carrière. Et mes parents diront quelque chose du genre : « Encore une entreprise qui a échoué ! »
Thérapeute : Pouvez-vous ressentir cette émotion et la revivre ? Entendre vos parents vous dire que vous n'arriverez jamais à rien ? Comment vous le disaient-ils ? Quels mots utilisaient-ils ?
Cliente : Tout était dans leurs yeux.

Thérapeute : Pouvez-vous voir avec leurs yeux ? Votre carrière a échoué ; c'était au-dessus de vos forces. Que voyez-vous dans leur regard ?
Cliente : De la réprobation. Ils me disent qu'ils ont toujours pensé que j'échouerais. Ils l'ont toujours su.
Thérapeute : En ce moment, le sentez-vous dans votre corps ? Avez-vous le sentiment que c'est ce que vous percevez lorsque vous les regardez ? Attardez-vous sur cette émotion. Réfléchissez à ce que vous ressentiez lorsque vous regardiez votre mère.
Cliente : Elle rit toujours de ce que je fais. À ses yeux, n'importe qui peut tout faire mieux que moi.
Thérapeute : Quand avez-vous commencé à subir ce regard ? Depuis quand éprouvez-vous cette douleur ? À quelle époque remonte-t-elle dans le passé ?
Cliente : J'avais sept ans.
Thérapeute : Vous éprouviez ce sentiment à l'âge de sept ans. De quoi vous souvenez-vous ?
Cliente : Je vois ma mère, j'ai besoin qu'elle me voie.
Thérapeute : Bien sûr. Pouvez-vous revivre ce moment ? Pouvez-vous sentir jusqu'à quel point vous avez besoin qu'elle vous voie ?
Cliente : (Pleurs.)
Thérapeute : Avez-vous peur d'elle ?
Cliente : Oui. Lorsque notre maison était en rénovation, il y avait des ouvriers. J'avais peur de ces gens. J'avais peur de ne pas pouvoir entrer dans la maison. Lorsque je retrouvais ma mère après l'école, j'étais très heureuse d'être à la maison. Mais je me mettais à pleurer, ce qui la faisait rire.
Thérapeute : Pouvez-vous vous voir dans cette scène ?
Cliente : Oui. J'ai très peur, je le sens dans ma peau.
Thérapeute : Que voyez-vous ?
Cliente : Je suis en haut de l'escalier. Ma mère se tient debout et j'ai très peur.
Thérapeute : Ça va aller, quoi qu'il arrive. Pouvez-vous sentir la peur dans votre corps ?
Cliente : Oui.
Thérapeute : Alors, vous ressentez cette peur.

Cliente : J'ai très peur et je me mets à pleurer ; ma mère me serre dans ses bras, mais le cœur n'y est pas. Elle ne me prend pas au sérieux. Elle me serre, mais trop fort, au point où c'est désagréable. Elle me dit qu'il n'y a rien de bien grave, et elle rit.
Thérapeute : Qu'est-ce qui vous arrive ensuite ? Pouvez-vous la voir en train de rire ?
Cliente : Oui.
Thérapeute : Que ressentez-vous ?
Cliente : Elle ne me voit pas, elle ne voit pas qui je suis.
Thérapeute : Et qu'est-ce que cela vous fait ?
Cliente : Je me dis qu'elle ne me verra jamais, que cela n'arrivera jamais.
Thérapeute : Oui. Elle ne vous verra jamais. Laissez cela arriver. Ne retenez pas votre souffle. Que se passe-t-il ?
Cliente : Je pense à la personne qui m'a recommandée pour l'entrevue. C'est la même chose.
Thérapeute : Que voulez-vous dire à cette personne ? Voulez-vous lui dire quelque chose ? Voulez-vous lui dire ce qui vous fait peur ?
Cliente : Pourquoi n'essayez-vous pas de voir qui je suis ? Pourquoi vous préoccupez-vous uniquement de votre propre point de vue ?
Thérapeute : C'est ce que vous vouliez dire à cette personne ?
Cliente : Oui. (Rire.) C'est ma mère.

Cette régression a duré assez longtemps, car la cliente devait s'abandonner aux émotions qui surgissaient en elle. Comme vous pouvez le voir, la thérapeute a essayé de nombreuses façons de l'aider à se connecter à sa douleur. Certaines des questions qu'elle lui a posées vous seront peut-être utiles dans votre propre démarche.

Comme la régression est un outil très puissant, toutes les interventions de la thérapeute n'ont pas été reproduites littéralement. Une régression qui n'est pas faite selon les règles de l'art peut avoir des conséquences désagréables et même dommageables. En conséquence, je recommande à tout thérapeute ou à tout aspirant thérapeute qui lit le présent ouvrage de ne pas intégrer la régression dans sa pratique avant d'avoir reçu la formation voulue pour le faire. Cette formation met l'accent sur l'expérience de régressions de la PRI du point de vue du client ; autrement dit, le thérapeute n'utilise la régression qu'après en avoir fait l'expérience.

Enfin, n'oubliez pas qu'il y a une différence fondamentale entre les régressions de la PRI et les régressions qui mettent l'accent sur l'évacuation des émotions et le passage à l'acte, ou celles qui visent à élucider la réalité passée tout en éliminant prématurément l'émotion associée à l'ancienne douleur.

Remarque : Tel qu'il a été mentionné plus tôt, la PRI se fonde à la fois sur la connaissance, le comportement et les émotions. Surestimer l'importance des émotions (régression) peut être trompeur. Peu importe son importance, le rôle des émotions n'est significatif dans la PRI que si ces émotions sont liées à la connaissance (et plus particulièrement la reconnaissance des défenses) et au comportement (inversion des défenses). La régression n'est pas une cure miracle qui fait fondre nos problèmes comme neige au soleil. (Voir aussi annexe 8 pour connaître la signification de la régression en PRI.) Il est très important de ressentir l'ancienne douleur d'une manière désidentifiée. (Voir remarques antérieures à la p. 173, et *Illusions,* Bosch 2003).

Chapitre 8

COMPTES RENDUS PERSONNELS

Pour mieux faire comprendre au lecteur comment on peut accéder à sa réalité passée, certains clients et ex-clients ont accepté d'écrire leur histoire personnelle. Ils ont relaté leur expérience de manière à donner une meilleure idée de ce qu'est le travail de guérison, avec ses peines et ses récompenses. Leur thérapie de la PRI pourra ainsi vous procurer des idées qui vous permettront d'élaborer à partir de certains moyens mis en œuvre.

L'histoire d'Arthur

La PRI n'est pas la seule thérapie que j'ai suivie. Trois ans plus tôt, j'ai connu de graves problèmes au travail. J'étais complètement épuisé. On avait déterminé que j'étais surmené en raison d'une charge de travail trop lourde. J'ai entrepris à ce moment-là une thérapie comportementale.

Selon une bonne vieille habitude, j'essayais toujours d'ajuster mon comportement en fonction des attentes des autres. En agissant ainsi, j'étais devenu le jouet de mon entourage – d'où mon état d'épuisement. Compte tenu du diagnostic que l'on venait de poser, j'ai recommencé à travailler avec mon thérapeute du moment. Cette thérapie m'a appris à ajuster mon comportement d'une manière pratique, de manière à ne plus essayer constamment de m'adapter aux autres. Les choses se sont améliorées. En fait, j'ai obtenu des résultats tellement spectaculaires que j'ai décidé, au bout de six mois, en accord avec mon thérapeute, de mettre un terme à la thérapie.

Malheureusement, au bout d'un an, les symptômes ont réapparu les uns après les autres. Les changements que j'avais apportés à mon comportement ont commencé à s'estomper et j'ai recommencé à revenir de plus en plus souvent à mes vieilles erreurs. Très démoralisé, je me demandais pourquoi je recommençais à me sentir mal dans ma peau. J'ai fini par conclure que c'était probablement dû à ma personnalité. J'étais tout simplement une personne très émotive qui avait peut-être trop d'empathie pour les autres. Je m'étais convaincu que ma propension à m'ajuster aux autres était fonction de ma personnalité et de mon caractère et qu'il faudrait que je m'accepte tel que j'étais. Cela signifiait que je me sentirais très mal dans ma peau de temps à autre et qu'il fallait bien que je m'y fasse.

En réalité, mon besoin de m'ajuster aux autres l'avait emporté sur les changements extérieurs que j'avais apportés à mon comportement. Même si mes nouveaux comportements m'avaient procuré à court terme un sentiment agréable de calme et de sécurité, il semblait y avoir au fond de moi une force plus puissante qui me forçait à aligner mon comportement sur celui de mon entourage. Peu à peu, je me suis senti envahi par mon environnement et, soudain, j'ai eu l'impression de devenir de plus en plus petit. Ces sentiments désagréables se sont aggravés, suscitant chez moi des peurs soudaines, inexplicables et non identifiables. Je passais de nombreuses nuits blanches à me demander sans relâche quelles étaient les causes de mes problèmes. Même si j'avais un très bon emploi, j'avais l'impression d'être un moins que rien. Je cherchais les causes de mes problèmes uniquement dans le présent : mon mariage, mon emploi, mes amis et ainsi de suite. Il devait y avoir quelque chose dans ma vie qui clochait vraiment pour que je me sente malheureux à ce point...

En fin de compte, le manque de sommeil a eu raison de moi. J'étais épuisé. Je ne voyais qu'une solution: quitter ma femme et mon emploi, puisque j'étais convaincu qu'ils étaient la cause de mes sentiments négatifs. Malgré tout, j'ai demandé l'aide d'un professionnel. La psychologue qui m'a reçu a conclu que j'avais un grave problème, dont les causes étaient très profondes. Je me suis dit que c'était de la foutaise. Il n'y avait rien en moi qui clochait; le problème venait de mon environnement. Elle m'a parlé de la PRI, m'expliquant que cette thérapie aidait des gens à régler des problèmes émotionnels à un niveau très profond et de manière durable. J'ai tout de suite été séduit par l'idée, et j'ai décidé sur-le-champ d'entreprendre cette thérapie.

Avant de commencer ma thérapie de la PRI, j'étais convaincu que j'avais eu une enfance heureuse. Du moins, j'avais des souvenirs heureux de ma jeunesse. J'avais été un bon joueur de soccer, et mes exploits sportifs m'avaient valu beaucoup d'admiration de la part de mon entourage. Je combinais le soccer avec d'autres sports et, à cette époque, je me sentais très en forme physiquement. Il m'arrivait souvent de jouer dans la rue avec d'autres enfants du voisinage et j'avais beaucoup d'amis. Pour le reste, je ne pouvais pas définir clairement le bonheur de mon enfance. Comme j'avais été un gamin en pleine forme physique, je me disais que je devais être tout aussi en forme sur le plan émotionnel.

Pendant ma thérapie, ce sont les régressions qui ont apporté les réponses à mes questions. Tout cela était nouveau pour moi. Au cours d'une thérapie précédente - une thérapie du comportement -, j'avais pris l'habitude de laisser mon thérapeute me donner les « réponses » après analyses et interprétations. En thérapie de la PRI, le client doit trouver lui-même ses réponses.

À mon grand étonnement, j'ai compris dès les premières séances que j'avais eu une enfance très malheureuse. Le souvenir des violentes querelles entre mes parents m'est revenu très vivement à l'esprit. Ces disputes avaient été très menaçantes pour l'enfant que j'étais. En fait, ma situation avait été insoutenable, si bien que j'avais enfoui la réalité très profondément en moi-même.

La PRI m'a appris que je n'avais jamais fait face aux expériences malheureuses de mon enfance. J'ai compris, petit à petit, que j'avais cru, enfant, être la cause de ces disputes (ce qu'on appelle la défense primaire). « Tout était ma faute, je n'étais jamais à la hauteur, je devais faire mieux, etc. » En conséquence, je m'étais adapté à mes parents, dans le (faux) espoir que je pourrais ainsi les empêcher de se disputer. J'avais parfois l'impression que mon attitude était la bonne, ce qui renforçait mon espoir. Très souvent, malheureusement, une autre dispute éclatait et j'avais l'impression d'avoir échoué. En ajustant mon comportement dans l'espoir d'empêcher mes parents de se disputer, je me protégeais contre la vérité. Un faux espoir m'empêchait de la voir, cette vérité : de toute évidence, mes parents ne s'aimaient pas et ils étaient incapables de m'assurer l'environnement chaleureux et sûr dans lequel je pourrais grandir en toute sécurité.

Pendant la thérapie de la PRI, j'ai dû reconnaître que je n'avais presque pas eu de contacts avec mon père. Il m'avait ignoré. J'avais essayé de me rapprocher de lui, mais sans succès, ce qui m'avait mis très en colère contre lui. J'ai donc fini par éviter tout contact avec lui, ce qui me donnait un certain sentiment de pouvoir. La PRI m'a fait comprendre qu'il s'agit d'un faux pouvoir. Il est faux parce qu'il sous-tend une attitude de déni. Je niais mon besoin d'une relation aimante avec mon père.

Il m'était très difficile d'accepter que mon enfance avait été aussi malheureuse. Pendant longtemps, j'ai essayé de me rebeller contre cette réalité, car cela m'aurait forcé à reconnaître l'échec de mon enfance.

Sur le plan cognitif, j'ai vite compris tous ces processus. Ma propension à m'ajuster aux autres semblait nettement découler de mon enfance. Les sentiments négatifs que j'avais envers moi-même servaient à me protéger contre une réalité douloureuse de mon passé. Mon travail et mon mariage étaient en réalité des symboles qui me propulsaient dans ma conscience d'enfant, avec toutes les conséquences qui en découlent.

En saisissant tout cela, je me suis immédiatement senti beaucoup mieux. J'avais enfin des réponses aux questions qui m'avaient tourmenté pendant des années. Elles m'apportaient soutien et consolation. J'étais satisfait du résultat. Je connaissais maintenant les vraies réponses. J'ai même pensé que j'étais arrivé au bout de ma thérapie.

Cependant, j'ai vite compris que l'acceptation rationnelle d'une vérité douloureuse de l'enfance ne suffit pas. Il fallait que je ressente pleinement ce qui m'était arrivé dans le passé. Il m'était très difficile de revivre mes peines d'enfant, de réaliser combien mes peurs avaient été écrasantes. Je persistais à nier ces sentiments. Je minimisais les expériences malheureuses de mon enfance. Je reliais bon nombre de mes émotions au moment présent, et pendant longtemps j'ai été incapable de réellement me connecter à mon passé.

En connectant mes sentiments présents aux expériences de mon enfance, j'ai fini par découvrir une approche qui m'a été utile pour ressentir totalement mon ancienne douleur.

Avant ma thérapie de la PRI, j'essayais vainement de repousser les sentiments désagréables qui m'assaillaient. Maintenant que j'intègre ma réalité passée, j'essaie plutôt de les laisser s'épanouir. Lorsque je me sens malheureux au travail ou à la maison, j'essaie d'amplifier le sentiment désagréable que je ressens, de le rendre plus intense. Me concentrer sur mes symboles m'aide à faire cet exercice. Lorsque mon sentiment désagréable semble avoir atteint un paroxysme, je cherche dans mon passé le souvenir qui y correspond, par exemple le souvenir de mes parents en train de se quereller violemment pendant le dîner.

Ensuite, j'alterne entre mon émotion désagréable et l'événement passé. J'essaie ensuite de passer de plus en plus rapidement de l'émotion à l'événement. À certains moments, mes pensées vont et viennent à la vitesse de l'éclair. Mon souvenir de la réalité passée et mon émotion désagréable se fondent l'un dans l'autre. En de rares occasions, cela m'inspire des sentiments de peur extrêmes. À ces moments-là, mes émotions sont tellement menaçantes que je n'oserais jamais les ressentir si ma thérapeute ne m'avait pas assuré que je suis en sécurité dans le présent et qu'il ne peut rien m'arriver. Elle a raison. Toutes les fois où je fais cet exercice, je finis toujours par « passer à travers » la peur. Celle-ci atteint un sommet, puis elle se résorbe assez rapidement. La peur survient quand le présent et le passé ne font plus qu'un. Même aujourd'hui, je fais encore cet exercice. Je ne ressens plus de sentiments de peur intense, mais il y a encore des moments où j'éprouve soudainement des sentiments très « étranges », dans lesquels je ne me reconnais pas. J'y vois le signe qu'un symbole fait surgir en moi une vieille émotion.

Dans ces moments-là, j'applique la technique de la PRI que je viens de décrire. À chaque fois, c'est pour moi un moment de croissance personnelle qui me fait faire un pas de plus sur la voie de l'épanouissement. J'y vois un processus permanent. Chaque fois que je retrace une vieille émotion, je travaille sur cette émotion. Au bout d'une ou de plusieurs tentatives, je sens la douleur diminuer, puis disparaître. Il est très rare qu'elle revienne.

Cette thérapie est pour moi un processus de croissance personnelle. Je ne suis plus la même personne.

Avant d'entreprendre ma thérapie de la PRI, j'étais, intérieurement, une personne très inquiète ; je vivais presque constamment dans la peur. J'essayais de masquer mon insécurité. Je me concentrais continuellement sur mon environnement, si bien que j'existais à peine en tant que personne indépendante. Grâce à la thérapie, j'ai changé. Je suis devenu un homme beaucoup plus calme, et mes crises de panique ont disparu. Je suis beaucoup plus sûr de moi ; j'ai confiance en moi et en mes émotions, mes pensées et mes désirs. Je peux oublier tout ce qui m'entoure et me concentrer sur mes propres sentiments. Les choses auxquelles j'accordais autrefois beaucoup trop d'importance ne comptent plus à mes yeux ; je ne dépends plus d'elles comme avant : je ne cherche plus comme autrefois à contrôler mon environnement, à attirer l'attention et l'affection des gens, ou à vouloir me faire aimer des autres.

Ces changements ne sont pas passés inaperçus. Il semble que mes amis les ont remarqués, plus ou moins consciemment. En conséquence, ils ont commencé à se conduire différemment avec moi. En comparaison de ce qui se passait autrefois, mon entourage m'accorde beaucoup plus d'attention, d'affection, de reconnaissance et d'appréciation. En plus de la précieuse paix intérieure que procure la confiance en soi, ces résultats me stimulent et m'encouragent à poursuivre mon processus de croissance personnelle.

L'histoire de Judith

J'ai 55 ans, je travaille dans le domaine de la santé mentale et j'ai deux enfants adultes. J'ai voulu entreprendre une thérapie de la PRI parce que je souffrais de sentiments d'insécurité et d'infériorité, ainsi que de la peur d'être abandonnée. Je me sentais souvent très mal à l'aise en public ; j'avais toujours la vague impression de ne pas être à ma place et de ne pas pouvoir composer avec la vie.

Dans le présent, je ne voyais rien qui aurait pu provoquer directement ces émotions, qui étaient plus ou moins présentes dans ma vie depuis toujours. Mes pensées noires revenaient constamment – malgré toutes mes tentatives pour les repousser.

Après avoir vécu un divorce, le départ de mes enfants du nid familial et le décès de mes parents, une espèce de quiétude s'est installée dans ma vie.

J'avais déjà suivi différentes thérapies. Peu après avoir terminé mes études, j'avais fait une thérapie de groupe. Ensuite, j'ai fait une thérapie de couple avec mon mari pour que nous puissions régler divers problèmes conjugaux et nous entendre sur la façon d'élever les enfants. Par la suite, il y a eu une thérapie familiale et, enfin, une psychothérapie individuelle d'orientation et de soutien lorsque j'ai souffert d'épuisement. Pendant cette même période, j'ai retrouvé la foi, mais elle découlait d'une nouvelle interprétation des vieilles légendes judéo-chrétiennes. La thérapie et la religion vont souvent de pair.

Toutes les thérapies que j'avais suivies m'avaient été très utiles. Je suis arrivée à bien m'acquitter de mes obligations au travail, à accepter mon divorce, à faire face aux problèmes avec les enfants et, enfin, à garder la tête froide pendant que se réglaient les épineux problèmes familiaux découlant du décès de mes parents.

En thérapie individuelle, j'ai appris à prendre mes besoins et mes sentiments au sérieux, à en discuter avec les autres et à faire le lien entre les expériences de mon enfance et ma façon de réagir dans le moment présent. Mes séances de thérapie familiale m'ont aidée à adopter une approche plus stratégique. Malgré cela, la tension sous-jacente demeurait, inchangée.

Processus : Image de mon enfance

Je savais déjà que j'avais souffert pendant mon enfance d'un grave manque d'attention positive de la part de mes parents, qui ne me voyaient pas. Je viens d'une famille de la classe moyenne ; nous étions cinq enfants, j'étais la deuxième. Physiquement, nous étions très bien traités, et tout a été fait pour que chacun de nous reçoive une bonne éducation. Entre autres choses, cependant, nous étions privés de communications franches et ouvertes. Il y avait beaucoup de tension entre mes parents – sujet dont on ne parlait jamais. Mes parents voulaient que notre famille fasse bonne figure devant les autres. Ils nous imposaient de nombreuses règles sur la façon de nous conduire (bonnes manières, gentillesse, courtoisie, etc.) et condamnaient tout ce qui dérogeait à leurs règles. S'ils ne savaient pas composer avec une situation donnée, ils la niaient. Nous étions très peu à l'écoute les uns des autres et avions peu de contacts entre frères et sœurs. J'avais régulièrement l'impression d'être la tête de turc de la famille ; j'étais souvent punie et, à ces moments-là, tout le monde semblait se tourner contre moi. Je pense que le reste de la famille me trouvait entêtée et passablement ennuyeuse.

Je m'étais aussi rendu compte que mes insécurités, mes sentiments d'infériorité et mon comportement rebelle découlaient de patterns familiaux. Comme j'avais souffert de ne pas avoir les parents dont j'avais besoin, j'ai appris à apprécier le présent ; j'ai aussi appris à me fixer des limites et à accepter le fait que mes parents étaient des gens inquiets et vulnérables et qu'ils étaient – sans le savoir – incapables d'être à la hauteur. Cette constatation m'a permis d'explorer mes propres problèmes sans ressentiment.

Après toutes les thérapies que j'avais suivies, la PRI m'a fait vivre de nouvelles expériences très enrichissantes. Grâce à cette thérapie, j'ai pu explorer plus en profondeur et de manière plus systématique les expériences que j'ai vécues, enfant, avec des parents incapables d'établir un véritable contact émotionnel avec moi. Je sais maintenant que – en partie « derrière mon dos » – j'étais exclue et condamnée par ma mère, mon frère et ma sœur, qui avaient créé un solide lien entre eux. Mon père avait implicitement laissé cette situation se développer en ne me protégeant pas, en ne tenant pas compte de ce qui se passait et en ne levant pas le petit doigt pour intervenir. En plus, tout était nié. Au cours de régressions, j'ai vécu le désespoir profond, la confusion, l'abandon et l'impuissance qu'a ressentis l'enfant que j'ai été. J'ai grandi dans un environnement familial très confus et j'avais un immense besoin de contact émotionnel et d'amour.

Stratégies de survie

Grâce à la PRI, je comprends maintenant pourquoi, enfant, je préférais me replier sur moi-même ; il m'arrivait d'agir comme si j'étais forte et supérieure aux autres, mais je me sentais souvent inférieure, coupable, inquiète et inepte. Ces sentiments me protégeaient contre la douleur que me causait le manque de contact, d'acceptation, d'ouverture et d'authenticité qui caractérisait ma famille. C'était tout à la fois un déni de mes besoins, de faux espoirs, un faux pouvoir, une défense primaire et de la peur.

Je comprends maintenant pourquoi j'avais développé certains comportements ; par exemple, j'étais souvent en retard, je m'enfermais dans ma chambre pour faire mes devoirs et je me disputais constamment avec ma mère. Ces comportements me servaient d'alibis pour justifier mon exclusion et les reproches qu'on me faisait. Au moins, j'avais le contrôle ; tout était en place pour que je ressente l'infinie solitude et l'impuissance de l'enfant que j'étais. Là encore, mon comportement était une forme de déni de mes besoins, de faux espoirs, de faux pouvoir, de défense primaire et de peur.

Non seulement j'ai été soulagée de voir tout cela plus clairement, mais il m'a été particulièrement utile de vivre ces sentiments pour la première fois de ma vie. C'est comme si les pièces du puzzle s'étaient mises en place toutes seules. Il m'arrive encore d'avoir un peu peur – même si je me dis en l'écrivant que le résultat n'est pas si mal, après tout!

En réalité, je sais que c'était terrible. Je peux le déduire en voyant ce qui s'est passé dans ma vie depuis que j'ai commencé à prendre ces anciennes émotions au sérieux et à m'y ouvrir: mon estime de soi s'est améliorée, je me sens valorisée et je peux me permettre de prendre plaisir à la vie. Mais, surtout, je suis libérée du côté noir qui a toujours fait partie de ma vie dans le passé.

Renoncer à ses vieilles défenses et vivre une ancienne douleur

La première chose que j'ai faite pour renoncer à mes vieilles défenses a été de porter attention aux signaux que je recevais. Je notais plus particulièrement les pensées, les émotions et les comportements qui ne cadraient pas avec ma réalité présente, et je savais alors que la situation que je vivais représentait un symbole des expériences que j'avais vécues enfant.

Il n'est pas toujours facile de reconnaître des signaux. Par exemple, j'ai parfois la vague impression qu'il y a quelque chose qui ne colle pas tout à fait. D'autres fois, le signal est une soudaine récurrence du côté sombre qui m'anime souvent. En interrompant mes activités du moment pour me concentrer sur ce qui m'arrive, je peux examiner mes pensées et mes émotions. Observez de près les réactions de votre corps, elles sont révélatrices. Quand j'ai envie de me cacher, de donner des coups, de frapper, de hurler, de pleurer, de me défouler... ces envies me procurent des indices précieux sur la nature de mes sentiments (peur, colère, tristesse, etc.).

Je trouve aussi utile d'écrire. Lorsque j'écris, le flot de mes souvenirs d'enfance surgit sous forme de pensées, d'émotions et d'images. Je les laisse venir. Souvent, je me répète doucement les réactions de ma thérapeute. Lors d'une régression, je n'arrive pas toujours à me souvenir exactement de tout ce qui s'est passé. Cependant, je fais nettement l'expérience des sentiments et des images symboliques, par exemple « les yeux méchants » de « statues de cire qui m'observent sous tous les angles » : une image figée de mes parents, qui sont présents mais ne réagissent pas.

Il m'arrive parfois de devoir me forcer à être attentive aux images qui surgissent, parce que je suis une personne impatiente. De plus, je dois me contraindre à faire des choses que je préférerais éviter quand je suis sur la défensive, car je veux constater avec précision quel effet cela peut avoir sur moi.

Résultats

J'ai obtenu de bons résultats : je peux dorénavant profiter des différentes facettes de la vie, plus profondément et plus intensément. Je suis plus ouverte à la nouveauté et j'ai davantage confiance en moi. J'affronte mes problèmes à mesure qu'ils se présentent, même si je n'en ai pas particulièrement envie. J'ai trouvé une certaine paix intérieure et je suis plus détendue. Je reçois dorénavant un feedback plus positif, tant de mes proches que de mes collègues de travail. Ces derniers m'apprécient davantage à ma juste valeur, et mes contacts avec mes amis sont plus profonds. Il m'arrive encore de me sentir mal à l'aise, mais cela ne me perturbe plus autant qu'avant.

Le côté sombre qui m'empoisonnait la vie est généralement absent. Il réapparaît parfois, lorsque je suis confrontée à des événements qui me contrarient, comme Noël, ou l'absence dans ma vie d'une relation intime. Cependant, je sais maintenant quoi faire dans de telles circonstances : laisser venir les émotions, les déconnecter du présent et les ramener là où elles doivent être, dans le passé.

Ce qui m'impressionne surtout, c'est le sentiment que ces changements se sont produits « automatiquement ». Je sais néanmoins qu'ils sont le résultat d'un changement qui s'est opéré en moi ; j'ai renoncé au refoulement et au déni de la vérité de mon enfance et cela a entraîné tout ce qui a suivi. Il m'arrive encore de m'étonner des sensations très différentes que je ressens aujourd'hui dans certaines situations, ou des réactions des gens lorsque je n'essaie pas consciemment de modifier mon comportement.

Naturellement, j'aurais préféré que ces changements surviennent vingt-cinq ans plus tôt, lors d'une thérapie antérieure. Cependant, un processus de croissance semble émerger dans ma vie, une victoire graduelle sur mes peurs et mes autres défenses. L'intégration de mes nouveaux comportements semble se manifester de plus en plus clairement.

Ingeborg a choisi au hasard de me donner le nom de Judith, qui signifie : « Béni soit le Seigneur ». Ce nom me convient bien à ce stade-ci, car je suis heureuse et reconnaissante de ce processus. J'espère poursuivre ma croissance personnelle.

L'histoire de Riet

Avant d'entreprendre cette thérapie, je cherchais de l'aide depuis quelques dizaines d'années. Naturellement, j'avais suivi plusieurs thérapies traditionnelles. Cependant, celles-ci ne m'avaient été d'aucune utilité, car elles préconisaient des changements comportementaux et diverses autres solutions qui ne m'aidaient pas à reprendre contact avec moi-même.

Malgré tout, j'avais continué à chercher, car ma vie n'était qu'une suite de tensions terribles. Je me sentais dévorée par une peur extrême, presque en permanence. Cette peur me paralysait au point où il m'était impossible de mener une vie normale.

Pendant très longtemps, j'ai nié ou minimisé les abus dont j'ai été victime enfant. Des rapports des Services de protection de l'enfance m'ont appris certains faits sur ma jeunesse. Ma mère, une femme émotionnellement instable, aurait voulu me voir morte, moi l'enfant de la honte.

Lorsque j'étais bébé, j'ai été victime de négligence et, en plus d'avoir été complètement rejetée par ma mère, j'ai été victime d'abus physiques et émotionnels.

J'ai passé les six premières années de ma vie dans divers foyers d'accueil, en alternance avec les périodes où je séjournais chez ma mère. Lorsque j'ai eu six ans, ma sœur et moi avons été placées définitivement dans un foyer d'accueil, où nous avons passé le reste de notre enfance.

En y repensant maintenant, je vois que cette période de ma vie n'a été qu'une longue lutte pour survivre. Personne ne me disait jamais rien. Nécessité oblige, je me suis forgé une image de ma jeunesse et de mes parents, et j'ai inventé des raisons expliquant pourquoi j'avais grandi dans une famille d'accueil. Je pensais beaucoup, mais j'avais peu d'émotions. De cette façon, j'ai réussi à refouler mes sentiments et à survivre à mon enfance.

Avant d'entreprendre une thérapie de la PRI, les livres d'Alice Miller m'ont ouvert les yeux, mais ils ne m'ont pas ouvert le cœur. J'étais incapable de composer avec les sentiments terrifiants qui avaient fini par faire surface.

Je travaille en thérapie de la PRI avec Ingeborg depuis deux ans. Ça marche ! Pour la première fois de ma vie, je suis capable de m'ouvrir complètement à mes émotions. J'ai encore beaucoup de difficultés à renoncer à mes défenses, mais je parcours une étape à la fois, ce qui me facilite la tâche. Je peux maintenant reconnaître et ressentir ma vieille douleur. Pour moi, ma vieille douleur est comme un grand trou noir dont je ne peux m'échapper. Dans cet espace, je ressens des sentiments de peur, de folie, d'angoisse et d'abandon. Mais aujourd'hui, lorsque la douleur surgit, je parviens à me rassurer en me disant que je suis une adulte et que cette douleur est supportable.

Il y a quelques mois, j'ai découvert que mon frère aîné avait abusé de moi sexuellement. Au début, j'étais incapable de l'accepter. Je me sentais trahie. J'avais l'impression que c'était trop lourd à porter : la seule personne en qui j'avais eu confiance avait abusé de moi ! Malgré cela, je me suis ouverte, très lentement, à ce sentiment. Mon corps s'est tendu et j'en ai eu le souffle coupé. C'était une expérience extrêmement envahissante et absolument terrifiante. Quand j'y repense, cependant, je suis très heureuse de l'avoir vécue. Je suis contente de savoir que mon frère ne peut plus me faire de mal.

En ce moment, je suis en pleine confrontation avec mon plus sérieux adversaire : l'anorexie. J'aimerais citer Marya Hornbacher*, elle-même anorexique : « Le souhait (de la personne anorexique) est de prouver qu'elle n'a besoin de rien, qu'elle n'a pas de besoins

* Marya Horbacher, *Wasted*, HarperCollins, New York, 1997.

humains. Malheureusement, ce désir se retourne contre elle. » C'est exactement le désir qui gouvernait ma vie. Il m'a fallu plus d'une année pour me rendre compte et pour admettre que je souffrais de cette maladie. Il s'agit d'une première étape, mais d'une étape très importante. En me privant de nourriture, je pouvais garder mes douleurs de l'enfance à bonne distance. C'est la PRI qui m'a aidée à comprendre que je suis un être humain adulte qui a des besoins normaux. Pour la première fois, j'ai pu ressentir la souffrance que me causaient, enfant, les privations dont j'étais victime. Les douleurs physiques et émotionnelles qui surgissent en moi me semblent souvent terrifiantes et insoutenables, mais la confiance sans cesse grandissante que j'ai en cette thérapie et en moi-même m'a redonné un véritable espoir.

Le processus m'a permis de me retrouver moi-même. JE SUIS CAPABLE D'ÉPROUVER DES SENTIMENTS. Un merveilleux cadeau ! En outre, j'ai remarqué que plus je pénètre profondément dans la douleur, plus je me sens forte par la suite. Je sais que j'ai changé, mais je ne le sens pas toujours, car il m'arrive de retomber dans les vieilles émotions de mon enfance.

Grâce à cette thérapie, ma relation avec ma fille, adulte, est devenue beaucoup plus étroite et plus empathique. Je m'entends mieux avec ma sœur, et notre relation devient de plus en plus affectueuse. J'espère de tout cœur qu'un plus grand nombre de personnes trouveront le courage d'entreprendre ce processus. Il en vaut la peine. Il produit des résultats ! J'aimerais remercier Ingeborg pour sa chaleur et sa compréhension.

L'histoire de Susanna

Pendant des années, j'ai eu l'impression que je ne vivais pas vraiment « pour moi-même ». Je voulais être la seule personne importante pour mon entourage. Je voulais prendre soin des autres. Je voulais que ces autres, plus particulièrement les personnes qui m'étaient les plus chères, se sentent bien. Elles devaient pouvoir se reposer lorsqu'elles étaient fatiguées et s'amuser lorsqu'elles en avaient envie : en conséquence, je m'assurais qu'elles étaient libres de le faire en m'acquittant de toutes leurs tâches. Je me sentais responsable du confort, de la détente et du repos des autres. Si cette responsabilité m'échappait, je me sentais misérable. Je dois admettre, cependant, que je n'étais pas complètement désintéressée. En échange de tous mes soins, je voulais des compliments, des mots d'appréciation. Si on ne me complimentait pas, je devenais amère et j'avais l'impression d'avoir le mauvais bout du bâton. J'essayais très fort, et je m'oubliais complètement. Je me préoccupais consciemment des autres, sans même savoir si j'en avais vraiment envie. Je ne me sentais pas heureuse. Pis encore, je ne savais même pas ce que je voulais. J'étais complètement concentrée sur mon entourage ; je ne me sentais pas bien, mais je n'avais aucune idée de la cause de ma détresse. Je souffrais de violents épisodes de jalousie ; j'avais peur que d'autres femmes dans l'entourage de mon mari soient plus belles, plus gentilles, plus jeunes ou plus intéressantes que moi. J'avais peur qu'il s'intéresse à elles.

C'est un problème immédiat qui m'a fait agir : je me heurtais sans cesse à mon incompétence totale lorsqu'il s'agissait de me fixer des limites physiques. Je m'en étais aperçue lors d'une session de formation dans le cadre de mon travail. J'avais découvert que je n'avais pas la moindre idée des limites que je me fixais, et je me demandais même si je savais m'en fixer. Cette prise de conscience a provoqué en moi une telle réaction émotionnelle que j'ai su qu'il y avait au plus profond de moi-même quelque chose qui clochait sérieusement.

J'avais depuis très longtemps l'impression de souffrir d'une tare fondamentale. Cependant, ce n'est qu'après avoir pris conscience de mes limites que j'ai voulu entreprendre un processus en profondeur afin de trouver les causes du problème. J'avais déjà reconnu mon instabilité émotionnelle et j'avais suivi une thérapie. Cette thérapie du comportement, davantage axée sur le quotidien, m'avait appris à composer avec les difficultés de la vie de tous les jours. Cependant, nous n'avions jamais abordé ou exploré les causes qui expliquaient mes difficultés en particulier. En conséquence, les progrès que j'avais faits n'ont pas duré. Après cette thérapie, je me suis remise à me sentir responsable, plus particulièrement du bonheur de mon mari. J'étais persuadée que je ne pouvais être heureuse que s'il était heureux, car je l'aimais follement. Je lui répétais donc que je l'aimais et que je voulais m'occuper de lui à tous les instants. En fait, je l'étouffais.

Pendant l'une des premières séances de PRI, j'ai parlé de mon enfance heureuse. Nous étions une famille chaleureuse, « tricotée serré ». L'harmonie était primordiale ; dès qu'il y avait un conflit, il fallait le résoudre sur-le-champ. Il était mal vu de se disputer. Ma mère, en particulier, ne pouvait supporter les querelles, et elle me disait constamment combien le lien qui nous unissait était précieux. Elle m'expliquait que ce lien compensait toujours tout lorsqu'une querelle survenait dans la famille. Petite, j'ai toujours eu l'impression que ma mère et moi étions la même personne. Elle connaissait absolument tout sur moi ; naturellement, elle prenait soin de tout savoir de moi en me pressant constamment de lui révéler tous mes petits secrets. Je n'ai jamais rien gardé pour moi ; pour ma mère, ne pas tout lui dire équivalait à lui cacher des choses. Elle était toujours là pour moi, et il y avait entre nous un lien unique, indissoluble et exceptionnel. Elle me disait qu'elle aimait tous ses enfants de la même manière, mais qu'il n'était pas rare qu'une mère ait un rapport électif avec un de ses enfants. Pour elle, j'étais cet enfant.

Il y a quelques années, je me suis rendu compte que certains de ses comportements commençaient à m'exaspérer. Mes parents ont divorcé il y a quinze ans. À cette époque, j'étais convaincue que leur divorce n'avait pas influencé le lien particulier que j'avais avec ma mère. Malheureusement, la qualité très spéciale, unique, de notre relation a fini par s'éroder quand j'ai dû partager ma mère avec son nouveau partenaire. Mais notre lien demeurait. Du moins, c'est ce que je pensais. Mais si, d'une part, je lui accordais encore beaucoup d'importance parce qu'il me rappelait des souvenirs agréables de mon enfance, d'autre part, notre affection me semblait feinte et l'exagération constante de notre lien me gênait. Cette exagération de ce lien ne se voyait pas dans le comportement de ma mère mais dans l'expression, sincère ou non, de ses sentiments pour moi. Elle me les soulignait sans cesse, en choisissant soigneusement ses mots.

Pendant mes séances de PRI, j'ai découvert que notre lien reposait sur des conditions que ma mère m'avait imposées. J'étais celle qui devait tout dire, celle qui devait la réconforter lorsqu'une querelle éclatait; je recevais de l'amour lorsqu'elle avait besoin d'en exprimer; j'étais sa charmante petite fille, docile et obéissante. J'étais tellement proche d'elle qu'il ne me restait plus d'espace pour moi. J'avais toujours peur de commettre des impairs, de ne pas être à la hauteur, car si je ne l'étais pas, je perdrais ma mère.

Pendant une régression, j'ai vu ma mère en larmes. J'avais retrouvé mes huit ans et j'étais assise à son chevet. Je voyais son visage, et j'ai senti pour la première fois à quel point ses larmes me bouleversaient, à quel point je trouvais terrifiant de la voir dans cet état. Elle avait besoin de moi, sa petite fille, et je voulais être là pour elle. Ce n'est qu'après cette régression que j'ai compris que la petite fille que j'étais avait aussi besoin que sa mère prenne soin d'elle, qu'elle lui apporte un sentiment de sécurité, qu'elle lui dise que tout irait bien.

Je m'étais arrangée pour que ma mère ait besoin de moi. Tant que je pouvais répondre aux attentes de ma mère, j'étais sur la bonne voie. Je suis devenue l'image qu'elle se faisait de moi ; je me suis soumise à la relation mère-fille qu'elle avait inventée et j'ai suffoqué sous la couverture de son amour étouffant. En agissant ainsi, j'espérais qu'elle reste à mes côtés et qu'elle se conduise comme une mère. Mais je n'existais pas, je n'étais pas une vraie personne. Je n'essayais même pas de le devenir, car cela n'était ni nécessaire ni même permis ; j'étais la fille de ma mère. Je n'étais pas moi et, par la suite, je n'ai jamais été moi avant cette thérapie.

Avant de me livrer, j'ai dit à ma thérapeute que j'avais terriblement peur de perdre l'image de mon enfance heureuse. Elle m'a répondu que je gagnerais au change, et de beaucoup. Je me retrouverais moi-même. Or, cela me paraissait encore plus terrifiant. Qui étais-je ? Étais-je une fille bien ?

Grâce à la régression, j'ai pu revivre une ancienne douleur à un niveau très profond. J'ai ressenti une peur, une tristesse et une douleur écrasantes. J'avais refoulé ces émotions si profondément que je n'avais même plus conscience de leur existence. Même si cette expérience a été très douloureuse, elle m'a procuré un grand soulagement. J'ai l'impression qu'il s'est produit une percée dans mon esprit : une brèche s'est littéralement ouverte et a tout fait rejaillir à la surface, comme une énorme vague de fond. J'ai eu quasiment l'impression de voir les sentiments refoulés se laisser porter par la régression pour permettre à la vérité sur mon enfance de pénétrer dans ma conscience.

Une fois la vague passée, la paix s'est installée en moi. C'était comme si j'avais passé ma vie à attendre, à me battre contre un ennemi invisible. J'ai perdu l'image de mon enfance heureuse et empreinte d'amour, mais j'ai tellement reçu en échange ! Je peux dorénavant m'affirmer ; j'ai le droit d'avoir des limites, mes désirs sont importants et je peux prendre soin de moi-même, et avec plaisir !

De temps en temps, j'éprouve des difficultés à résister à l'envie d'agir en fonction des attentes des autres. Dans la mesure où j'en avais fait ma façon de vivre, autrefois, c'est comme une habitude un peu rouillée. Heureusement, j'ai appris à savoir ce que je veux, et quelles sont les raisons qui me poussent à agir de telle ou telle façon. Dans ces moments-là, je me rends compte que j'aime encore m'occuper des autres, mais je ne le fais plus de la même manière, ni dans la même mesure. Je ne pense pas aux autres pour oublier que je suis inadéquate, mais parce que j'aime rendre service, créer une atmosphère chaleureuse et travailler consciencieusement. Dorénavant, les gestes que je pose sont motivés par des raisons valides qui émanent de ma conscience d'adulte.

Je me sens plus calme et plus équilibrée. Enfin, je me rends compte de ce qu'a été mon passé et comment il a fait de moi la personne que je suis aujourd'hui. Je suis finalement moi-même. Mon mari apprécie le calme qui s'est installé entre nous ; il jouit de son espace personnel, et je suis maintenant capable de lui demander s'il veut bien me faire plaisir. Nous sommes égaux.

L'histoire de Menno

Je suis atteint de surdité totale depuis novembre 1997. Pendant plus d'un an, j'ai suivi toutes sortes de thérapies qui avaient pour but de découvrir et d'éliminer les causes physiques de mon infirmité. Chacun des traitements semblait produire un effet, mais il n'y avait jamais de progrès importants.

Pendant le processus d'investigation, il est devenu de plus en plus évident que des facteurs psychologiques jouaient un rôle important dans ma surdité soudaine. J'ai cru utile d'obtenir à ce sujet des conseils professionnels et indépendants, afin d'éviter de tourner en rond. En outre, je sentais que j'avais besoin de conseils sur la façon de composer avec les émotions que je vivais et de modifier mon comportement. Acquérir des connaissances est une chose, les appliquer et continuer à vivre en est une autre !

J'ai décidé d'entreprendre une thérapie de la PRI. Cette thérapie avait pour but de déterminer le rôle que jouaient différents facteurs psychologiques dans ma surdité, ce qui me permettrait d'apprendre à composer et à vivre avec eux le mieux possible. J'ai appris comment Mme Bosch avait élaboré la thérapie de la PRI en lisant *Reclaiming your Life,* de Jean Jenson.

Le processus

Mon enfance. Dès le début de la thérapie, j'avais déjà l'impression d'avoir été privé pendant mon enfance d'un sentiment fondamental de sécurité et de confiance. Je me disais que l'état de santé de ma mère devait y être pour quelque chose. Elle était souvent malade et avait été admise à l'hôpital à diverses reprises pour des raisons psychologiques. Elle y avait fait un séjour de quelques mois quand j'avais quatre ans, et de six mois quand j'en avais six. Puis elle a passé deux années entières à l'hôpital lorsque j'avais seize ans. Un jour, ma mère a compté le nombre de travailleurs sociaux en milieu familial qui étaient venus à la maison pour nous aider. Il y en avait 106 ! Cette situation a eu un impact évident sur mon enfance, ainsi que sur celle de ma sœur et de mes deux frères. Les problèmes physiques et psychologiques de ma mère créaient beaucoup de tensions et de conflits dans la famille.

Je tiens à mentionner que je pouvais parler à ma mère – quand elle était de bonne humeur, dois-je ajouter. Elle pouvait être extrêmement sociable et communicative. En fait, elle ne correspondait pas entièrement au stéréotype du parent psychologiquement instable. Mon enfance n'a pas été une suite de douleurs et de souffrances. Il y avait beaucoup d'amour à la maison, mais il y avait aussi beaucoup d'impuissance.

Pendant ma thérapie de la PRI, il est vite devenu évident que l'impact de mon enfance avait été beaucoup plus important que je ne l'avais cru à l'époque, plus particulièrement les longues hospitalisations de ma mère, au cours desquelles ma sœur, mes frères et moi étions placés chez des parents.

Des émotions profondes, comme le désespoir, l'impuissance et la solitude, me sont restés inaccessibles, en partie sans doute parce que mes frères et ma sœur étaient aux prises avec de graves problèmes psychologiques et qu'il fallait que moi, l'enfant modèle, je compense pour eux. En outre, ces émotions étaient beaucoup trop menaçantes pour l'enfant que j'étais.

J'étais un être extrêmement sensible et je ressentais toute la tension qu'il y avait dans la famille. J'ai connu de nombreux moments difficiles, même si je semble avoir survécu à mon milieu familial sans dégâts apparents. Très tôt, j'ai toujours voulu arranger les choses. Dès qu'il y avait des tensions, j'étais celui qui cherchait à rétablir l'harmonie et à faire en sorte que la paix règne le plus longtemps possible. Malgré cela, il m'arrivait souvent de préférer fuir en m'enfermant dans ma chambre ou en allant jouer dehors.

Ma propension à toujours vouloir tout faire extrêmement bien est devenue évidente, surtout dans les relations que j'ai développées plus tard dans ma vie ; elle l'était moins dans ma vie professionnelle ou pendant mes études, même si je dois reconnaître que le perfectionnisme est une chose avec laquelle je peux m'identifier.

Pendant mon enfance, j'étais aussi très enclin à tout minimiser et à peindre un tableau beaucoup trop rose de ma mère et de notre situation familiale. En outre, il m'arrivait très rarement de me mettre en colère. Je sais maintenant que je ne me fâchais pas parce que je ne voulais pas perturber l'atmosphère ; je savais en outre que ma mère pouvait faire des colères terribles et j'étais terrifié à l'idée qu'un conflit éclate entre nous.

Pendant ma thérapie, j'ai découvert que mon perfectionnisme était étroitement lié à une ancienne douleur de l'enfance : enfant, j'étais incapable d'émotions, car celles-ci auraient été trop menaçantes. La douleur me forçait à m'entourer d'une certaine harmonie, ce qui était impossible compte tenu de la situation réelle au sein de ma famille. En outre, il m'arrivait souvent de rechercher l'acceptation des autres. Le sentiment d'être accepté « tel que j'étais » m'était totalement étranger.

J'ai conservé l'habitude de me retirer et de disparaître lorsque la situation devient difficile ; si je ne le fais pas extérieurement, je le fais intérieurement. Il m'a fallu pas mal de temps pour voir clairement qu'il s'agissait d'un mécanisme de survie. En général, je suis très sensible, et j'ai toujours pensé que j'étais capable de laisser mes émotions remonter à la surface. Cependant, je vois bien maintenant que ce n'est pas le cas lorsqu'il s'agit d'émotions profondément enfouies. Chez nous, « Vis quand tu le peux et survis quand il le faut » était la devise.

La thérapie m'a clairement montré que ma propension à m'éloigner de toute situation menaçante me servait principalement à éviter la douleur (impuissance, désespoir, solitude, tristesse) et la peur (d'être abandonné). Extérieurement, cependant, je donnais l'impression que tout allait comme sur des roulettes. L'un des points centraux de la thérapie de la PRI consiste à renoncer à ses mécanismes de défense et à ressentir de vieilles douleurs. Il faut d'abord prendre conscience de ses défenses et apprendre à les reconnaître dans des situations concrètes pour se rendre compte qu'on a toujours le choix de les changer, de modifier son comportement et de faire l'expérience d'une vieille douleur.

Voici un exemple : J'ai horreur des conflits dans ma relation. Autrefois, dès qu'un conflit éclatait, j'essayais de ne pas me fâcher et, si le conflit devenait trop lourd, je me retirais. C'était une attitude récurrente. Depuis ma thérapie, je me permets de ressentir ma colère et de vivre vraiment les émotions qui la sous-tendent. Et j'y arrive. Au début, je pleurais souvent lorsque cela se produisait, mais c'est ainsi que j'ai pu laisser ma vieille douleur refaire surface.

Le processus a souvent été très douloureux, et même très pénible à certains moments. Cependant, il en valait la peine. Il vaut mieux savoir ce qui nous cause des problèmes que de nous battre avec de vagues sentiments d'agitation, de colère refoulée et autres émotions du même genre.

J'ai pu accéder aisément à mon ancienne douleur, mais je ne peux pas en dire autant de mes vieux mécanismes de défense. Cela a pris beaucoup plus de temps.

Effets/résultats

J'ai beaucoup appris sur moi-même grâce à la thérapie de la PRI. Par exemple, je sais maintenant quelles sont les émotions et les situations qui me perturbent et je sais comment les reconnaître, les ressentir et, parfois, les explorer dans le moment présent pour pouvoir me libérer de leurs effets et adopter des comportements différents.

Plus concrètement, j'ai appris les choses suivantes :

– Je sais distinguer ma conscience d'adulte de ma conscience d'enfant ; une personne adulte a toujours des choix et elle n'a pas à succomber à l'impuissance d'un enfant ;

– Je sais que les sentiments de peur et de colère doivent être ressentis et vécus à un niveau plus profond (la colère est un mécanisme de défense contre l'impuissance ; la peur est un mécanisme de défense qu'il faut attaquer de front) ;

– Je sais que les émotions de cette nature doivent être vécues jusqu'au bout ;

– Je sais que ma relation avec ma mère a joué un rôle essentiel dans ma vie, plus particulièrement en ce qui concerne ma peur d'être abandonné, et qu'elle a eu une influence sur ma vie et mes relations ;

– Je sais que je choisissais toujours, consciemment, des partenaires qui manquaient de disponibilité sur le plan émotionnel ; je me sentais dans une situation horrible et je me fuyais dans l'amour ;

– Je sais que je me dévalorisais en raison de mon ignorance des mécanismes qui étaient à l'œuvre et parce que j'étais incapable de ressentir et d'évacuer ma vieille douleur ;

— Enfin, et surtout, je sais que je peux maintenant identifier les personnes et les situations qui représentent des symboles pour moi.

Les changements dans mon comportement sont aussi très évidents. Je suis beaucoup plus détendu, plus souple, plus ouvert, moins stressé et beaucoup moins perfectionniste ; en outre, je ne recherche plus l'harmonie continue. Je peux ressentir de la colère, mais je peux la laisser tomber très facilement. Je connais mes limites et il m'est beaucoup plus facile de dire non. J'ai des émotions plus profondes, et je suis capable de les cultiver. Je me sens de plus en plus équilibré.

En neuf mois (quatorze séances), il s'est produit dans ma vie de nombreux changements cruciaux. Ma surdité n'a pas été guérie, mais mon problème fondamental, c'est-à-dire ma propension à ne rien ressentir (ne pas entendre = ne pas ressentir) est à peu près réglé.

Si mes problèmes jouent encore un rôle dans ma vie, c'est surtout en raison des connaissances que j'ai acquises pendant ma thérapie. Ces connaissances m'ont permis de continuer à travailler moi-même sur mes difficultés. La meilleure thérapie est indéniablement la vie elle-même.

L'histoire de Christine

À l'âge de 38 ans, après avoir passé dix ans à travailler d'arrache-pied, je me suis retrouvée en proie au stress. J'avais des problèmes avec mon patron depuis des années, mais lui ne se rendait compte de rien. Je n'avais pas l'impression que mes collègues me soutenaient, et je me sentais de plus en plus isolée. J'en étais à mon troisième emploi. J'avais quitté mes emplois précédents parce que j'avais le sentiment que mes patrons ne m'accordaient pas suffisamment d'espace, de confiance et de reconnaissance. Quand j'étais étudiante à l'université, j'ai dû me prévaloir de l'aide d'un conseiller psychologique pendant toute une année parce qu'un conflit avec un professeur m'avait rendue incapable d'étudier. Au bout d'un an de travail avec ce psychologue, j'ai opté pour une thérapie traditionnelle, et j'ai réussi à terminer mes études. Malheureusement, cette année en thérapie conventionnelle n'a servi qu'à aggraver mon allergie à toute thérapie. Je me disais qu'on m'avait mis dans un groupe de vrais dingues, des personnes qui avaient toutes des problèmes plus graves que les miens et qui n'arrivaient pas à mener une vie normale. À cette époque, j'étais inscrite à un programme post-doctoral très coûteux et j'avais réussi à me faire accepter.

À de nombreuses reprises, les thérapeutes m'ont dit que mes symptômes pourraient être liés à des problèmes de seconde génération découlant de la Deuxième Guerre mondiale ou, plus précisément, à des problèmes familiaux. Cela ne servait à rien. Il n'y avait rien qui clochait chez moi. Je savais que je n'avais pas eu une enfance normale, mais j'étais convaincue que cela n'avait eu aucune influence négative sur mon développement. Tant de personnes avaient eu une enfance infiniment pire que la mienne. Depuis près de quarante ans, j'essayais de ne pas devenir une victime, comme mes parents. J'avais choisi d'être au-dessus de tout cela. J'étais forte et capable d'obtenir tout ce que je voulais.

Lorsque j'ai commencé à avoir de sérieux problèmes, j'ai été confrontée à la difficile réalité de devoir admettre que j'étais la victime de mes parents. C'était là une vérité que j'avais essayé d'éluder pendant près de quarante ans. Après dix bonnes conversations avec le thérapeute de l'entreprise pour laquelle je travaillais, celui-ci a conclu que j'avais des difficultés à exprimer mes émotions. Comme je ne voulais plus suivre de psychothérapie, il m'a conseillé de voir un naturopathe. Ce guérisseur m'a traitée à l'aide de médicaments qui étaient censés me permettre de m'ouvrir afin de résoudre mes émotions douloureuses. Grâce à ces traitements, j'ai effectivement commencé à me sentir beaucoup mieux. Comme moi, le naturopathe n'était pas très partisan de la psychothérapie.

J'étais à la maison, complètement épuisée, lorsque j'ai lu *Reclaiming Your Life*. Je l'ai lu pendant mes vacances et, pour la première fois de ma vie, j'ai fait un lien entre mes problèmes présents et mes antécédents familiaux. L'éditeur m'a donné l'adresse de Ingeborg, et j'ai entrepris une thérapie de la PRI quelques mois plus tard.

J'ai très peu de souvenirs de ma petite enfance. Mes parents ont été internés dans un camp de concentration japonais pendant la Deuxième Guerre mondiale (en Indonésie, alors colonie hollandaise). Ma mère, plus particulièrement, n'a jamais réussi à faire face à cette période de sa vie. Après la guerre, ses parents ont divorcé et elle est retournée en Hollande avec sa mère. Très jeune encore, elle a dû gagner sa vie et celle de sa mère. Quand nous étions petits, mon frère et moi, notre mère était toujours malade ; elle était soupe au lait, nous frappait quotidiennement et ne nous donnait ni chaleur ni affection. Elle était très dominatrice. Quoi que nous fassions, ce n'était jamais assez bien. Le mariage de mes parents allait très mal. Ils ne s'entendaient pas et avaient des intérêts très différents. Ma mère traitait mon père de tous les noms ; elle lui reprochait son métier ordinaire. Mon père fuyait ma mère en se tenant très occupé à l'extérieur de la maison. Il n'était presque jamais là. Comme j'étais l'aînée, j'ai dû prendre sur les épaules la responsabilité de prendre soin de ma mère. À partir de l'école primaire, j'ai lutté contre l'oppression qu'elle faisait peser sur moi. Je faisais de terribles colères lorsqu'elle me traitait injustement ou me frappait sans raison. Nous avions d'épouvantables disputes à table et il m'arrivait souvent d'aller me coucher sans avoir mangé. Ma chambre était mon refuge, et je passais le reste du temps avec mes amis que j'invitais très rarement à la maison. Ils n'étaient pas les bienvenus, de toute façon. J'ai quitté le foyer de mes parents à dix-neuf ans pour poursuivre des études. Je suis restée en contact avec eux. J'ai même réussi à développer un semblant de relation avec mon père. Après le décès de papa, ma mère s'est mise à m'accaparer de plus en plus et j'ai commencé à avoir des problèmes au travail.

Lorsque j'ai commencé à travailler sur mes souvenirs dans le cadre d'une thérapie de la PRI, la vilaine vérité a vite refait surface. J'ai été scandalisée de découvrir que j'avais grandi dans un foyer où je ne me sentais pas en sécurité. J'avais accumulé tellement de peur derrière la façade que je prenais soin de maintenir ! Mes mécanismes de défense avaient transformé la présence écrasante de ma mère en symptômes de claustrophobie, si bien qu'il m'est extrêmement pénible de prendre le métro à l'heure de pointe et qu'il m'est impossible de dormir sous une fenêtre ouverte. Mes besoins de reconnaissance et d'appréciation, inassouvis pendant mon enfance, ont fait de moi une boulomane. Je n'ai jamais pu faire confiance à personne, car personne n'a jamais levé le petit doigt pour me défendre lorsque j'étais petite, et parce que ma mère me terrorisait. Si je me mettais dans une colère terrible lorsque mes limites étaient violées pour la 101e fois, c'est parce que je n'avais pas su me défendre les cent autres fois précédentes. Je me sentais atrocement seule lorsque je recevais un prix ou un diplôme : mes parents n'étaient jamais dans la salle, contrairement aux parents des autres enfants et de mes camarades de classe. Par la suite, j'évacuais mon énorme peur en m'astreignant compulsivement à faire le ménage et à organiser la maison. Il est toujours difficile de savoir dans quelle mesure notre comportement est motivé par la peur et la solitude caractéristiques de notre conscience d'enfant.

Grâce à la PRI, j'ai retrouvé cette partie de moi-même que j'avais perdue. Je porte dorénavant en moi le sentiment de l'enfant que j'étais, un sentiment dont j'ai longtemps été privée. Mon fardeau est encore très lourd. J'aurai besoin de temps pour composer avec cette émotion. Il me reste du travail à faire, car il m'arrive encore de me heurter à des symboles. Si ma thérapie m'a appris à reconnaître ces situations, je trouve encore difficile dans ces moments de m'ouvrir pleinement aux émotions qu'elles sous-tendent. J'ai du mal à comprendre une fois pour toutes que ce que je ressens ne concerne pas le présent. Il faut dire que j'ai toujours eu pour stratégie de ne jamais rien ressentir et de continuer à aller de l'avant, coûte que coûte. Mon ouverture à l'immense douleur de mon enfance se fait spontanément, sans directives. Très souvent, je m'y ouvre en voyant une image à la télé ou en lisant un livre ou un magazine. Des émotions très vives m'envahissent lorsqu'une histoire, vraie ou fictive, décrit un jeune enfant abandonné ou traité sans amour. Je me reconnais dans ces histoires, et j'ai l'impression de flotter à la surface de l'énorme vague de fond de mes émotions. Je les sens dans tout mon corps ; je les sens qui tentent de s'échapper à travers mes yeux. Mon processus ne se déroule peut-être pas de façon très orthodoxe, mais il m'aide à progresser. Je suis toujours à la recherche de la manière qui me permettra de mieux exprimer les émotions de mon enfance ; peut-être y arriverai-je un jour par l'écriture ou le dessin.

Pour la première fois de ma vie, j'ai l'impression d'être apte à prendre mes propres décisions. Par exemple, je ne tiens plus à être une gestionnaire exceptionnelle. Dorénavant, je m'intéresse davantage à des travaux plus intellectuels. Autrefois, le statut social et l'appréciation de mon entourage étaient pour moi des façons d'être reconnue. Aujourd'hui, j'ai un nouvel emploi qui correspond exactement à ce que j'aime faire. J'ai toujours été douée pour établir des contacts avec les autres, mais les gens se fiaient à moi, et non le contraire. Aujourd'hui, mes rapports avec les autres m'apportent énergie et inspiration, car un contact réel s'établit. En outre, mon besoin de contrôler le plus possible mon environnement a considérablement diminué. Je suis encore très ordonnée, mais je ne fais plus le ménage de manière compulsive. Mon partenaire a assez bien vécu tous ces changements, et il a décidé d'explorer lui aussi ses vieilles douleurs, même s'il veut le faire de manière différente. Il est moins distant qu'autrefois et je ne me fâche plus contre lui aussi facilement qu'avant. Il n'a plus d'attentes impossibles à combler.

La décision d'entreprendre une thérapie n'a pas été aisée. Je me suis toujours protégée et j'ai toujours survécu en refoulant mes émotions, en fonçant et en gardant le contrôle sur les événements. La seule idée de renoncer à cette maîtrise de mes émotions suffisait à me faire craindre une séance de thérapie autant qu'un rendez-vous chez le dentiste. Mais il faut souffrir pour se faire du bien !

Lorsque j'ai entrepris ce processus thérapeutique, j'avais peur de perdre la tête et d'être inondée d'émotions douloureuses ; j'avais peur de sombrer dans la folie. En y repensant, je peux résumer la situation comme suit : en apprenant à reconnaître mes (anciennes) émotions et en les intégrant dans ma vie quotidienne, je peux faire place à mon développement personnel, sur lequel j'exerce un contrôle. Désormais, mon environnement et mon entourage ne me posent plus de problèmes insolubles.

Chapitre 9

THÉRAPIE DE LA PRI, AUTRES THÉRAPIES, ET DIAGNOSTICS

Il y a plusieurs différences entre la PRI et les autres thérapies. Dans le chapitre suivant, nous examinerons ces différences et nous verrons, bien que plus superficiellement, les diagnostics et les symptômes des « maladies émotionnelles » selon la théorie de la PRI.

Dans le cadre d'une thérapie de la PRI, la régression nous met dans l'état émotionnel de l'enfant que nous étions

La régression consciente nous met dans un état émotionnel très différent de celui que nous vivons lorsque nous pleurons sur les malheurs qui nous sont arrivés pendant notre enfance, et de celui que nous vivons lorsque nous pleurons comme le ferait un enfant. Un état de régression inconscient n'a aucun effet thérapeutique sur la douleur que nous ressentons. En conséquence, la régression ne peut avoir d'utilité et conduire à la guérison que si nous sommes conscients du fait que nous nous trouvons dans l'état émotionnel de l'enfant que nous avons été.

Dans le cadre d'une thérapie de la PRI, une régression met le client dans un état comparable à celui d'une personne qui fait une thérapie moderne par hypnose. Il faut savoir que cette dernière n'est pas la même chose que l'hypnose pure et simple, laquelle provoque une transe profonde qui fait perdre au patient tout contrôle sur ses gestes. Si nous nous opposons à l'hypnose qui provoque une transe profonde, c'est parce qu'elle contourne le système de protection naturel de la psyché. En revanche, la thérapie moderne par hypnose ne provoque pas un état de conscience qui échappe totalement au contrôle du sujet. Celui-ci est mis dans un état « d'observation distante » de son passé refoulé. Cet état « d'observation distante » lui donne accès à des images extrêmement claires d'événements passés refoulés, mais en général, il ne lui permet pas de vivre pleinement les émotions associées à ses souvenirs. À cet égard, l'hypnose diffère fondamentalement de la régression de la thérapie de la PRI. Il ne faut pas non plus confondre ce genre de régression avec les régressions dans lesquelles les clients sont encouragés à évacuer leurs émotions ou à passer à l'acte, comme c'est le cas dans la thérapie régressive, la thérapie primale, le travail sur l'enfant en soi, etc.

Aussitôt que le sujet se trouve dans un état régressif, il est essentiel qu'il ressente la douleur de l'enfant qu'il a été, aussi longtemps et aussi profondément que possible.*

Pendant une régression de la PRI, le thérapeute ne suggère jamais au client d'entretenir l'illusion qu'il peut avoir maintenant ce qu'il voulait autrefois mais n'a pas obtenu. Par exemple, il ne dit jamais : « Prenez l'enfant que vous étiez par la main », ni « Laissez venir votre mère et laissez-la vous bercer », ni « Accueillez cet enfant dans le monde » et ainsi de suite. De telles paroles coupent le client de son émotion ; il se rend aux signaux d'alarme de l'amygdale au lieu

* N'oubliez pas de le faire du point de vue de l'observateur (voir p. 173).

de les démentir en retenant son émotion jusqu'à ce qu'elle disparaisse d'elle-même. En outre, persuadé qu'il a besoin, maintenant, de ce qu'il n'a pas eu autrefois et se croyant incapable de supporter sa douleur aussi longtemps que nécessaire pour qu'elle se résorbe naturellement, il renforce son mur du déni.

Il n'y a pas « d'enfant en soi »

Nous sommes des adultes à la conscience divisée. Il n'y a pas, en nous, un enfant qui peut être guéri, aimé, rassuré. Nous ne pouvons guérir les effets du passé qu'en nous permettant de vivre notre vieille douleur tout en restant conscients de la réalité présente. Nous concevoir comme des êtres divisés entre « moi et l'enfant en moi » accentue notre désintégration au lieu de favoriser l'intégration qui nous est nécessaire pour guérir. De plus, en aimant, en rassurant, en écoutant et en respectant « l'enfant en nous », nous alimentons nos faux espoirs.

En général, la colère et la peur sont des mécanismes de défense

Lorsqu'il y a véritable menace physique, la colère ou la peur – la fuite ou la lutte – sont des réactions appropriées. Dans tous les autres cas, la colère est un mécanisme de défense contre la vieille douleur que fait surgir une situation présente. En conséquence, la thérapie de la PRI n'encourage pas les clients à accéder à leur colère, ni à passer à l'acte – par exemple en frappant un oreiller tout en s'imaginant qu'il s'agit de leur père. La colère n'est pas perçue comme étant nécessaire pour accéder aux émotions associées au lointain passé de leur enfance. Elle ne sert qu'à créer un faux sentiment de pouvoir. Faux, parce que l'enfant que nous étions ne pouvait pas se défendre en se mettant en colère contre son bourreau. Sentir cette colère dans le présent ne sert donc qu'à nous donner l'illusion que nous aurions pu nous battre au lieu d'être de simples victimes. Naturellement, ce n'était pas le cas. Les enfants que nous étions *étaient* des victimes. Rien ne pouvait nous protéger contre la réalité que nous vivions, sauf le refoulement et le déni. Par conséquent, pour guérir, nous devons éliminer le déni et le refoulement afin de pouvoir accéder à la vérité et l'intégrer. L'illusion que procure le faux pouvoir - qui nous fait croire que nous pouvons agir - ne sert qu'à renforcer notre déni de la vérité. Peut-être nous sentons-nous mieux pendant un moment, mais c'est uniquement, comme nous l'avons vu plus haut, parce nous retirons de ce faux pouvoir un sentiment de puissance éphémère et illusoire. À long terme, ce sentiment ne fait que renforcer notre mur de déni et nous empêche encore davantage de retrouver une conscience unifiée (revoir le chapitre 6).

La peur est parfois le dernier mécanisme de défense auquel notre psyché a recours pour justifier le refoulement. Or, la peur camoufle une autre douleur, comme la solitude ou l'angoisse de l'abandon, par exemple - ce qui devrait vous rassurer, car la peur est une émotion des plus désagréables. Contrairement à la tristesse, la peur est une émotion que nous ne voulons ressentir en aucun cas. Pour la plupart des gens, vivre dans la peur pendant une période prolongée est épouvantable. Mais rassurez-vous, car la peur cache souvent autre chose, une chose à laquelle il est beaucoup plus facile de s'ouvrir (voir chapitre 6). En fait, mieux nous réussissons à faire face à notre peur, en imaginant par exemple que nos pires craintes se réalisent, plus vite nous pouvons accéder aux émotions contre lesquelles elle nous protège.

Nos mécanismes de défense sont au cœur de notre problème dans la réalité présente

Les mécanismes de défense ne sont pas des structures dont nous avons encore besoin pour préserver l'intégration de notre ego. En langage courant, cela veut dire que, du point de vue de la PRI, les mécanismes de défense ne sont pas nécessaires pour rester sain d'esprit.

Dans de nombreuses thérapies, on se méfie du danger qu'il y a à rouvrir d'anciennes blessures. Les gens qui ont vécu des expériences extrêmement traumatisantes se voient souvent proposer une thérapie qui ne va pas jusqu'au cœur de leur traumatisme. On craint qu'ils n'aient pas un ego assez fort pour tolérer la douleur causée par la réouverture de leur traumatisme et qu'ils sombrent dans la psychose ou dans quelque autre forme de désintégration de la personnalité (folie). Cette idée découle du vieux concept freudien selon lequel nous avons besoin de nos mécanismes de défense pour survivre.

La thérapie de la PRI s'oppose à cette idée. Les mécanismes de défense qui étaient nécessaires pendant l'enfance ne le sont plus aujourd'hui. Dans le présent, ils sont toujours nuisibles et nous rendent la vie plus douloureuse qu'elle ne devrait l'être. Selon la PRI, la voie de la guérison passe par le démantèlement des défenses, ce qui met à nu le traumatisme qu'elles cachent. Ainsi, la douleur liée au traumatisme et son impact peuvent être pleinement ressentis et intégrés dans la conscience adulte. Exposer un traumatisme au grand jour, aussi grave soit-il, est la seule façon d'amorcer une véritable guérison. Ce sont nos mécanismes de défense qui nous font souffrir. Bien que de nombreuses thérapies considèrent qu'il est dangereux d'y renoncer, la thérapie de la PRI n'y voit aucun danger une fois l'enfance terminée. Par conséquent, l'idée qu'il soit dangereux dans le présent de laisser tomber nos mécanismes de défense est le fruit de notre conscience d'enfant. Renoncer aux mécanismes de défense n'est dangereux que dans le cas d'une personne qui n'a pas accès à sa conscience d'adulte et qui dépend des autres en permanence - une personne qui souffre de troubles mentaux, par exemple. Dans ces circonstances, les mécanismes de défense demeurent nécessaires (voir p. 32).

C'est notre système de défense qui crée nos problèmes. En effet, il nous porte à faire des tentatives pour continuer à refouler notre douleur de l'enfance, tentatives qui n'ont plus leur raison d'être, mais dans lesquelles nous persistons avec succès. Ce mécanisme pervers finit par provoquer une détresse psychologique et des maladies mentales, comme :

La dépression clinique

Comme nous l'avons mentionné au chapitre 2, la dépression clinique peut être un exemple extrême de défense primaire, mais sans la protection tampon du déni des besoins, des faux espoirs et du faux pouvoir.

L'épuisement

Les symptômes de l'épuisement pourraient très bien être la conséquence de faux espoirs : on persiste à vouloir accomplir une chose impossible.

Les troubles de l'anxiété

L'anxiété indique souvent que nos mécanismes de défense font une dernière tentative pour que notre ancienne réalité reste refoulée. Cependant, lorsqu'elle est persistante et non rationnelle dans ces circonstances, elle constitue un reflet direct de l'atmosphère oppressante dans laquelle nous avons grandi.

Troubles obsessifs-compulsifs

Ces troubles révèlent une stratégie de faux espoirs : « Si seulement je réussis à faire telle ou telle chose de telle ou telle manière, je peux repousser le danger. » Naturellement, le danger ne peut pas être repoussé, puisque ce qui nous fait peur est déjà arrivé. Le problème est que nous ne l'avons pas admis et que nous n'en avons par ressenti la douleur et la peur.

Les recherches montrent que les personnes qui souffrent de troubles obsessifs-compulsifs affichent le taux de suicide le plus bas de toutes les personnes officiellement diagnostiquées comme étant atteintes de « maladies mentales », et plus particulièrement de dépression[1]. Cette conclusion s'accorde avec l'hypothèse selon laquelle les troubles obsessifs-compulsifs sont une forme extrême de faux espoirs, ce qui sous-entend que les faux espoirs servent de tampon très efficace contre l'expérience de la défense primaire. La défense primaire, comme nous le savons, peut être apparentée à ce qu'on appelle la « dépression », à laquelle est attribué le taux de suicide le plus élevé.

La schizophrénie et les autres troubles psychotiques*

Ces troubles peuvent avoir autant de terribles parallèles dans l'enfance, bien qu'ils soient surtout représentés symboliquement ; très souvent, il y a beaucoup plus de distorsion que dans le cas de personnes qui ne sont pas atteintes de schizophrénie ou de psychose. Par exemple, une personne est convaincue que quelqu'un essaie de l'empoisonner ou exerce sur elle une surveillance constante ; et elle est convaincue qu'elle peut éviter la mort en remplissant une mission spéciale. À notre avis, il est possible que cette personne parle d'expériences qu'elle a vécues pendant son enfance. Dès lors, son message est bien plus facile à décoder qu'on pourrait le croire. Une femme souffrant de peurs paranoïaques peut très bien avoir été persécutée par ses parents lorsqu'elle était petite. La psychose maniaque et les autres délusions de grandeur et de pouvoir semblent être des moyens d'échapper à la terreur que cause la défense primaire extrême que développe une personne qui a toujours été dépréciée. En elles-mêmes, ces délusions pourraient donc être perçues comme des manifestations de défense primaire.

Aussi intenses que soient les souffrances de ces êtres, leur douleur n'est pas liée à leur vécu pendant l'enfance. Ils sont convaincus d'être en danger dans le moment présent. Ils vivent parfois dans des états de dépression défensifs ; ils sont terrorisés, coincés dans le gouffre sombre et sans espoir de la défense primaire. Ils peuvent aussi être maniaco-dépressifs. Ils se montrent alors débordants d'énergie dans l'édification de leurs projets grandioses et illusoires.

* La PRI n'exclut pas les facteurs biologiques ou génétiques de ces problèmes, mais elle ne considère pas leur fonctionnement comme exclusif ni déterminant.

En général, ces personnes, comme leur entourage, ne se doutent pas que la maladie dont elles souffrent pourrait être le reflet d'une ancienne réalité, une sorte de code représentant ce qui est arrivé à l'enfant qu'elles ont été. Sans tenir compte de cette possibilité, la douleur de l'enfance ne peut pas être ressentie consciemment, et ni l'intégration dans la conscience adulte ni la guérison ne peuvent avoir lieu. La schizophrénie et les troubles psychotiques sont un exemple de plus des souffrances émotionnelles intenses que peut provoquer un mécanisme de défense qui se manifeste de manière extrême dans le but de rendre le refoulement permanent.

Selon la psychiatrie évolutionniste – un domaine en pleine émergence –, ces souffrances émotionnelles intenses, pour persister chez les humains dans une proportion relativement élevée, doivent avoir un quelconque avantage évolutif. Par exemple, la schizophrénie frappe un pour cent de la population. Les psychiatres évolutionnistes n'ont pas fourni d'explications précises, mais on pourrait se demander si les soi-disant « maladies mentales » sont réellement causées par une dysfonction du patient lui-même. Elles pourraient être des manifestations de mécanismes de défense activés à l'extrême pour empêcher que des vérités douloureuses ne soient révélées. Sous cet angle, les soi-disant « troubles psychiatriques » pourraient être le signe d'un système de défense très fort et très efficace (parce qu'il est nécessaire) et non le signe d'une faiblesse ou d'une maladie. Lorsqu'on considère que la « maladie mentale » est un mécanisme de défense très fortement activé et nécessaire à la survie, on s'explique mieux pourquoi ce genre de maladie continue à être aussi répandu dans la population, au lieu de disparaître avec le temps, comme le voudrait la sélection naturelle.

La liste de « maladies » émotionnelles présentée ci-dessus n'est pas exhaustive, mais elle n'est pas non plus superficielle ; une liste complète dépasserait la portée du présent ouvrage. Elle sert principalement à illustrer le point de vue de la PRI, selon lequel les « symptômes » sont souvent le reflet de divers mécanismes de défense contre une vieille douleur ou une vieille réalité, et non des manifestations de maladies émotionnelles attribuables principalement à des défauts ou à des troubles du cerveau. Ce point de vue connaît une certaine popularité en ce moment.

Selon la thérapie de la PRI, aucune émotion dans le présent ne peut nous faire de mal, tant que nous restons conscients qu'elles résultent d'une ancienne douleur et tant que les sentiments de désespoir et d'impuissance qui l'accompagnent sont anciens eux aussi. Si, en tant qu'adulte, nous nous retrouvons prisonniers d'une situation horrible dont nous ne connaissons ni l'issue ni la durée, il peut être dangereux d'aller au bout de nos émotions : la douleur serait trop vive. Heureusement, il est très rare de se retrouver dans une telle situation, sauf en temps de guerre ou dans certains services psychiatriques fermés.

Le sentiment que des émotions pourraient nous faire très mal émane de notre ancienne réalité. Dans le passé, il est possible que ces sentiments aient causé beaucoup de souffrance à l'enfant que nous étions, mais ils ne peuvent plus nous toucher maintenant, parce que nous ne sommes plus cet enfant ; nous ne sommes plus impuissants et incapables de combler nos besoins, comme nous l'étions à cette époque.

Une personne qui suit une thérapie de la PRI ne court aucun risque de désintégration de la personnalité. Naturellement, les émotions qui refont surface peuvent être très douloureuses, mais elles ne le sont jamais au point de causer des dégâts, du moins tant que la personne demeure consciente que ses émotions ne concernent pas le présent (voir la p. 32 pour les contre-indications).

La thérapie de la PRI n'utilise pas le système de diagnostic officiellement reconnu (DSM-IV)

Pour suivre une thérapie de la PRI, il n'est pas essentiel que le client soit classé « obsessif-compulsif » ou « narcissique avec tendances paranoïaques », et ainsi de suite. En thérapie de la PRI, la psychopathologie est considérée principalement comme une expression de l'ancienne réalité et des tentatives que nous faisons pour refouler ou nier cette réalité.

Lorsque nous étions enfants, nous avons tous eu besoin de pratiquer le refoulement et le déni pour survivre. Le refoulement et le déni ne sont pas uniquement le lot des enfants qui ont été victimes d'abus officiellement reconnus comme tels par la société, par exemple de graves abus physiques ou sexuels. Ils sont notre lot à tous et, pour cette raison, nous souffrons tous des effets d'une conscience divisée, et nous sommes tous vulnérables aux symboles qui en sont le truchement. Même ceux qui n'ont pas besoin de diagnostic officiel ont recours au refoulement et au déni. Autrement dit, nous souffrons tous de psychopathologie, y compris ceux d'entre nous qui sont considérés comme en bonne santé mentale par le système établi. Selon la théorie de la PRI, la plupart des psychopathologies résulteraient d'une régression dans la conscience d'enfant ou de l'activation d'un mécanisme de défense, comme le déni des besoins, les faux espoirs, le faux pouvoir, la défense primaire et la peur.

La théorie de la PRI n'exclut pas toutes les causes génétiques et biologiques des maladies émotionnelles. Cependant, elle estime que ces causes sont rarement au cœur du problème. Par conséquent, les médicaments, en dépit de leurs bienfaits inestimables dans des situations de crise, par exemple en cas de manifestation aiguë de symptômes psychotiques, n'ont des effets thérapeutiques utiles à long terme que dans des cas très rares.

En concluant cet ouvrage, je me sens privilégiée d'avoir eu la chance de partager avec vous les idées, les intuitions et les concepts théoriques qui m'ont permis d'élaborer la thérapie de la PRI.

Comme notre société souffre de déni collectif en ce qui a trait aux réalités de l'enfance, l'approche de la PRI à l'égard de ces réalités est assez unique. À titre d'individu et de thérapeute, j'espère que la société cessera un jour de nier ces réalités.

Les méthodes utilisées pour guérir des effets de l'enfance sont douloureuses à court terme, mais très précieuses à plus long terme. Les résultats de la PRI ne s'estompent pas avec le temps. En tant que thérapeute, j'éprouve une immense gratitude chaque fois que je vois des clients guérir par eux-mêmes des pires afflictions et améliorer leur qualité de vie de manière très appréciable.

En tant qu'être humain, j'apprécie énormément l'importance que la thérapie de la PRI accorde au respect du client et de ses problèmes. Le thérapeute ne se livre pas à toutes sortes d'analyses et d'interprétations de l'enfance du client, et il ne lui impose pas ses points de vue, ses normes ou ses valeurs, ni explicitement ni implicitement. La méthode est non pédagogique. Le thérapeute et le client sont égaux et font ensemble le voyage de guérison, au cours duquel le client est soutenu par la compétence du thérapeute, par ses connaissances et son expérience de la thérapie de la PRI.

J'ai partagé avec vous les intuitions cognitives et émotionnelles qui m'ont permis d'élaborer la thérapie de la PRI. Puissent-elles vous être utiles dans votre quête de redécouverte de votre soi !

NOTE

1. Tel qu'il est mentionné dans *Night falls fast, understanding suicide*, de Kay Redfield, Alfred A. Knopf, New York, 1999.

Annexe 1

TEST POUR DISTINGUER LA CONSCIENCE D'ADULTE DE LA CONSCIENCE D'ENFANT

Le test qui suit vous aidera à déterminer dans quelle mesure vous savez distinguer la conscience d'adulte de la conscience d'enfant, ou des mécanismes de défense. Si votre résultat est faible, vous avez sans doute intérêt à relire la partie théorique du présent ouvrage (chapitres 1 à 4 inclusivement). Il vous serait également utile de lire les ouvrages d'Alice Miller, si vous ne les avez déjà lus. Un résultat faible indique probablement que vous devez continuer à travailler sur vos émotions. Ressentir votre ancienne douleur vous aidera à mieux distinguer les pensées et les émotions qui émanent de votre conscience d'adulte de celles qui émanent de votre conscience d'enfant. Il est crucial d'apprendre à distinguer la conscience d'adulte de la conscience d'enfant pour amorcer le processus de guérison.

Lisez les énoncés ci-dessous et indiquez s'ils représentent pour vous la conscience d'adulte ou la conscience d'enfant et les mécanismes de défense. Vous trouverez les réponses à la page suivante.

1. Mon Dieu, je lui ai fait de la peine ! Que je suis bête ! Que vais-je faire maintenant ?
2. Qu'est-ce que je vais faire s'il me quitte ? Je ne peux pas vivre sans lui.
3. Lorsque mes amis apprendront la vérité, certains ne seront pas contents et je pourrais en perdre quelques-uns.
4. Je suis désolée de l'avoir fâchée. Je me sens tellement coupable !
5. Elle a toujours été ce qu'il y avait de mieux dans ma vie. Je ne trouverai jamais quelqu'un comme elle.
6. Ce que je ressens est insoutenable. Il faut que je parle à quelqu'un, maintenant. Je veux entendre une voix gentille.
7. J'ai tellement peur de ne pas être assez chic et d'être ridicule.
8. Lorsque nous nous disputons et qu'il claque la porte, c'est dur. Je m'inquiète parce que je ne sais jamais de quelle humeur il sera à son retour.
9. Je ne suis pas d'accord avec elle, mais il est impossible de lui faire la moindre remarque.
10. Il m'a toujours tellement aimée. Il est parti, mais je sentirai toujours cet amour et j'en garderai toujours le souvenir.
11. La maison est toujours pleine à craquer. Il ramène toujours des gens à la maison. Nous ne sommes jamais tranquilles une minute. Je vais devenir folle !
12. La moindre critique me donne le sentiment d'être rejetée.
13. Lorsque je commets une erreur, je me contente de le reconnaître.
14. Si je ne comprends pas une chose, je n'ai aucun mal à demander des explications, et je le fais jusqu'à ce que je la comprenne.
15. Il n'y a aucun mal à montrer qu'on n'est pas parfait et qu'on n'a pas réponse à tout.
16. J'ai horreur de son indifférence. Il faut qu'elle s'occupe de moi.
17. Si j'ai envie de faire l'amour et que mon partenaire n'en a pas envie, je n'ai aucun mal à attendre un moment plus propice.
18. Lorsqu'il me fait comprendre qu'il a envie de faire l'amour, je me sens tout de suite acculée et je n'en ai pas envie.
19. Il m'arrive d'avoir envie de frapper mon enfant lorsqu'il ne m'obéit pas.

20. Lorsque quelqu'un me demande un service, j'ai l'impression de devoir lui rendre.

Réponses : 1. conscience d'enfant 2. conscience d'enfant 3. conscience d'adulte 4. conscience d'enfant 5. conscience d'enfant 6. conscience d'enfant 7. conscience d'enfant 8. conscience d'enfant 9. conscience d'enfant 10. conscience d'adulte 11. conscience d'enfant 12. conscience d'enfant 13. conscience d'adulte 14. conscience d'adulte 15. conscience d'adulte 16. conscience d'enfant 17. conscience d'adulte 18. conscience d'enfant 19. conscience d'enfant 20. conscience d'enfant.

Si vous avez moins de 15 bonnes réponses, vous avez intérêt à poursuivre vos lectures et à travailler davantage sur vos émotions (voir p. 163). Pour faire de la PRI, il est absolument essentiel de bien comprendre la distinction qui existe, d'une part, entre la réalité présente et l'état d'esprit qui l'accompagne, et, d'autre part, entre la réalité de l'enfance et les croyances et les émotions qui s'y rattachent. Au début, cela peut être un peu difficile, car une grande partie de nos pensées quotidiennes et des idées qui ont généralement cours dans la société viennent de la conscience d'enfant. Cependant, vous découvrirez qu'en suivant les conseils donnés dans cet ouvrage, vous ferez de grands progrès.

Annexe 2

TEST POUR DISTINGUER LES MÉCANISMES DE DÉFENSE

Ce test vous aidera à évaluer votre compréhension théorique des mécanismes de défense. Si vous obtenez un résultat peu élevé, reportez-vous au chapitre 2 et relisez la description des mécanismes de défense. Il est crucial de comprendre les mécanismes de défense que représentent le déni des besoins, les faux espoirs, le faux pouvoir ou la défense primaire et la peur avant de pouvoir observer comment on utilise soi-même ces défenses et comment on peut apprendre à y renoncer.

Veuillez lire les énoncés qui suivent et indiquer s'ils représentent pour vous un déni des besoins, de faux espoirs, un faux pouvoir, une défense primaire ou de la peur.

1. Quoi que je fasse, mon mari ne semble pas comprendre ce que je veux dire par « intimité dans un couple ».
2. Il faut que je l'aide ; si j'abandonne, elle n'y arrivera jamais.
3. Je fais toujours de mon mieux pour éviter tout conflit avec elle.
4. Au travail, je me sens toujours inférieur à mes collègues. Pendant les réunions, je suis trop timide pour dire ce que je pense vraiment.

5. Je suis souvent au bord de la panique lorsque je dois prendre la parole en public.
6. La stupidité de ces gens me met hors de moi ! Pourquoi ne font-ils pas leurs devoirs et pourquoi ne se préparent-ils pas comme il faut !
7. Je suis certain que tout le monde se fiche que je sois là ou pas ; je n'ai jamais rien à dire d'intéressant, de toute façon !
8. Je souhaite seulement qu'on me laisse tranquille lorsque je rentre du travail. Je veux boire une bière, lire mon journal et me détendre.
9. Mes amis peuvent oublier mon anniversaire. Je m'amuserai quand même !
10. Le monde est devenu un endroit dangereux ; on ne peut faire confiance à personne et les gens ne pensent qu'à eux-mêmes.
11. C'est toujours moi qu'on blâme. Je leur en veux de me traiter de la sorte.
12. Je peux m'arranger tout seul. Il le faut bien. Il n'y a personne d'autre pour le faire.
13. Il ne sert à rien de creuser le passé, tout est fini. Oublions ça et continuons à vivre.
14. J'accepte toujours trop de responsabilités, mais personne ne l'apprécie de toute façon.
15. J'ai eu l'enfance que j'ai eue parce que c'est celle que j'ai choisie. C'est mon karma. Je remercie mes parents de leur sévérité.

Réponses : 1. Faux espoirs 2. Faux espoirs 3. Faux espoirs 4. Défense primaire 5. Peur 6. Faux pouvoir 7. Défense primaire 8. Déni des besoins 9. Déni des besoins 10. Faux pouvoir 11. Faux pouvoir 12. Faux pouvoir 13. Déni des besoins 14. Faux espoirs 15. Déni des besoins.

ANNEXE 3

TEST DE PROFIL DES DÉFENSES PERSONNELLES

Le test qui suit vous aidera à déterminer quel est le mécanisme de défense que vous privilégiez. Nous nous servons tous de tous les mécanismes de défense, mais il y en a certains dont nous nous servons plus souvent que d'autres. Le test ci-dessous vous aidera à voir plus clairement quels sont vos mécanismes de défense, et quel est celui que vous préférez.

Sur une échelle de 1 à 10, déterminez dans quelle mesure les énoncés ci-dessous vous décrivent; 1 indique que l'énoncé ne vous décrit pas du tout, tandis que 10 indique qu'il vous décrit parfaitement. (Notez les chiffres qui vous décrivent dans les cases.)

Dans votre propre intérêt, soyez aussi honnête que possible. Vous n'avez pas besoin de discuter de vos résultats avec qui que ce soit; vous n'avez même pas à en faire part à qui que ce soit. Il est toujours difficile d'être honnête en parlant de défenses, car nos défenses ne nous font pas paraître sous notre meilleur jour. Interrogez-vous sérieusement et répondez honnêtement, même si la vérité est difficile à admettre. N'oubliez pas que vous franchissez d'importantes étapes dans votre processus de guérison. Si vous constatez que vous avez une envie irrésistible de maquiller la réalité et de tricher un peu pour mieux paraître, dites-vous que vous êtes en train de vous servir d'un mécanisme de défense.

1. Je finis souvent par avoir envie de faire des choses qui ne semblent jamais réussir. ☐
2. Mes amis me décrivent comme une personne plutôt nerveuse, qui a peur de commettre des erreurs. ☐
3. Pendant les premières étapes d'un projet que j'imagine, j'ai généralement beaucoup d'énergie. Je sens que ma vie a de nouveau un but. ☐
4. J'éprouve un très fort besoin d'intimité dans ma relation. ☐
5. J'ai besoin que la personne que j'aime se préoccupe beaucoup de ma vie émotionnelle. ☐
6. Mes collègues savent qu'ils peuvent toujours compter sur moi. S'ils ont besoin de moi pour quoi que ce soit, ils savent que je serai là pour les aider, à moins que la tâche ne soit au-dessus de mes compétences. ☐
7. L'idée de fournir un travail qui soit à la hauteur me stresse beaucoup. ☐
8. Peu importe le nombre d'échecs que je connais, je ne renonce pas facilement. En général, j'ai l'impression qu'il vaut la peine de faire un dernier essai. ☐
9. En général, j'ai l'impression que j'aurais pu faire mieux. Je me considère comme un perfectionniste. ☐
10. Il ne m'est pas très difficile de reconnaître une douleur émotionnelle et de la ressentir. ☐
11. En général, je réussis assez bien. ☐

12. Mes amis me disent que je les impressionne et que je peux même les intimider. ☐
13. Je me sens généralement maître de la situation. ☐
14. Il m'arrive de me sentir bien lorsque je dis la « vérité » à quelqu'un, même si je lui laisse deviner ma colère. ☐
15. Si mon partenaire n'est pas à la hauteur de mes attentes, je n'hésite pas à l'affronter.
16. J'assume de nombreuses responsabilités, et j'ai horreur de voir des gens ne pas assumer les leurs. Je leur en veux de me forcer à les aider parce qu'ils ont tout fait de travers. ☐
17. En général, je me sens plus compétent que les autres. ☐
18. Je m'irrite facilement lorsque les gens ne font rien comme il le faut. ☐
19. Les gens me disent que je leur donne parfois l'impression de les traiter comme des enfants. ☐
20. Je ne ressens pas beaucoup d'émotions désagréables. Je ressens régulièrement de la colère et de l'irritation. ☐
21. Même si je n'ai pas accompli grand-chose, je pense que je réussis assez bien dans la vie. ☐
22. Tout le monde m'aime bien, mais j'entends assez souvent des gens dire qu'ils n'ont pas l'impression de me connaître vraiment. ☐
23. En général, ma vie n'est pas mal. Elle n'est pas super, mais elle est bien. ☐
24. J'aime avoir du temps à moi. ☐
25. Je n'ai pas l'impression d'avoir besoin d'une vie émotionnelle très intense ; je préfère l'action. ☐
26. J'aide les autres lorsqu'ils me le demandent et je n'ai pas automatiquement l'impression qu'on m'exploite. ☐

27. Je ne me fâche pas facilement. En général, je suis d'un caractère assez facile. ☐
28. Je n'ai pas besoin de grand-chose. ☐
29. Je n'ai pas ou j'ai peu d'amis intimes. ☐
30. Il m'est difficile de me mettre à l'écoute de mes sentiments. En général, je ne me sens pas trop mal. ☐
31. En général, je me sens inférieur aux autres. ☐
32. Au fond de moi, j'ai l'impression d'être une mauvaise personne. ☐
33. Peu importe mes succès, j'ai quand même l'impression que je ne vaux pas grand-chose. ☐
34. J'ai souvent l'impression que j'assume de trop lourdes responsabilités. ☐
35. Honnêtement, j'ai toujours l'impression que les gens qui me connaissent bien ne m'aiment pas, et je suis toujours étonné lorsque je constate qu'ils m'aiment bien. ☐
36. Pour une raison quelconque, je n'ai pas l'impression qu'on m'aime ou que je suis digne d'amour. ☐
37. Je ressens beaucoup d'angoisse et de peur. ☐
38. J'ai peur d'entreprendre une thérapie et d'entendre le thérapeute me dire qu'il croit que je suis fondamentalement bon à rien. ☐
39. J'ai souvent l'impression que c'est ma faute lorsque les choses tournent mal. ☐
40. Peu importe tous les efforts que je pourrais faire, ils ne seront jamais à la hauteur. ☐
41. J'ai peur de prendre la parole devant un groupe. ☐
42. J'hésite à voyager seul. ☐
43. Il m'arrive parfois d'avoir des palpitations. ☐

44. J'ai souvent des sueurs froides. ☐

45. Je recule facilement lorsque je suis confronté à des personnes volontaires et bruyantes. Elles m'intimident. ☐

46. J'ai une phobie. ☐

47. Je souffre parfois d'attaques de panique. ☐

48. Je suis souvent victime de tremblements. ☐

49. Ma respiration se dérègle facilement. ☐

50. Je souffre fréquemment de diarrhée. ☐

Avant de calculer vos points, essayez de deviner quelle est votre principale défense et quels sont vos autres mécanismes de défense, par ordre décroissant. Vous pouvez les noter ci-dessous :

1.
2.
3.
4.
5.

Maintenant, additionnez vos points pour les énoncés 1 à 10, puis 11 à 20, puis 21 à 30, puis 31 à 40 et, enfin, 41 à 50, et divisez chaque résultat par 10. Votre résultat le plus élevé vous indiquera quel est le mécanisme de défense que vous utilisez le plus souvent. Le moins élevé vous indiquera celui auquel vous recourez le plus rarement.

Les dix premières questions reflètent les faux espoirs, les dix suivantes le faux pouvoir. Les séries de dix questions suivantes reflètent respectivement le déni des besoins, la défense primaire et la peur.

Observez-vous attentivement. Vous connaissez maintenant votre mécanisme de défense de prédilection. Votre résultat absolu vous donne une idée de votre côté défensif : en général, êtes-vous une personne assez blindée (résultat de 7, 8, 9 ou 10) ou êtes-vous sur le point de renoncer à votre mécanisme de défense (résultat de

1, 2, 3 ou 4) ? Plus votre résultat est élevé, plus vous sentez fréquemment le besoin de vous défendre. Cela signifie qu'il y a encore pour vous un grand nombre de choses qui sont des symboles. De nombreuses situations et de nombreuses personnes vous font passer de votre conscience d'adulte à votre conscience d'enfant, si bien que vous êtes souvent en mode « conscience d'enfant ». Vous devez vous méfier de ce que vous croyez être vrai au sujet des autres, de vous-même, de vos besoins et des choses qui vous paraissent importantes. Lorsqu'une personne est en mode « conscience d'enfant » ou qu'elle se défend contre une ancienne douleur, elle ne peut pas partir du principe que ses perceptions reflètent exactement le présent. Pour évaluer les progrès que vous faites dans votre processus de la PRI, refaites ce test de temps en temps et comparez vos résultats.

Annexe 4

COMMENT EXPLIQUER AUX AUTRES LA THÉRAPIE DE LA PRI

Les clients ont souvent des difficultés à expliquer aux autres ce qu'est la thérapie de la PRI. Les concepts sont complexes et il arrive que certaines personnes ne les comprennent pas. Elles sont parfois même portées à ridiculiser les tentatives que nous faisons pour nous guérir en nous tournant vers le passé. Enfin, nos proches peuvent se sentir menacées par notre démarche et se mettre très en colère contre nous. Le texte qui suit est destiné aux personnes à qui vous aimeriez expliquer en quoi consiste la thérapie de la PRI. Demandez-leur de le lire ou utilisez-le pour renforcer vos explications.

La PRI repose sur le principe que nous avons tous une conscience divisée : une partie de notre conscience voit le monde à travers les yeux de l'enfant que nous avons été, et ressent les émotions de cet enfant. L'autre partie de notre conscience voit le monde à travers les yeux de l'adulte que nous sommes. Cette division fait que nous percevons et vivons les choses de manière très différente, selon le mode de conscience dans lequel nous sommes. Par exemple, à certains moments nous nous sentons en sécurité, sûrs de nous et en pleine possession de nos moyens, et à d'autres, nous nous sentons déprimés, en colère, inquiets, ou coupables.

Peut-être vivez-vous ces changements soudains dans votre perception de vous-même et du monde qui vous entoure ? En général, il ne se passe rien de particulièrement extraordinaire pour nous faire passer d'un mode de conscience à l'autre, de sorte que nous ne comprenons pas ces changements soudains dans notre façon de vivre nos émotions.

À un niveau inconscient, cependant, il se passe quelque chose. Nous nous trouvons confrontés à une chose, une personne ou une situation qui nous rappelle un événement passé, sans que nous en ayons conscience. En fait, cela nous rappelle qu'il y a quelque chose que nous avons dû refouler lorsque nous étions enfants. Ce souvenir inconscient est ce qui nous fait passer de notre conscience d'adulte à notre conscience d'enfant ; nous recourons alors à nos mécanismes de défense pour ne pas ressentir notre vieille douleur.

La PRI se fonde sur le principe que les enfants ne reçoivent pas ce dont ils ont besoin. Il leur faut plus que de la nourriture, des vêtements et un toit ; ils ont besoin de sécurité physique et émotionnelle, de soutien, d'encouragement et d'affection. Un enfant a besoin de tout cela pour devenir un adulte en bonne santé mentale et physique et parfaitement fonctionnel. Malheureusement, les enfants sont souvent élevés par des personnes qui sont incapables de combler tous leurs besoins. Un enfant est incapable de faire face à cette réalité : tous ses besoins ne seront jamais comblés. Il ne peut y faire face car cette vérité est trop menaçante. Sa survie même dépend de la satisfaction de ses besoins. Pour passer à travers l'enfance, la plupart d'entre nous avons dû refouler une vérité : certains de nos besoins essentiels ne seraient jamais comblés. Incapables de composer avec l'impact émotionnel que ce refoulement avait sur nous, il nous a fallu nier la vérité de la situation.

Nous avons recours à divers moyens fondamentaux pour nier le fait que certains de nos besoins d'enfance n'ont jamais été comblés :

1. Nous nous disons que nous pouvions nous passer de la satisfaction de ces besoins : « Ce n'était pas grave si ma mère me punissait aussi sévèrement. Je pouvais l'endurer. » Il s'agit ici de ce qu'on appelle le déni des besoins.
2. Nous nous fâchons contre quelqu'un d'autre, rejetant le blâme sur cette personne. C'est ce qu'on appelle le faux pouvoir.
3. Nous pensons que nos besoins auraient été satisfaits si nous avions fait plus d'efforts pour être à la hauteur des attentes de nos parents. C'est ce qu'on appelle les faux espoirs.
4. Nous rejetons le blâme sur nous-mêmes : « Mon père ne m'accordait pas beaucoup d'attention. C'est parce que j'étais un enfant médiocre. » C'est ce qu'on appelle la défense primaire.
5. Nous sommes terrassés par la peur, même s'il n'y a aucun danger immédiat. En ayant peur, nous nous donnons l'illusion qu'il y a encore un moyen d'échapper à ce qui semble nous menacer. Ce mécanisme de défense s'appelle la peur.

Comme je l'ai expliqué plus tôt, en refoulant et en niant la vérité au sujet de notre enfance, nous avons divisé notre conscience en deux parties. Nous avons consciemment accès à l'une de ces parties (qui est devenue ce que nous appelons la conscience d'adulte) ; nous nions l'autre et ne pouvons y accéder consciemment, bien qu'elle contienne la vérité au sujet de notre enfance (elle est devenue ce que nous appelons la conscience d'enfant). Pour l'enfant que nous étions, diviser notre conscience était une stratégie de survie très efficace. Elle nous empêchait de ressentir la douloureuse vérité, c'est-à-dire que nos parents ne comblaient pas nos besoins.

Une fois adultes, nos problèmes commencent lorsque nous nous heurtons à un symbole quelconque (une personne ou une situation qui nous rappelle le passé, sans que nous en soyons conscients). Sans comprendre pourquoi, nous ressentons soudainement des émotions que nous ne nous expliquons pas – nous nous sentons peu appréciés, incompris, déprimés, inquiets, coupables, etc. Il arrive aussi que nous éprouvions une irritation ou une colère totalement exagérée par rapport à la situation. Ces émotions soudaines indiquent que nous sommes passés dans un autre mode de conscience, c'est-à-dire de notre conscience d'adulte à notre conscience d'enfant et à l'un de nos mécanismes de défense.

La thérapie de la PRI a pour but d'aider le client à retrouver une conscience unifiée. Lorsque notre conscience est unifiée, nous ne ressentons plus la douleur que l'enfant que nous étions devait réprimer et nier, encore et encore. La thérapie de la PRI progresse vers son but en amenant le client à accéder à la vieille douleur de son enfance et à la ressentir pleinement, ce qui lui permet de démanteler ses mécanismes de défense.

Il s'agit d'un processus douloureux ; en laissant la vérité du passé éclater au grand jour, on peut enfin prendre conscience de sa vieille douleur de l'enfance. Lorsqu'on extirpe sa vieille douleur de l'enfance et qu'on la ressent profondément, on finit par avoir de moins en moins besoin de la réprimer et de la nier, si bien qu'on passe progressivement de plus en plus de temps en mode conscience d'adulte. La douleur devient une cicatrice, elle n'est plus une plaie béante, car elle n'est plus refoulée et niée pas la conscience d'enfant. La vieille douleur de l'enfance ne fait plus mal. Elle n'est plus qu'un souvenir, désagréable certes, mais un souvenir, rien de plus.

Entreprendre une thérapie de la PRI signifie aussi ressentir activement l'ancienne douleur qui surgit lorsqu'on se heurte à un symbole. Normalement, ressentir de la douleur n'est pas un état auquel nous aspirons. Dans le cas présent, il s'agit d'amadouer une vieille douleur non ressentie, qui ne peut perdre son influence sur nous que si nous acceptons de la reconnaître et de la ressentir. En ce sens, il est utile de ne pas être consolé. Aussi bien intentionnée soit-elle, la consolation nous éloigne de notre émotion et, donc, de l'intégration. Il n'y a pas lieu de s'inquiéter, les émotions se résorbent d'elles-mêmes.

La PRI encourage les clients à modifier des comportements souvent bien ancrés chez eux. Ces comportements qui, selon eux, font partie de leur nature et de leur personnalité, leur servent à étayer leur déni de la réalité passée. Comme je l'ai expliqué plus tôt, ces comportements sont appelés « mécanismes de défense » parce qu'ils nous protègent contre notre vieille douleur. En modifiant ces comportements – en cessant consciemment d'employer nos mécanismes de défense – nous avons souvent l'impression d'aller à l'encontre de notre intuition et de nous mettre en danger ; il s'agit pourtant d'une étape indispensable au processus de guérison. En modifiant vos comportements, cependant, vous adopterez sans doute des comportements qui ne plairont pas toujours à vos amis, votre famille ou vos collègues.

Imaginez une femme qui fait plaisir à son mari de toutes les façons possibles dans l'espoir d'obtenir son amour et son attention, ce qu'il ne lui accorde jamais. Ou bien c'est la peur qui la fait agir ainsi. Elle craint sa désapprobation si elle ne lui fait pas continuellement plaisir. Le premier comportement illustre de faux espoirs. Le deuxième est un exemple de la peur comme moyen de défense. Cette femme doit cesser de faire toutes ces choses qui ont pour but précis de faire plaisir à son mari. Cela sera difficile pour elle, et sans doute pour son mari aussi.

Maintenant, imaginez un homme qui réagit avec colère (faux pouvoir) ou demeure parfaitement indifférent lorsque survient une situation difficile (déni des besoins), par exemple une promotion attendue qui lui échappe. Le mécanisme de défense à l'œuvre, dans ce cas, est le faux pouvoir ou le déni des besoins. Le comportement « égal » devra se transformer en un comportement qui reconnaît que les déceptions sont douloureuses. Cet homme devra reconnaître sa douleur au lieu de faire semblant qu'il n'y a pas « de quoi en faire tout un plat ». S'il le fait, son comportement risque de causer une surprise à son entourage habitué à le voir être « fort » ou « stoïque ».

Enfin, imaginez un homme qui se reproche des choses dont il n'est nullement responsable. Si quelqu'un abîme sa voiture alors qu'elle est bien garée dans un parking, par exemple, il s'en veut de s'être garé à cet endroit, et se maudit d'avoir été aussi négligent. « Si seulement j'avais... mais je suis trop bête, se dit-il fréquemment. » Le mécanisme de défense qui se manifeste ici est ce que nous appelons la défense primaire : nous nous blâmons nous-mêmes, et nous nous sentons inadéquats, insignifiants, mauvais. Pour contrer la défense primaire, il faut admettre que quelqu'un d'autre nous a fait souffrir et que cette personne nous a fait du mal non pas parce que nous sommes inadéquats, parce que nous le méritons ou parce que nous l'avons provoqué. Ainsi, dans le présent exemple, l'homme si prompt à se faire des reproches doit cesser d'agir de cette façon. Ici, encore, cela risque d'étonner les gens qui le connaissent. Ces derniers peuvent même trouver la situation désagréable, habitués qu'ils sont à le voir se blâmer et à en tirer profit.

En résumé, la thérapie de la PRI vise à aider le client à progresser vers une conscience qui est de plus en plus unifiée, ce qui le libère de l'influence de sa douleur de l'enfance, qui surgit en présence d'un symbole. Il devient alors apte à sentir de plus en plus souvent que le moment présent est de moins en moins un fardeau.

Dans ce but, la thérapie de la PRI encourage le client à :

1. accéder à sa douleur et à la ressentir, tout en sachant qu'elle concerne le passé, et non le présent et ;
2. faire le contraire de ce qu'il faisait habituellement dans de nombreux cas, se rendant compte que ses anciens comportements étaient des mécanismes de défense dont il n'a plus besoin dans le présent – et qui l'empêchaient de voir clairement le moment présent.

Remarque : Nous ne pouvons réussir une PRI que si nous avons accès à notre conscience d'adulte et que nous sommes en mesure de combler nos propres besoins de survie. Si une personne ne peut satisfaire ces conditions préalables, par exemple si elle doit dépendre en permanence de pourvoyeurs de soins en raison de troubles mentaux, la PRI ne lui convient absolument pas. Dans son cas, une thérapie axée sur l'élaboration et le maintien de stratégies d'adaptation sera plus utile.

Veuillez lire l'annexe 8, où vous trouverez une représentation graphique de la structure de la PRI, laquelle vous donnera une meilleure idée de la façon dont la thérapie de la PRI est construite.

Annexe 5

RENSEIGNEMENTS À L'INTENTION DES THÉRAPEUTES QUI VEULENT SUIVRE UNE FORMATION EN PRI, AINSI QU'AUX CLIENTS À LA RECHERCHE D'UN THÉRAPEUTE FORMÉ DANS CE DOMAINE

Des efforts importants sont présentement faits pour rendre la PRI accessible aux francophones qui s'y intéressent, ainsi qu'aux thérapeutes qui aimeraient suivre une formation de base ou une formation avancée sur cette forme de thérapie.

Présentement, un atelier d'introduction à la PRI, d'une durée de 2 ½ jours, est organisé une fois par année à l'intention des thérapeutes. Cet atelier, dirigé par Mme Bosch, se déroule en anglais. Dans un avenir rapproché, un atelier semblable devrait être offert en français (en France et peut-être au Canada). Cet atelier, qui sert d'introduction au programme de formation en PRI d'une durée de 4 ans, n'est ouvert qu'aux thérapeutes.

Un atelier spécial d'une durée de 2 ½ jours, en anglais ou en français, peut être organisé sur demande à l'intention de groupes de thérapeutes comprenant au moins dix participants.

Les personnes qui souhaitent faire une thérapie d'intégration de la réalité passée peuvent s'inscrire au programme intensif que Mme Bosch donne en France. Ce programme consiste en 5 séances de 1 ½ heure se déroulant sur 5 journées consécutives. Pour s'inscrire à ce programme, une personne doit posséder des connaissances de base en anglais écrit et parlé.

Une thérapie d'intégration de la réalité passée peut aussi être suivie par téléphone en français, puisque Mme Bosch a formé plusieurs thérapeutes dont la langue maternelle est le français.

Pour obtenir des renseignements à jour sur la thérapie d'intégration de la réalité passée, veuillez consulter le site web www.PRIonline.fr.

En résumé, voici les types de formations offerts :

- la formation intensive en thérapie d'intégration de la réalité passée donnée en anglais par Mme Ingeborg Bosch ;
- la formation en thérapie d'intégration de la réalité passée donnée par téléphone en français, en allemand, en anglais ou en néerlandais ;
- l'atelier d'introduction à l'intention des thérapeutes (2 ½ jours, en anglais ou en français) ;
- le programme de formation professionnelle à l'intention des thérapeutes, offert en anglais.

Annexe 6

DÉFINITION DES TERMES DE LA PRI

Conscience d'adulte

Dans ce mode de conscience, nous pouvons percevoir la situation dans le moment présent, telle qu'elle est véritablement. Notre perception de ce qui se passe n'est ni teintée ni dominée par des expériences passées ; elle émane de notre état d'autonomie intérieure.

Conscience d'enfant

Lorsque nous percevons la réalité dans ce mode de conscience – lorsque nos défenses sont activées, par exemple –, nous sommes incapables de voir le présent tel qu'il est en réalité. Nous vivons des événements présents de la façon dont nous vivions les choses lorsque nous étions enfant. En général, nous n'en sommes pas conscients. Notre conscience d'enfant renferme la totalité de notre vieille douleur, ainsi que tous les mécanismes de défense que nous avons élaborés pour ne pas ressentir cette vieille douleur.

Mécanismes de défense/système de défense

Nous nions la réalité par l'intermédiaire de nos mécanismes de défense. Nous nous protégeons en nous berçant de cinq illusions différentes : le déni des besoins, les faux espoirs, le faux pouvoir, la défense primaire et la peur. Ces cinq illusions constituent notre système de défense. Chaque mécanisme de défense nous fait nier la vérité d'une manière différente, et nous assure que notre intolérable douleur n'arrivera jamais jusqu'à notre conscience. Nous élaborons ces mécanismes de défense pendant notre enfance et, adultes, nous croyons en avoir encore besoin, alors que ce n'est plus le cas.

Déni

Pour faire en sorte que la vérité et la douleur qui s'y rattache ne reviennent pas nous menacer, nous nous construisons inconsciemment une nouvelle réalité pour remplacer notre ancienne réalité. En niant l'ancienne réalité, notre nouvelle réalité nous aide à assurer le refoulement de la vérité.

Faux espoirs

Ce mécanisme de défense, qui est une façon de nier l'ancienne vérité, se caractérise par la conviction qu'il est possible d'obtenir que nos besoins soient satisfaits si seulement nous faisons ou ne faisons pas telle ou telle chose. Cette défense est évidente par exemple chez une personne qui s'acharne à répéter la même démarche infructueuse. Au lieu de faire face à son ancienne douleur, elle continue à espérer en la réalité présente.

Faux pouvoir

Ce mécanisme de défense est une façon de nier la vérité parce que nous y recourons lorsque nous croyons ne pas avoir de besoins insatisfaits. Cette défense se reconnaît souvent à un comportement agressif ou visant à intimider.

Déni des besoins

Ce mécanisme de défense se caractérise par un comportement adopté dans le but d'éviter les difficultés et les conflits (déni des besoins). Au lieu de ressentir l'ancienne réalité douloureuse, nous nous sentons puissants et maîtres de la réalité présente.

Peur

Ce mécanisme de défense nous convainc qu'il faut fuir un danger présent ou se défendre contre lui ; nous nous cachons la vérité, c'est-à-dire que le danger est passé depuis longtemps et que, lorsqu'il était présent - pendant notre enfance - nous n'avions aucun moyen d'y échapper.

Ancienne douleur

Enfant, nous avons tous eu des besoins qui n'ont pas été comblés par nos pourvoyeurs de soins. En général, ces besoins non satisfaits étaient de nature non physique (chaleur, sécurité, respect, confiance, soutien, etc.). Il y avait aussi des besoins non satisfaits de nature physique (intégrité sexuelle et sécurité physique). Ce sont ces besoins non satisfaits qui obligent les enfants à se cacher la vérité au sujet de leur enfance. Cette vérité est simple : leurs besoins n'étaient pas comblés et ils ne le seraient jamais.

Défense primaire

Ce mécanisme de défense sert à nier la vérité en nous faisant croire que nous ne méritions pas que nos besoins soient comblés. Nous sommes persuadés que nous sommes mauvais, coupables, stupides, sans valeur, etc. Nous nous préoccupons trop de nos défauts pour avoir une vue d'ensemble de ce qui nous est arrivé et pour voir qui nous a fait souffrir ainsi. Au lieu de faire face à l'ancienne réalité douloureuse, nous nous dénigrons dans la réalité présente, tout en croyant que nous méritions ce qui nous est arrivé.

Refoulement

En raison de l'énormité de notre vieille douleur, causée par la non-satisfaction de nos besoins, et de la menace qu'elle posait à notre survie, l'enfant que nous étions a dû refouler cette douleur et la menace qu'elle sous-tendait. Cela s'est passé sans que nous en ayons conscience. Nous n'avons pas conscience de refouler des émotions et nous ne savons pas ce que nous refoulons.

Répression

Contrairement au refoulement, la répression est un acte conscient. Lorsque surgissent dans notre esprit des pensées et des émotions auxquelles nous ne voulons pas faire face, nous pouvons consciemment choisir de les supprimer et de supprimer la douleur qu'elles sous-tendent. Nous les supprimons en nous distrayant, en entreprenant une activité quelconque, en prenant un verre, en fumant une cigarette, etc. Tout en les supprimant, cependant, nous demeurons plus ou moins conscients que nous supprimons un élément dérangeant de notre vie.

Symbole

Une personne ou une situation qui nous rappelle notre enfance sans que nous en soyons conscients est un symbole. Le symbole représente soit un événement similaire qui s'est produit dans notre passé ou l'exact contraire de cet événement. Un symbole nous fait passer de notre conscience d'adulte à notre conscience d'enfant.

Déclencheur

Déclencheur est synonyme de symbole. Cependant, je préfère le mot symbole, car il renvoie à la nature essentielle de l'expérience et symbolise un élément ou un événement appartenant à une autre époque.

Annexe 7

LA STRUCTURE DE LA PRI

La PRI repose sur trois piliers : la cognition, le comportement et l'émotion, qui finissent par former un seul pilier pendant la dernière phase de la PRI : la conscience duale. On fait une interprétation erronée de la PRI lorsqu'on accorde une importance inégale à un pilier en particulier. Une telle erreur influence défavorablement le processus de guérison. Le contenu et l'application des éléments cognitifs, comportementaux et émotionnels de la PRI sont définis très précisément ; uniques à la PRI, il ne faut surtout pas les considérer comme une combinaison éclectique de diverses thérapies axées sur la cognition, le comportement ou la régression (voir encadré).

Phases de la PRI

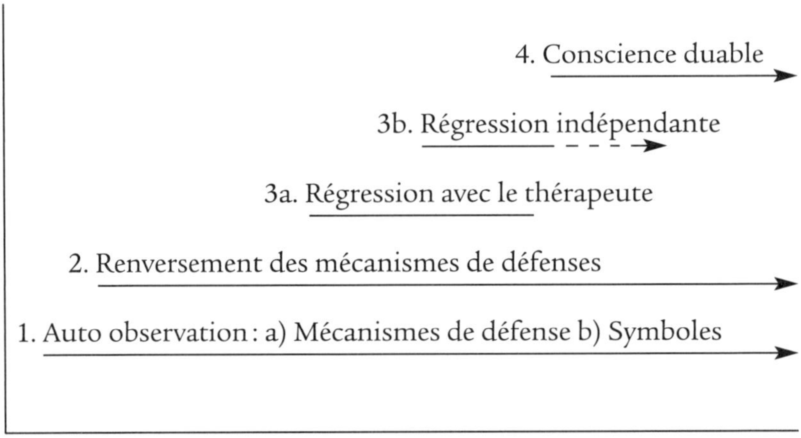

Accorder trop d'importance à l'expérience de l'ancienne douleur, tout en négligeant l'auto-observation quotidienne et le renversement des mécanismes de défense dans le présent est une stratégie inefficace. Il en va de même de la stratégie qui consiste à se concentrer exclusivement sur les aspects cognitifs de la PRI : on ne peut pas se limiter à comprendre et à reconnaître les mécanismes à l'œuvre sans les renverser ou ressentir son ancienne douleur. Enfin, il ne faut pas non plus accorder trop d'importance au renversement de ses mécanismes de défense et négliger de ressentir et de reconnaître son ancienne douleur, car ce n'est pas non plus une application utile de la PRI.

1. L'auto-observation (cognition)

L'auto-observation méticuleuse est le fondement même de la PRI et elle ne cesse jamais. En ce sens, la PRI n'est pas tant une méthode qu'un mode de vie. En nous observant très attentivement, nous apprenons d'abord à reconnaître à quels moments nous nous mettons sur la défensive, puis nous reconnaissons de plus en plus vite le symbole qui déclenche nos mécanismes de défense. Nous apprenons alors à faire la distinction entre notre conscience d'adulte et notre conscience d'enfant et ses mécanismes de défense. Nous savons si nos émotions appartiennent au présent ou au passé. Essentiellement, cette étape consiste à nous engager de manière cognitive dans un exercice qui nous permet de toujours nous observer activement.

2. Le renversement des mécanismes de défense (comportements)

Une fois que nous savons nous observer attentivement et reconnaître nos mécanismes de défense, nous pouvons nous attacher à renverser nos défenses dès qu'elles sont activées. Ainsi, tant que nous persistons à agir de manière défensive, nous devons continuer à travailler à renverser nos défenses. Ici encore, il est plus exact de parler de mode de vie que de mesures temporaires. Ce stade de la PRI exige une prise de conscience très active de nos comportements quotidiens. Dans certains cas, il faut, pour accéder aux sentiments qu'elles nous cachent, nous exposer à des émotions que nous préférerions éviter à tout prix. Le renversement de nos mécanismes de défense nous sert surtout à nous dissocier d'eux: à nous amener à reconnaître véritablement, à un profond niveau cognitif et émotionnel, que nous n'avons plus besoin de nous défendre et que cette idée est une illusion qui nous retient prisonniers. Nous pouvons réussir à ne plus nous identifier à nos défenses et démasquer l'illusion d'une fausse idée courante: « Je suis comme je suis ! »

3. La régression (émotion)

Après le travail cognitif et comportemental des phases un et deux, la composante émotionnelle reçoit une attention particulière par l'intermédiaire de la régression.

La régression avec l'aide d'un thérapeute

La régression avec l'aide d'un thérapeute sert principalement à apprendre au client à faire une régression seul, et non à le guérir. Cette phase se termine lorsque le client sait faire une régression sans aide. Certaines personnes mettent beaucoup de temps à apprendre, tandis que d'autres y parviennent avec très peu d'aide ou même sans aucune aide. Pendant les premières phases de la thérapie de la PRI, les gens qui ont beaucoup de difficultés à accéder à leurs émotions (faux pouvoir et déni des besoins) obtiennent souvent de meilleurs résultats en travaillant sur le renversement de leurs mécanismes de défense qu'en accédant à leur ancienne douleur par une régression avec l'aide d'un thérapeute.

La régression indépendante

Il est important de faire des régressions en solo pour pouvoir réussir à connecter une ancienne douleur à sa véritable cause : l'ancienne réalité. Autrement dit, la régression nous donne accès au contenu refoulé de notre conscience d'enfant pendant que nous sommes dans notre conscience d'adulte, afin que nous puissions reconnaître précisément, à l'aide de notre conscience d'adulte, notre ancienne douleur et l'ancienne réalité qui l'a causée. En principe, cette phase n'est pas éternelle. Lorsque nous sommes conscients de ce qu'était notre ancienne réalité en général et que nous connaissons (à un niveau émotionnel) les émotions qu'elles nous ont inspirées, il n'est plus nécessaire de ressentir cette douleur encore et encore chaque fois qu'un symbole apparaît. Une fois ce stade atteint, la régression demeure utile uniquement dans les cas où un symbole provoque une très forte réaction (exagérée ou minimisée), qui rend impossible le passage à la phase 4 : la conscience duale, ou, encore, lorsque nous sommes confrontés à un nouveau symbole et à une douleur à laquelle nous n'avons pas accédé et que nous n'avons pas connectée à notre ancienne réalité.

Les régressions peuvent aussi être considérées comme une forme d'exposition, comme c'est souvent le cas lorsqu'on renverse ses défenses. Pendant une régression, ne nous exposons-nous pas délibérément à d'anciennes situations et d'anciennes émotions que nous préférerions éviter ?

4. La conscience duale (cognition, comportement, émotion)

La conscience duale est la quatrième phase de la PRI. À ce stade, nous sommes en mesure de:

– déterminer que nous faisons un symbole d'une personne ou d'une situation (nous sentons une vieille douleur refaire surface et nous l'identifions comme telle);

– reconnaître le symbole;

– savoir exactement quelle douleur le symbole fait surgir et à quelle ancienne réalité elle se rattache. Par exemple: « C'est ainsi que l'enfant que j'étais se sentait lorsque telle ou telle personne faisait ceci ou cela. »

– *laisser la douleur envahir notre corps sans la supprimer ou nous en défendre (comme nous le faisions avant notre thérapie de la PRI) et sans l'amplifier (comme pendant une régression); la laisser se résorber d'elle-même, pendant que nous demeurons connectés à la réalité présente et que nos gestes sont déterminés non pas par nos défenses, mais par notre conscience d'adulte.*

Dans la quatrième phase de la PRI, la conscience duale et les trois piliers, soit la cognition, le comportement et l'émotion, s'intègrent les uns dans les autres. Nous pouvons de plus en plus fréquemment vivre le présent tel qu'il est réellement, sans nous embourber dans des illusions qui nous font croire que nous contrôlons notre comportement, alors que notre esprit s'embrouille et que nous nions nos émotions sans le savoir.

En théorie, cette phase se termine une fois que nous avons démantelé toutes nos défenses, que nous avons neutralisé tous nos symboles, que nous avons intégré notre ancienne douleur et que nous sommes dans notre conscience d'adulte en permanence, en contact avec le présent, dans une conscience unifiée...

C'est là un but que bon nombre d'entre nous mettront toute une vie à atteindre ! Cependant, ne vous laissez pas décourager. Aussi lointaine que cette étape puisse vous paraître, chaque pas que vous faites pour vous en rapprocher en vaut la peine, car il a une influence précieuse sur votre vie et sur la vie de vos proches.

Nous vivons le mouvement suivant pendant un processus réussi de la PRI :

– Nous sommes accablés inconsciemment ;

– Nous nous heurtons à nombreux problèmes, mais nous n'arrivons pas à les comprendre ou à composer avec eux, et

– Nous prenons conscience de nous-mêmes.

L'auto-observation nous rend aptes à reconnaître et à mieux ressentir nos problèmes émotionnels :

– Nous sommes consciemment accablés.

En renversant nos défenses et en nous ouvrant à notre ancienne douleur (ce qu'on appelle l'exposition) :

– Nous sommes consciemment libérés.

Nous éprouvons un énorme soulagement lorsque nous appliquons le concept de la conscience duale, soit lorsque nous arrivons à fonctionner dans le moment présent et dans notre conscience d'adulte sans lutter pour maintenir les défenses auxquelles nous nous identifions erronément. Nous savons à présent que notre vieille douleur n'a plus besoin d'être évitée. Enfin :

– Nous sommes libérés inconsciemment.

Des domaines de plus en plus nombreux de notre vie sont libérés de l'influence de notre passé. La libération est souvent si complète qu'elle devient inconsciente.

Lorsque nous réussissons à faire l'expérience du présent tel qu'il est réellement, nous découvrons qu'il est, la plupart du temps, étonnamment léger !

BIBLIOGRAPHIE

ALLISON, PATRICIA, *Hooked But Not Helpless, Kicking Nicotine Addiction*, Portland, OR, BridgeCity Books, 1996.

BALASKAS, GORDON, *Water Birth, the concise guide to using water during pregnancy, birth and infancy*, London, Thorsons, 1990.

BOWLBY, JOHN, *Attachment, Attachment and Loss : Volume 1*, New York, Penguin, 2e édition, 1984.

BOWLBY, JOHN, *Separation, Attachment and Loss : Volume 2, Anxiety and Anger*, New York, Penguin, 1973.

BOWLBY, JOHN, *Loss, Attachment and Loss : Volume 3*, New York, Basic Books, 1980.

BREGGIN, PETER R., *Toxic Psychiatry*, New York, St. Martin's Press, 1991.

CHAMBERLAIN, D., *The Mind of Your Newborn Baby*, Berkeley, CA, North Atlantic Books, 1998.

CSIKSZENTMIHALYI, MIHALY, *Finding Flow*, Basic Books, 1997.

DAMASIO, ANTONIO R., *Descartes' Error*, London, Papermac, 1994.

Dantzig, Dr Van D., entrevue dans *Psychology Magazine*, janvier 2000.

DAVIDSON, R., *Childhood Experiences and Prefrontal Reduction : 'Asymmetric Brain Function, Affective Style and Psychopathology : The Role of Early Experience and Plasticity'*, Development and Psychopathology, vol. 6 (1994), p. 741-759, tel que décrit dans *L'intelligence émotionnelle*, Daniel Goleman, 1997.

DAVIS, PHYLLIS, *The Power of Touch*, Hay House, 1991.

FORWARD, BUCK, *Toxic Parents*, Utrecht/Antwerpen, Kosmos - Z&K Uitgevers, 1990.

FORWARD, BUCK, *Betrayel and Innocence, Incest and its Devastation*, New York, Penguin 1988.

GIBRAN, KAHLIL, *The Prophet*, Heemstede, Altamira, 1993.

GOLEMAN, DANIEL, *L'intelligence émotionnelle*, Robert Laffont, 1997.

GORDON, THOMAS, *Listening to children*, Amsterdam/Brussel, Elsevier, 1993.

GROSSMAN, R., *Giving Your Child 'Voice': The 3 rules of parenting*, publié dans le site web www.naturalchild.com, 2000.

HARLOW, H.F. et HARLOW, M.K., *Social Deprivation in Monkeys*, publié dans la revue *Scientific American*, 1962, 207, p. 136-146.

HERMAN, JUDITH LEWIS, *Trauma and Recovery*, Basic Books, 1992.

HIRSCHBERG, BARASCH, *Remarkable Recovery*, Riverhead Books, 1995.

JAMISON, KAY REDFIELD, *Night Falls Fast, Understanding Suicide*, New York, Alfred A. Knopf, 1999.

JENSON, JEAN, *Reclaiming your Life*, New York, Penguin, 1995.

KAYSEN, SUSANNA, *Girl, Interrupted*, New York, Vintage Books, 1993.

KORCZAC, JANUSZ, *How to Love a Child*, (Jak Kochac Dziecko), Warschau, 1920/1929.

KORCZAK, JANUSZ, *When I Am Small Again* (Kiedy Znow Bede Maly), Warschau, 1925.

LAING, R.D., *Knots*, New York, Vintage Books, 1971.

LAING, ESTERSON, *Sanity, Madness and the Family*, New York, Penguin Books, 1964.

LEDOUX, JOSEPH, *The Emotional Brain, the Mysterious Underpinnings of Emotional Life*, New York, Simon & Schuster, 1996.

LEVIN, FRED M., *Mapping the Mind, The Intersection of Psychoanalysis and Neuroscience*, Londres, The Analytic Press, 1991.

LIEBERMAN, M., *Smoking*, dans *Fetal Growth and Development* de Weisman, H.A. et Kerr, G.R., New York, McGraw Hill, 1970.

LIEDLOFF, JEAN, *The Continuum Concept*, Penguin, 1986.

LUKESCH, M., *Psychologische Faktoren der Schwangerschaft*, dissertation, Université de Salzburg, 1975, dans *The Secret Life of the Unborn Child*, p. 47.

LUTZ, TOM, *Crying: The Natural & Cultural History of Tears*, New York, Norton, 2000.

MARX, M.H., *Introduction to Psychology,* New York, Macmillan Publishing Co. Inc., 1976, p. 311.

MASSON, J.M., *Against Therapy*, Monroe, ME, Common Courage Press, 2e édition, 1994.

MEIJVOGEL, JEANETTE, *Paddentong,* Xeno, Groningen, 1999. Peut être commandé par l'intermédiaire du site: www.pitgroningen.nl

MILLER, ALICE, *Le drame de l'enfant doué*, PR UNIV DE FRANCE, 1991.

MILLER, ALICE, *For Your Own Good: Hidden Cruelty in Childrearing and the Roots of Violence*, New York, Penguin Group, 1981.

MILLER, ALICE, *Thou Shallt Not Be Aware: Society's Betrayel of the Child*, New York, Penguin Group, 1982.

MILLER, ALICE, *Pictures of a Childhood : Sixty-six Watercolours and an Essay*, New York, Penguin Group, 1986.

MILLER, ALICE, *The Untouched Key : Tracing Childhood Trauma in Creativity and Destructiveness*, Penguin Group, 1989.

MILLER, ALICE, *Banished knowledge : Facing Childhood Injuries*, New York, Penguin Group, 1989.

MILLER, ALICE, *Breaking Down the Wall of Silence : The Liberating Experience of Facing Painful Truth*, New York, Penguin Group, 1990.

MILLER, ALICE, *Lifepaths,* New York, Penguin Group, 1998.

PERT, CANDACE B., *Molecules of Emotion*, New York, Scribner, 1997.

POWELL, A., *Harvard Researchers Say Children Need Touching and Attention*, Harvard Gazette, 1998.

PRENTKY, R., *Philadelphia*, tel que mentionné par D. Goleman dans *L'intelligence émotionnelle*, Robert Laffont, 1997.

PURPURA, D., *Consciousness*, *Behavior Today*, 1975, dans *The Secret Life of the Unborn Child* de Th. Verny et J. Kelly, New York, Dell Publishing, 1981, p. 41.

RAINE, A., *1994,* tel que cité par D.B. Chamberlain dans *The Mind of your Newborn Baby*, 1998.

ROTTMAN, G., *Untersuchungen uber Einstellung zur Schwangerschaft und zur fotalen Entwiklung, Geist und Psuche*, Munchen, Kinder Verlag, 1974, dans *The Secret Life of the Unborn Child*, p. 48.

Cross-cultural experiment, tel que cité dans *The Mind of your Newborn Baby*, de D.B. Chamberlain, 1998.

SCOTT, D., *Effects of Different Stresses, 'Follow-up Study from Birth of the Effects of Prenatal Stresses',* Developmental Child Neurology, 15 : 770-787, 1973.

SHANDLER, SARA, *Ophelia Speaks, Adolescent Girls Write About Their Search for Self,* New York, Harper Collins Publishers, 1999.

VERNY, TH. et KELLY, J., *The Secret Life of the Unborn Child,* New York, Dell Publishing, 1981.

TABLE DES MATIÈRES

AVANT-PROPOS de Jean Jenson 13
INTRODUCTION 17
PROLOGUE : Un aperçu de la théarapie de la PRI 27

Chapitre 1 : La conscience 33
Chapitre 2 : Les défenses 45
Chapitre 3 : La guérison 79
Chapitre 4 : L'avenir : les enfants et les parents 121
Chapitre 5 : Exercices pratiques 145
Chapitre 6 : Situations et défis particuliers 175
Chapitre 7 : Illustrations du processus 207
Chapitre 8 : Comptes rendus personnels 225
Chapitre 9 : Thérapie de la PRI, autres thérapies et diagnostics 253
Annexe 1 : Test pour distinguer la conscience d'adulte de la conscience d'enfant 265
Annexe 2 : Test pour distinguer les mécanismes de défense 269
Annexe 3 : Test de profil des défenses personnelles 271
Annexe 4 : Comment expliquer aux autres la thérapie de la PRI 277
Annexe 5 : Renseignements à l'intention des thérapeutes qui veulent suivre une formation en PRI, ainsi qu'aux clients à la recherche d'un thérapeute formé dans ce domaine 283
Annexe 6 : Définition des termes de la PRI 285
Annexe 7 : La structure de la PRI 291

BIBLIOGRAPHIE 297

Achevé d'imprimer au Canada
sur les presses des Imprimeries Transcontinental Inc.